한 달의 고비

보석처럼 빛나는
항구 도시에서의
홈스테이

한 달의 고베

한예리 지음

세나북스

프롤로그

여느 때처럼 텍스트와 씨름하는 일상에서 문득 단조로움이 밀려왔다. 번역가라는 직업의 영역을 넓히고 싶다는 열망과 함께, 익숙한 틀을 벗어나 새로운 도전을 향해서 나아가고 싶은 마음이 피어났다. 현재의 일을 유지하면서 에너지를 채울 방법을 고민하다가 어디론가 떠나고 싶다는 생각이 들었고 자연스럽게 '디지털 노마드'라는 단어가 떠올랐다. 노트북만 있으면 장소에 구애받지 않고 일할 수 있다는 직업의 특성을 활용해서 일본에서 한 달 살기를 결심하게 되었다.

한 달 살기를 결정하고 가장 먼저 남편에게 허락을 구했다. 남편은 단순히 다녀오는 것보다는 명확한 목적을 가지고 가서 의미 있는 시간을 보내길 바랐다. 그 말을 듣고 나니 가볍게 다녀오려 했던 내 생각이 한층 더 진지해졌다. 일하면서 여행도 하겠다는 막연한 생각으로는 그저 한 달짜리 여행과 다를 바 없을 수 있다. 충실하게 보낼 방법을 고민하다가 글을 써야겠다는 생각이 머리를 스쳤다. 한 날간의 일상을 꾸준히 기록한다면 더욱 의미 있고 알찬 시간을 보낼 수 있을 것 같았다. 하지만 단순히 글을 쓰겠다고 하면 설득력이 부족할 것 같아서 또 머리를 부여잡다가, 내 글을 출간해야겠다는 아이디어가 번뜩 떠올랐다.

번역은 늘 텍스트를 다루니까 어쩌면 아주 먼 분야는 아닐 것이다. 다녀와서 책을 출간하겠다는 나의 말을 들은 남편은 흠칫 놀라며 걱정하는 듯했지만 곧 나를 지지해 주었다. 나는 본격적인 글쓰기 경험은 없지만 대학원 재학 중 고통으로 낳은 리포트와 졸업 논문, 수년간 일본어를 가르치며 만든 수업 자료, 소싯적 꾸준히 썼던 네이버 블로그, 학창 시절에 받았던 글쓰기 상장의 기억까지 끄집어내며 호기롭게 '도전!'을 외쳤다.

일본은 여행과 학업, 워킹 홀리데이로 여기저기 다닌 편이라서 지역 선정을 고민했다. 낯선 곳으로 갈지, 익숙한 곳으로 갈지, 가 본 곳으로 갈지 결정해야 했다. 여러 곳을 후보로 떠올리다가 기왕 출간하기로 결심했으니 유용한 정보와 흥미로운 소재를 싣고 싶었다. 그러다 대학교 4학년 여름 방학에 고베대학교로 단기 파견되었을 때 일주일 동안 머물렀던 홈스테이 경험이 떠올랐다. 곧장 메신저 앱으로 일본 엄마께 3주 정도 댁에 머물 수 있는지 연락했더니 15분 후에 "딸 내외와 손자 두 명이 함께 살고 있어서 정신없으니 각오하고 오렴. 기대되는구나!"라고 답장이 왔다. 자주 딸 가족과 교류하는 건 알았지만 엄마가 혼자 사는 줄 알고 물어봤기에 답장을 보고 깜짝 놀랐다. 사위나 아이들이 불편해할까 봐 걱정됐지만 엄마의 메시지를 보니 차마 무를 수 없었다. 한 달 내내 머물려다가 일주일 정도는 혼자 시간을 보내고자 3주만 머물겠다고 여쭤본 게 그나마 다행이었다. 그렇게 출간 확정보다 빠르게 얼렁뚱땅 일본 홈스테이가 결정되었다.

이제 출간 여부가 남았다. 이미 출국일을 잡아 버려서 출국까지 두 달 정도밖에 남지 않았고 한 달 살기도 갑자기 결정한 터라 다녀와서

투고하는 방법도 있지만 일단 출국 전에 할 수 있는 만큼 노력해 보고 싶었다. 투고할 만한 출판사를 물색하다 평소 관심 가지던 세나북스에서 '일본에서 한 달 살기 시리즈'를 출간한다는 사실을 떠올렸고 서투르지만 진심이 담긴 기획서를 작성해서 메일을 보냈다. 그리고 얼마 후 대표님의 만나자는 연락을 받고 서울의 어느 카페에서 무사히 계약서를 작성했다.

출간 계약을 마치니 일단 한 걸음 뗐다는 생각에 출국 준비와 출간 준비에 힘이 실렸다. 엄마의 적극적인 응원과 지독한 계획형인 내 성격이 만나 한 달 동안 어떻게 보낼지 꼼꼼하게 계획했다. 엄마는 내 출간 계약 소식에 나만큼 기뻐해 주시고 또 내가 사용할 방을 청소했다는 소식을 전하며 내가 입국할 날을 손꼽아 기다리셨다. 그런 엄마의 모습을 보고 한국 여행을 권했더니 바로 다음 날 친구인 유리 씨와 함께 내가 귀국하는 날 함께 한국에 입국해도 괜찮겠냐는 연락이 왔다. 아무래도 내 추진력은 엄마를 닮은 것 같다. 그렇게 디지딜 노마드토서의 삶과 여행의 균형을 지키며 일상을 보내기 위해 차근차근 준비하는 동안 출국일이 성큼 다가왔다.

일러두기

· 고베 한 달 살기 기간은 2024년 8월 31일부터 10월 2일까지로 총 33일입니다.

· 교통, 패스, 관광 정보 등은 고베에 머물렀던 당시 기준입니다.

· 『한 달의 고베』에 등장하는 모든 '엄마'는 홈스테이의 '일본 엄마'를 뜻합니다.

· 『한 달의 고베』에서는 고베 및 효고현을 중심으로 오사카, 교토, 시가에 더해 오카야마의 매력까지 담았습니다.

Contents

프롤로그 _4

칸사이 지역 소개 _12 / 칸사이 지도와 〈한 달의 고베〉 주요 여행지 _13

1일 차 8월 31일 오늘부터 고베 사람 _22
  우당탕탕 출국기
  ■ 홈스테이 이모저모

2일 차 9월 1일 일본 신화의 고향, 아와지섬 _32
  아카시 해협 대교, 아와지섬 몽키 센터, 이자나기 신궁,
  노지마 단층 보존관

3일 차 9월 2일 레트로 감성이 가득한 재즈 킷사 _44
  산노미야, 모토마치, 재즈 킷사 잼잼
  ■ 산노미야 · 모토마치 쇼핑 정보

4일 차 9월 3일 코시엔에 울려 퍼지는 한신 타이거스의 심장 소리 _54
  코시엔 야구장

5일 차 9월 4일 타니자키 준이치로의 흔적을 찾아서 ⑴ _64
  노미타 사이카 구옥, 앙리 샤르팡티에

6일 차 9월 5일 비와호를 따라 흐르는 비파 선율의 물결 _74
  히요시타이샤, 옛 치쿠린인, 사이쿄지, 비와호, 이시야마데라

7일 차 9월 6일 바다를 품은 푸른 사과의 메시지 _90
  효고현립미술관, 고베문학관

8일 차 9월 7일 항구를 수놓은 반짝이는 낭만 _100
  소라쿠엔, 고베포트타워, 메리켄 파크, 하버랜드

| 9일 차 | 9월 8일 | 금빛 자수가 들려주는 노 이야기 _112
노 강의와 노 의상 체험 |

| 10일 차 | 9월 9일 | '고베 투어리즘 스마트 패스포트 프리미엄'으로 고베 여행 ①
_120
금탕, 롯코 가든 테라스, 롯코 고산 식물원, 롯코 숲의 소리 뮤지엄
■ 일본 대중탕 이용 매너 |

| 11일 차 | 9월 10일 | '고베 투어리즘 스마트 패스포트 프리미엄'으로 고베 여행 ②
_134
키타노이진칸, 누노비키 허브 정원, 고베 동물 왕국 |

| 12일 차 | 9월 11일 | 비행기 애호가의 성지 엿보기 _150
센리강 제방, 그랜드 그린 오사카 |

| 13일 차 | 9월 12일 | 캇파를 찾아서 _158
이쿠노은산, 요괴 마을 후쿠사키초 |

| 14일 차 | 9월 13일 | 몸의 한계, 붓의 무한 _168
일본 문화 체험 ① 서예 |

| 15일 차 | 9월 14일 | 자연이 처방해 주는 비타민 _176
롯코산 목장 |

| 16일 차 | 9월 15일 | 타니자키 준이치로의 흔적을 찾아서 ② _182
이쇼안 |

17일 차 9월 16일   범고래가 만들어 준 물보라 추억 _190
                    스마 시 월드, 스마 리큐 공원

18일 차 9월 17일   달빛 스며드는 이국의 밤 _202
                    난킨마치, 고베시청 전망대

19일 차 9월 18일   자연과 건축의 조화 _208
                    요도코영빈관

20일 차 9월 19일   한국과 일본을 잇는 동해가 주는 설렘 _216
                    겐부도, 키노사키온천, 히요리야마해안, 신코로

21일 차 9월 20일   계절을 담아내는 꽃꽂이 문화 _226
                    일본 문화 체험 ② 꽃꽂이

22일 차 9월 21일   타니자키 준이치로의 흔적을 찾아서 ③ _232
                    타니자키 준이치로 기념관
                    ■ 일본 가정집 방문 예절

23일 차 9월 22일   천민 불짜리 야경 _238
                    은탕, 키쿠세이다이

24일 차 9월 23일   하늘과 맞닿은 신비로운 모래톱 _246
                    아마노하시다테, 이네 마을, 우라시마 신사

25일 차 9월 24일   자연과 인공의 완벽한 조화 _258
                    코라쿠엔, 코시키즈카고분

26일 차 9월 25일   **근대로 타임 슬립** _268

　　　　　　　　　　옛 거류지, 히가시유원지, 고베 어린이책의 숲

27일 차 9월 26일   **동물과 교감하는 사파리 모험** _276

　　　　　　　　　　히메지 센트럴 파크, 엔교지

　　　　　　　　　　■ 마이 컵 문화

28일 차 9월 27일   **차 한 잔에 담긴 일본의 정신** _288

　　　　　　　　　　슈신칸, 일본 문화 체험 ③ 다도

29일 차 9월 28일   **0.1밀리의 세계를 추구하는 장인의 손길** _294

　　　　　　　　　　누노비키 폭포, 타케나카 목수 도구관

　　　　　　　　　　■ 고베에서 맛본 다양한 오므라이스

30일 차 9월 29일   **이국적인 거리를 채우는 감미로운 스윙** _304

　　　　　　　　　　노후쿠지, 오지동물원, 재즈 라이브 & 레스토랑 소네

31일 차 9월 30일   **백로가 지키는 유네스코의 자부심** _314

　　　　　　　　　　히메지 시립동물원, 히메지성, 코코엔

　　　　　　　　　　■ 고베 및 근교 동물원 탐방

32일 차 10월 1일   **고베대학교가 맺어준 홈스테이 인연** _324

　　　　　　　　　　키쿠마사무네, 하쿠츠루, 고베대학교

33일 차 10월 2일   **'사요나라(さよなら/안녕)'가 아닌 '마타네(またね/또 만나)'**

　　　　　　　　　　_334

　　　　　　　　　　키타노텐만 신사, 항만 지역

에필로그 _342

■ 칸사이 지역 소개

일본의 행정 구역

일본에는 47개의 도도부현都道府県이 있고 1도(도쿄도東京都), 1도(홋카이도北海道), 2부(오사카부大阪府, 교토부京都府), 43현県으로 분류된다. 각 도도부현은 지방자치권을 가지며 그 아래에는 시市, 초町, 손村 등의 기초 자치 단체가 있다.

칸사이 지방

일본의 문화적·역사적 중심지로 전통과 현대가 어우러져 다양한 매력을 지니고 있다. 이 지역은 오사카부大阪府, 교토부京都府, 효고현兵庫県, 나라현奈良県, 와카야마현和歌山県, 시가현滋賀県이 속한다. 온천, 자연, 음식, 역사적 유산 등 다양한 자원을 자랑하는 지역이다.

효고현

북쪽은 동해, 남쪽은 세토내해를 접하기 때문에 일본에서 유일하게 동해와 태평양의 해안선을 가진 현으로 현청 소재지는 고베시이다. 북부와 중앙부는 농촌 및 산악 지대가 많아 인구가 적고 남부는 대도시와 산업 지역이 밀집해 있어 인구가 많다. 항구 도시 고베 외에도 히메지성, 키노사키 온천, 아카시 해협 대교 등 다채로운 관광 명소를 보유하고 있으며 다양한 기후와 자연환경을 가지고 있어 '일본의 축소판'이라는 별명이 있다. 오사카, 교토, 그리고 오카야마와 인접해 있을 뿐 아니라 아와지섬을 통해 시코쿠로 넘어갈 수 있어 다양한 도시로의 접근성이 뛰어나다.

고베시

일본을 대표하는 항구 도시이자 관광지로 바다와 롯코산으로 둘러싸인 아름다운 자연 경관과 독특한 역사, 문화를 지닌 도시다. 1868년 개항 이후 서양 문화를 적극적으로 받아들여 국제적이고 세련된 분위기를 조성하며 발전했다. 산노미야와 모토마치 같은 교통 및 상업 중심지, 유럽식 건축물이 보존된 키타노이진칸, 차이나타운인 난킨마치, 아름다운 야경을 자랑하는 하버 랜드, 사계절의 매력을 느낄 수 있는 롯코산, 그리고 유서 깊은 아리마 온천 등 다양한 관광 명소를 갖추고 있다. 또한 고베 소고기와 디저트, 패션, 재즈 등이 발달해 미식과 예술을 함께 즐길 수 있는 도시이다.

칸사이 지도와 〈한 달의 고베〉 주요 여행지

홈스테이 가족 소개

노노 엄마

타카 형부

사키 언니

장남 신이치(4살)

차남 세이지(2살)

예리

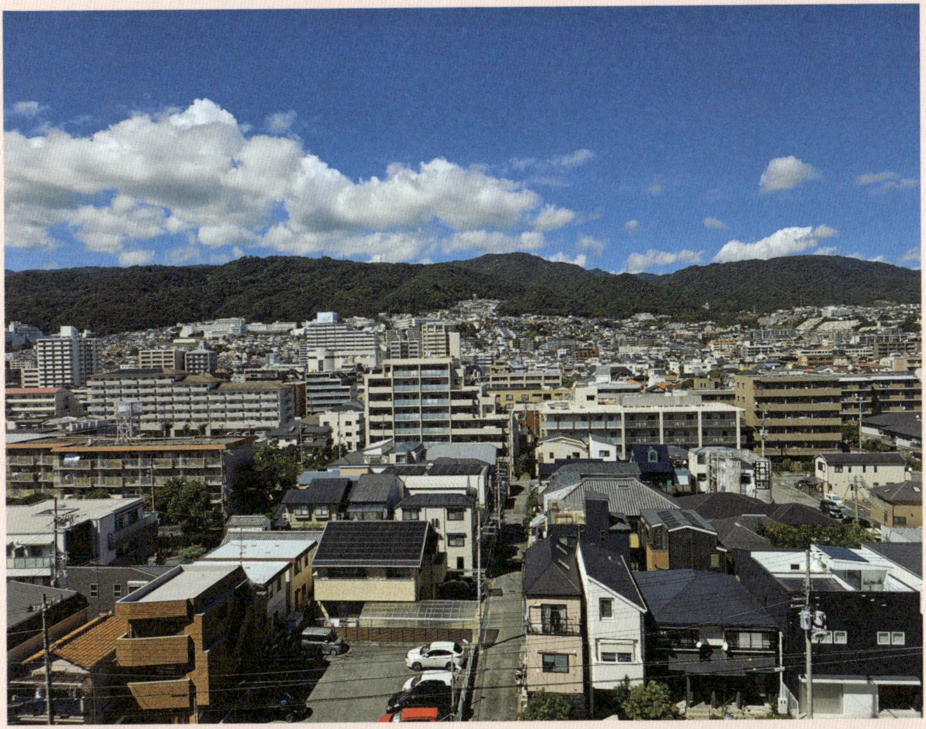

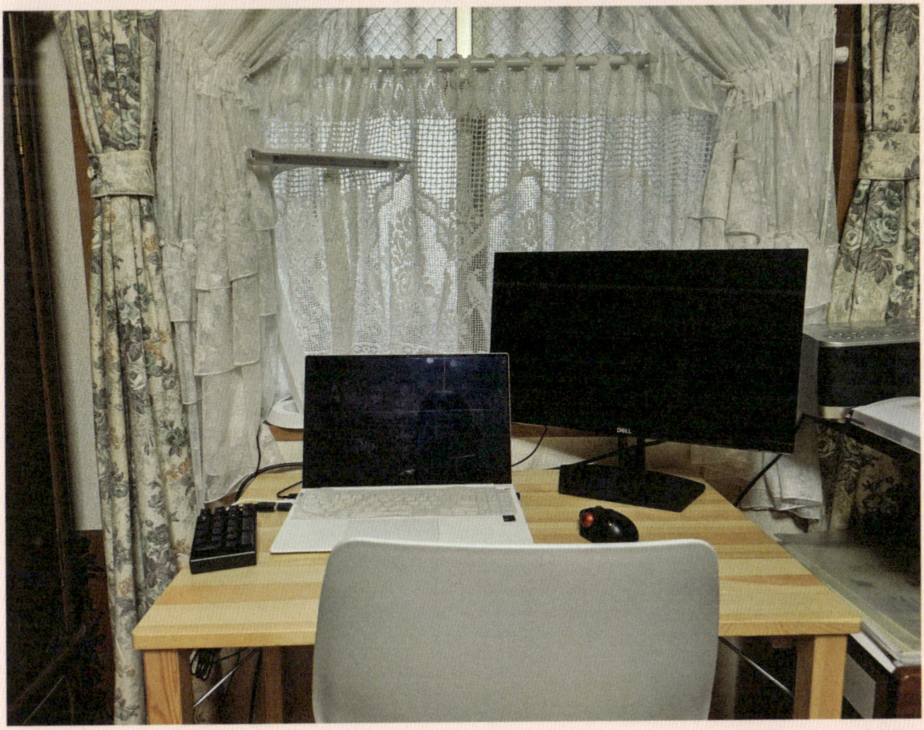

눈부신 고베의 자연과 풍광, 흥미로운 일본 문학과 문화
그리고 일본 가정으로의 특별한 초대

1일 차 8월 31일 (토요일)

오늘부터 고베 사람

우당탕탕 출국기

제발 출국하게 해 주세요!

태풍이 심상치 않다. 일본은 지진, 태풍, 화산 등 자연재해가 빈번한 나라다. 특히 여름에는 태풍이 기승을 부리고 입국 전 8월 초에는 지진 이슈까지 있었다. 입국을 앞두고 제10호 태풍 산산의 영향으로 30일에 후쿠오카행 비행기가 줄줄이 결항하는 걸 보고 31일 출국 예정인 나는 고민에 빠졌다. 태풍은 29일 오전 규슈에 상륙해서 30일 오전까지 규슈를 벗어나지 않았고 이후 시코쿠를 거쳐 오사카로 향할 것으로 예상되었다. 문제는 그 예상 경로가 정확히 내가 출국하는 31일, 오사카를 향하고 있다는 점이다. 이미 내가 발권한 아시아나 항공사로부터 지연 또는 결항 가능성을 안내받은 상태였다. 나는 그저 무사히 출국하기를 기도할 수밖에 없었고 내 간절한 기도가 통했는지 태풍이 급격히 소멸하여 예정대로 31일에 무사히 출국할 수 있었다.

아직 무더웠지만 휴가철이 지난 오전 7시의 공항은 한산했다. 캐리어 하나를 부치고, 노트북 가방과 귀중품 가방만 챙겨 씩씩하게 출국장으로 들어갔다. 남편이 나중에 보내준 사진을 보니 표정이 너무 밝아서 배웅해 주며 서운했을 것 같았다. 지연 이슈가 많아서 걱정했지만 정시에 칸사이 공항에 도착해서 입국 수속 후 바로 베이 셔틀을 타러 이동했다.

참고로 2025년 4월 중순부터 대한항공이 인천발 고베 노선을 신규로 운항하기 시작했다. 매일 두 편씩 운항해서 고베 시내뿐 아니라 히메지나 오카야마 등 근교 도시로의 이동이 더욱 편리해졌다. 칸사이

공항보다 규모가 작아 쾌적하게 이용할 수 있고 여행의 첫날이나 마지막 날을 고베에서 보내는 일정을 마음 편히 고려할 수 있게 되었다. 고베 공항을 이용하는 경우 포트라이너를 타면 18분 만에 산노미야에 도착한다.

칸사이 공항에서 고베 시내로 가는 방법은 크게 세 가지 있다. 리무진을 타고 고베 중심지인 산노미야로 가는 방법, 전철을 이용해 오사카에서 환승 후 산노미야로 들어가는 방법, 그리고 이번에 내가 선택한 베이 셔틀을 타고 고베항에 내려 포트라이너를 타고 산노미야로 들어가는 방법이다. 리무진은 환승 없이 이용할 수 있다는 장점이 있지만 교통 체증의 우려가 있고 전철은 비교적 시간은 잘 지키지만 환승의 번거로움이 있다. 반면 베이 셔틀은 고베항에서 산노미야로 이동해야 한다는 불편함과 날씨 변수가 있지만 항구에서 공항까지 30분 만에 도착하고 배를 타는 재미도 있다. 게다가 외국인 여행객은 기존 1,880엔인 티켓을 500엔에 구매할 수 있어 베이 셔틀을 선택하지 않을 이유가 없었다. 태풍 때문에 우항이 중단될까 걱정했지만 다행히 태풍이 약해져서 정상 운항 중이었다.

베이 셔틀 티켓 판매처에서 여권을 제시한 후 500엔을 내고 티켓을 구매했다. 그리고 티켓 판매소 옆 출구로 나가 무료 셔틀버스를 타고 약 5분 이동 후 버스에서 내려 바로 배에 탑승했다. 멀미가 심한 편이라 걱정했지만 30분 정도는 참아보자고 마음먹었다. 다행히 배는 전혀 흔들리지 않았고 가는 길에 아카시 해협 대교와 아와지섬이 보여서 한 달 살기 기대감이 점점 커지기 시작했다.

원래라면 엄마 집까지 대중교통을 이용해야 했지만, 마침 주말이라 차로 항구까지 데리러 와 주시기로 했다. 코로나로 하늘길이 끊겨 몇 년 만에 재회한 모녀는 이런저런 근황을 나누며 차에 탔다. 집으로 향하는 길에 저녁에 예정된 한국 음식 대접을 위해 마트에 들렀다. 미역국을 끓이기 위해 고기와 마늘을 구매하려는데 마늘이 한쪽에 2,500엔 정도로 상당히 비쌌다. 아무리 한국인이라도 이 가격이면 마늘을 듬뿍 먹기 힘들겠다고 생각하며 필요한 한쪽만 구매했다. 그리고 미역국용 소고기 국거리를 사고 싶었지만 한국처럼 국거리용 고기를 판매하지 않아서 카레용 큐브 모양 소고기도 함께 구매했다.

설레는 마음으로 오랜만에 엄마 집에 들어서며 "오자마시마스(お邪魔します/실례합니다)"라고 말했다. 일본에서는 다른 사람 집에 들어갈 때 이 말을 꼭 덧붙인다. '邪魔'는 '방해'라는 뜻으로 직역하면 '방해하겠습니다'라는 의미지만, 이 경우에는 '실례합니다'라는 의미다. 사키 언니와 두 아들은 외출 중이고, 사위인 타카 씨만 있었다. 타카 씨와는 사키 언니가 결혼하기 전에 한 번 인사한 적이 있어서 이번이 두 번째 만남이다. 나는 타카 씨에게 "쿄카라오세와니나리마스(今日からお世話になります/오늘부터 신세 지겠습니다)"라고 인사했다. 내가 예전에 사용했던 방을 타카 씨가 쓰고 있어서 이번에는 다

른 방에 머물기로 했다. 짐을 풀고 한국에서 미리 준비해 온 음식을 냉장고에 넣은 뒤 다시 엄마와 수다를 떨었다. 엄마의 가장 큰 변화는 손주가 둘이나 생겼다는 것이었고 그에 맞춰 집도 아이가 있는 집답게 알록달록하게 바뀌어 있었다.

한국 음식 파티

오후 5시쯤 사키 언니와 아들들이 집에 돌아왔다. 사키 언니와 반갑게 인사를 나누고 아들 둘의 환심을 사기 위해 미리 준비해 온 선물을 건넸다. 아이들의 선물은 옷이었지만 4살, 2살의 관심을 끌기에는 역부족이었다. 그 외에도 한국 차와 화장품 등을 건네며 다시 한 번 3주 동안 잘 부탁한다고 인사했다. 아이들은 걱정했던 것보다 나를 낯설어하지 않아서 안도했다. 언니와도 오랜만에 회포를 풀며 한

국 음식으로 저녁을 준비했다. 미리 한국에서 진미채 무침, 멸치볶음, 도라지무침, 달걀말이, 깻잎김치, 배추김치, 오징어젓갈, 김, 김자반을 준비해 왔기에 미역국만 끓이면 완성이다. 아이들 반찬을 걱정했는데 계란말이와 김, 미역국만 있으면 된다는 주변 사람들의 조언에 따라 준비한 반찬이었다. 미역국을 끓이려는데 첫째 아들인 신이치가 돕겠다고 나서서 미역을 씻어서 물에 불려주길 부탁했더니, 전용 발판을 가져와서 큰 볼에 물을 담고 미역을 넣었다. 스스로 돕겠다고 나서고 할 수 있는 걸 찾는 모습이 기특해서 듬뿍 칭찬해 줬더니 뿌듯한 표정을 지었다. 고기 썰 준비를 하며 칼은 위험하니 동생 세이지에게 가서 놀고 있으라고 하자 와다다다 뛰어가는 모습은 영락없는 아이였다. 나는 아이들이 노는 모습을 보며 미역국을 만들었고 곧 가족을 위해 멋지게 한 상 차려냈다.

　식탁에 모두 둘러앉아 한국 음식을 보며 이야기 나누는데 신이치가 "쿄와고치소다나(今日はご馳走だな/오늘은 진수성찬이네)"라고 해서 모두 깔깔 웃었다. 평소보다 반찬의 가짓수가 많아 특별하게 느껴졌나 보다. 특히 진미채 무침이나 도라지무침, 미역국은 일본에 없는 요리라 모두의 관심을 받았다. 일본에서는 도라지를 먹지 않아서 특히 궁금해했다. 아이들은 아직 어린데도 매운 음식에 도전 정신을 보이며 김치도 살짝 맛봤다. 한국 음식이 입에 맞을지 걱정했는데 모두가 맛있게 먹어 주어 다행이었다.

　차를 마시며 대화를 나누는데 아이들이 잘 준비를 할 시간이 되었다. 어느 집이든 아이들이 있는 집은 아이 위주로 돌아가기 마련인데,

처음 들었던 대로 7시가 조금 넘으면 목욕하고 8시에는 거실과 아이들이 자는 방의 불을 껐다. 이후에는 내 방에 들어가서 자유롭게 시간을 보내면 된다고 했다.

짐을 정리하고 일정을 확인하려는데 엄마가 따라 들어와서 못다 한 수다를 떨며 태풍 영향으로 변경해야 하는 내일의 일정에 관해 이야기했다. 아이들을 재우고 온 사키 언니와도 함께 얘기했는데, 원래 가기로 한 곳은 거리가 좀 있어서 태풍 직후에 가기에는 도로 상황 등이 걱정되어 다음으로 미루었다. 대신 모두 함께 아와지섬에 가기로 했다. 원래라면 아와지섬 일정은 3주 정도 뒤였기에 어디 가야 할지 확실하게 결정하지 못한 상태라 늦게까지 아와지섬의 볼거리를 찾다 잠이 들었다.

■ 홈스테이 이모저모

1. 홈스테이의 개념 : 단순한 숙박을 넘어서 현지 가정에서 생활하며 그 나라의 언어와 문화를 직접 체험할 수 있는 특별한 경험이다.

2. 홈스테이의 절차 : 주선 기관을 통해 호스트(집주인)와 게스트(방문자)의 정보를 담은 서류를 교환한다. 서류에는 기본적인 인적 사항부터 취미, 종교, 알레르기 정보, 그리고 호스트의 경우 애완동물 유무까지 상세하게 기재된다.

3. 일본 홈스테이의 주요 특징

· 호칭 문화와 역할 : 호칭은 상대방과의 거리감을 조절하고 친밀도를 표현하는 중요한 역할을 한다. 일본은 성이나 이름, 별명 등 한국에 비해 다양한 호칭 체계를 가지고 있어, 보통 서로 부를 호칭을 미리 정한다. 이 책에 등장하는 '엄마'라는 호칭은 홈스테이 때 정해진 호칭이다. 당시에 나는 '엄마(お母さん)'라고 부르라고 해서 엄마라고 부르게 되었고 나는 자연스럽게 가정에서 딸의 역할을 부여받았다.

· 생활 규칙 : 단순히 저렴한, 혹은 무료 숙박 시설이라고 생각하면 안 된다. 기본적으로 가족으로 여기기 때문에 특별한 일이 있지 않은 한 아침 식사나 저녁 식사는 함께해야 한다. 그리고 각 가정의 규칙을 지켜야 한다. 학생의 경우에는 통금 시간이 있을 수 있고, 친구를 초대하고 싶은 경우에는 반드시 사전에 허락받아야 한다. 가족 수가 많은 경우 오전, 오후로 나눠서 씻는 시간을 정해두기도 하는데, 특히 일본은 욕조 문화가 발달해서 욕조에 들어갈 순서를 지정해 준다. 대부분 세탁하는 날도

정해져 있으니 부끄러워하지 말고 정해진 곳에 세탁물을 내어 두면 된다.

나는 여러 번 방문해서 규칙에는 익숙했지만 이번 한 달 살기에는 식구가 늘었고 아이들이 어리기에 추가된 사항이 있었다. 아이들 앞에서 핸드폰 보고 있지 않기, 아이들이 보는 앞에서 간식 먹지 않기, 8시가 되면 아이들 수면을 위해 거실에 불을 끄기 때문에 방으로 들어가기 등이다. 나의 경우 받아들이기 어려운 사항은 없었지만, 혹시라도 요구하고 싶은 부분이 있으면 가족과 조율하면 된다.

· 주의 사항 : 가정마다 환경과 규칙이 다르므로 다른 홈스테이 가정과의 비교는 삼가야 한다. 어떤 집은 점심 도시락을 싸 주거나 등하교를 도와주거나 용돈을 주는 등 특색이 있다. 특히 대학에서 일괄적으로 배정받으면 각 가정의 차이와 특징이 두드러진다. 호스트 가정의 특징에 대한 교류는 얼마든지 나눠도 좋지만 내가 배정된 가정과의 단순 비교는 금물이다.

4. 비용 : 지역과 기관에 따라 비용은 다양하고 식사 포함 여부에 따라서도 달라진다. 대학을 통한 홈스테이의 경우 비교적 저렴한 편이지만 대부분 일정 금액이 필요하다.

나의 경우 대학에서 중계받았고 전액 무료였지만 무료인 경우는 극히 드물다. 반대로 엄마께 물어보니 마찬가지로 학교로부터 받은 지원금은 전혀 없었다고 한다.

5. 필요한 마음가짐 : 호스트는 외국인과의 교류에 기대감을 품고 있기에 게스트는 문화 교류를 위한 적극적인 태도가 필수적이다. 하지만 정치, 역사, 종교, 개인사 등 민감한 주제는 피해야 한다. 현지에서의 홈스테이는 귀중한 경험이다. 방법은 달라도 대부분의 정상적인 호스트 가정에서는 게스트를 위해 최선을 다하고 있다는 점을 명심하고 감사하는 마음을 가지도록 하자.

2일 차 9월 1일 (일요일)

일본 신화의 고향, 아와지섬

아카시 해협 대교
아와지섬 몽키 센터
이자나기 신궁
노지마 단층 보존관

알람 시계를 6시에 맞춰뒀지만 아이들이 5시 반부터 일어나서 뛰어다니는 소리에 자연스럽게 눈이 떠졌고 곧이어 누군가 내 방 앞에서 서성이는 기척이 느껴졌다. 조금 더 누워 있으려다 아침 풍경을 보기 위해 거실로 나갔다. 모두 몇 시에 일어나는지 엄마는 이미 아침 준비로 한창이고 사키 언니와 첫째 신이치는 공부하고 있었으며 둘째 세이지는 혼자 놀고 있었다. 내 방 앞을 어슬렁거린 녀석은 세이지였나 보다.

놀아줄 사람을 발견한 세이지는 나를 무척 반겼고 나는 바로 육아에 들어갔다. 8kg이 넘는 아이를 몸으로 놀아주기는 힘들 것 같아 걱정했는데 의외로 순하게 놀았다. 기차놀이, 낚시하기, 색 배열하기, 블록 쌓기 등을 했는데도 아직 30분밖에 지나지 않았다. 내가 먼저 지쳐서 책 보자고 권했더니 '아뿔싸!', 그림책을 다섯 권이나 가지고 온다. '그래도 책 읽는 게 낫겠지, 뭐 그렇게 어렵겠어?'라고 생각했지만 독서도 녹록지 않았다. 우선 책을 보여주면서 읽어야 해서 자세를 잡기 어려웠고 어린이용 그림책이라 한자 없이 히라가나만 적혀있는데다 띄어쓰기가 없어서 끊어 읽기가 어려웠다. 게다가 페이지마다 질문을 풀어놓아서 하나하나 설명해 줘야 했다. 뭘 하든 10분 이상 지속하기 힘들었다. 이쯤 되니 아이가 아니라 내 끈기에 문제가 있는 게 아닐까 하는 생각이 들었다.

영겁 같은 1시간이 지나고 아침밥을 먹기 위해 식탁에 앉았다. 엄마는 늘 밥 위주의 건강한 아침 식사를 만들어 주셨다. 오늘의 메뉴는 열빙어구이, 그리고 맛버섯과 미역을 넣은 된장국이었다. 된장국 속

미역은 어제 내가 요리하며 양을 못 맞춰 남긴 것이었다. 열빙어구이에는 직접 담은 양하 절임과 생강 절임이 곁들여져 있어서 깔끔하게 먹을 수 있었다. 양하는 생강과 셀러리를 섞은 듯한 독특한 향이 나는 채소다. 우연히 일본에서 맛본 후 향에 매료되었는데 한국보다 일본에서 즐겨 먹는 듯하다. 아이들은 된장국을 뒤적이며 보물찾기하듯 맛버섯을 찾아가며 즐겁게 식사했다. 식사 중에 아와지섬에서 내가 가고 싶은 곳을 얘기했고 사키 언니와 엄마는 지도를 보며 경로를 정리했다.

아카시 해협 대교 明石海峽大橋

두근두근, 고베에서의 첫 여행이 시작되었다. 언니가 운전대를 잡았고 두 아이는 뒷좌석의 베이비 시트에 앉았다. 그리고 엄마는 아이들 사이에 타고 나는 조수석에 탔다. 엄마 자리가 불편해 보여 대신 앉겠다고 했지만 아이들이 뭔가 요구할 때 도울 수 없다는 점과 멀미가 심하다고 말해둔 것이 신경 쓰였는지 엄마는 괜찮다며 고집을 부리셨다. 결국 죄송한 마음으로 출발했지만 모두 함께하는 여행에 들떠서 금세 여행 기분에 빠져들었다.

아와지섬에 가기 위해 고베시와 아와지시를 잇는 아카시 해협 대교를 건넜다. 이 다리는 총길이 3,991m로 중앙 경간은 1,991m에 달한다. 1998년에 완공되었을 때는 세계 최장 현수교였지만 2022년 튀르키예에 차나칼레 1915 대교가 완공되면서 그 타이틀을 넘겨주게 되었다. 끝없이 쭉 뻗은 대교를 달리며 바라본 햇빛에 반짝이는 바다는 마치 어제의 태풍은 거짓말인 듯 눈부시게 아름다웠다.

아와지섬 몽키 센터 淡路島モンキーセンター

아와지섬에서 처음 갈 곳은 아와지섬 몽키 센터다. 이곳에서는 산속에 사는 원숭이와 사슴을 마음껏 관찰하고 먹이를 줄 수 있다. 매표를 마치고 입구로 들어서자 무리에서 떨어져 나온 원숭이 한 마리가 우리를 반겨주었다. 세이지는 무섭다며 엄마에게 안겼지만 원숭이는 낯선 이들의 방문이 익숙한 듯 아랑곳하지 않고 능숙하게 나무를 탔다.

입구에서 10분 정도 걸어 올라가니 수많은 원숭이와 몇 마리의 사슴이 보였다. 관리가 잘 되어 있는지 냄새도 거의 나지 않았고 변 청소도 수시로 이루어져 전체적으로 깨끗했다. 원숭이는 웅덩이에서 장난을 치거나 서로 털을 다듬어 주며 평화로운 시간을 보내고 있었

다. 새끼 원숭이들은 엄마에게 꼭 붙어 젖을 먹기도 했는데 모든 원숭이가 순해서 보기 드문 모습을 가까이에서 관찰할 수 있었다.

원숭이도 서열이 있는지 순위를 적은 표지판이 있었는데 이를 보는 것도 흥미로웠다. 당시 서열 1위는 '빅'이라는 이름의 원숭이였지만 아무리 찾아봐도 누가 빅인지 알아내기는 어려웠다. 서열이 높은 원숭이를 찾다가 먹이 주기 체험을 발견하고 그곳으로 향했다.

먹이 주기 체험은 체험장에서 먹이를 구매한 뒤 철망을 사이에 두고 원숭이 손에 먹이를 건네주는 형식이었다. 먹이는 말린 사과와 땅콩이었다. 철망에 바짝 붙어 먹이를 기다리는 원숭이 중에는 사나운 녀석들도 있었는데 작은 원숭이에게 먼저 먹이를 주려 하자 큰 원숭이들은 먹이를 빼앗거나 작은 원숭이를 쫓아 버리곤 했다. 그래서 큰 원숭이에게 먼저 먹이를 준 후 작은 원숭이에게 나눠 주는 방식으로 먹이를 주었다.

부지가 크지 않아 금방 둘러볼 수 있었지만 산 위에서 바라보는 바다 풍경을 감상하며 느긋하게 원숭이를 관찰했다. 물장난치는 원숭이를 보는 중에 머리 위쪽에서 인기척이 느껴져 두리번거리다가 지붕 위에 올라가 있는 원숭이를 발견했다. 그런데 그 순간, 지붕 위 원숭이가 큰일을 보아 대변이 바로 옆으로 떨어졌다. 그것만으로도 충격적이었는데 그 아래에서 대기하던 사슴이 그 대변을 냉큼 먹어 버리는 것이 아닌가! 너무 놀란 나머지 모두가 경악했고 이 사건은 아이들의 기억 속에 강렬하게 남았는지 이후로도 자주 그 이야기를 꺼내며 까르르 웃곤 했다.

양파 오브제

　입구에서 사키 언니가 전에 방문했을 때랑 주차장이 좀 달라진 것 같다고 의아해했지만 지도는 이곳을 가리켰기에 일단 양파 오브제 쪽으로 가 보았다. 내가 본 오브제는 통양파였는데 이곳의 양파 오브제는 앉아서 사진 찍을 수 있도록 의자가 만들어져 있었다. 알고 보니 양파 오브제가 아와지섬의 다른 장소에도 있었고, 사키 언니가 갔던 곳이 내가 찾아본 곳이었다. 경치가 마음에 들어 이곳에서 시간을 보내기로 하고 양파 오브제에 다가가니 시코쿠의 토쿠시마와 아와지섬을 잇는 오나루토교가 한눈에 보였다. 예전

에 토쿠시마에서 아와지섬을 바라본 적이 있는데, 이번에는 반대로 토쿠시마를 바라보니 새로운 느낌이었다. 아와지섬 몽키 센터에서는 탁 트인 바다와 수평선을 넋 놓고 바라보았다면 이곳에서는 시코쿠와 오나루토교를 함께 눈에 담으며 추억을 떠올릴 수 있었다. 양파 오브제 바로 옆에 기념품과 양파 버거를 파는 가게가 있어서 점심으로 양파 버거를 먹었다. 양파가 명물인 만큼 감자튀김 대신 양파튀김이 포함된 세트에 음료를 선택하는 구성이었다. 달콤한 풍미를 한껏 뽑아낸 양파볶음이 들어간 버거와 두툼한 양파튀김을 먹으며 즐겁게 식사를 마쳤다.

이자나기 신궁 伊弉諾神宮

이자나기 신궁은 일본 열도의 창조 신화에 등장하는 이자나기노미

코토伊弉諾尊가 여생을 보낸 곳으로 전해지는 오래된 신사다. 이자나기노미코토는 여동생이자 아내인 이자나미노미코토伊弉冉尊와 함께 일본 열도를 창조한 신으로 그들이 첫 번째로 만든 섬이 이곳 아와지섬이기에 아와지섬은 역사와 신화가 만나는 신성한 장소로 여겨진다. 성역의 시작을 나타내는 거대한 토리이鳥居를 지나 조용한 경내로 걸어 들어가니 색색의 잉어가 헤엄치는 연못이 나왔다. 이곳은 병이 낫기를 기원하며 잉어나 거북이를 방생하는 신앙이 전해져 내려와 신령한 방생 연못이라고 불린다. 나와 세이지는 연못 속의 잉어와 거북이를 관찰했다. 힘찬 움직임을 보니 마음이 놓여서 정돈된 마음으로 경내로 입장할 수 있었다.

경내는 다소 북적였지만 평화롭고 경건한 분위기였다. 참배하기 위해 늘어선 사람들을 천천히 지나 1000년 가까이 된 부부 녹나무로 향했다. 이 나무는 원래 두 그루의 나무였지만 시간이 지나며 뿌리가 하나로 합쳐졌다고 한다. 긴 세월만큼이나 어마어마한 크기에 압도당하는 기분이었다. 이 나무에는 이자나기와 이자나미의 영혼이 깃들어 있다고 여겨져 오랜 세월 동안 결혼, 화목, 출산 등의 상징이 되고 있다. 그래서인지 커플이나 부부가 나란히 나무 주변을 돌아보는 모습이 애틋하게 느껴졌다.

노지마 단층 보존관 野島斷層保存館

이자나기 신궁을 천천히 둘러보고 나니 다음 예정지인 노지마 단층 보존관까지 시간이 아슬아슬했다. 결국 폐관 20분 전에 급하게 도착했지만 다행히 관람을 허락해 주셨다. 이곳은 한신·아와지 대지진의 진원지였던 노지마 단층을 직접 볼 수 있는 곳이다. 한신·아와지 대지진은 1995년 1월 17일 오전 5시 46분에 규모 7.3을 기록한 무시무시한 대지진이다. 아픈 역사가 있는 곳이라 방문 여부를 고민했지만, 당시 고베에 거주하던 엄마와 사키 언니가 직접 지진을 겪었다는 말을 듣고 방문하기로 마음먹었다.

입구에는 국도 43호 모형이 그날의 위력을 재현하고 있었고 내부는 상상했던 것보다 훨씬 당시의 상황을 잘 살리고 있었다. 뒤틀린 단층뿐 아니라 당시에 입은 피해로 내려앉은 가옥 일부나 갈라진 땅도 그대로 보존하고 있었고 엉망이 된 부엌의 모습도 그대로 재현해 사실적으로 공개하고 있었다.

시간 관계상 지진 재해 체험이나 활단층 실험실 방문 등은 불가능

했지만 폐관 시간 이후에도 천천히 둘러볼 수 있게 배려해 주셔서 감사했다. 노지마 단층 보존관 주변에는 희생자 위령비와 기념 공원이 함께 있어 잠깐 둘러보았다. 지진의 아픔과는 대조적으로 기념 공원이 무척 아름다워서 슬픔이 더 크게 느껴졌다.

아와지 휴게소 대관람차

돌아가는 길에는 아와지SA에 들러 대관람차를 타기로 했다. 일본에서는 휴게소를 SAService Area라고 하는데, 하행선 휴게소에는 아와지섬의 유일한 관람차가 있다. 태풍 영향인지 대관람차를 타러 가는 길에 비가 살짝 내리다 그치며 뜻밖에 무지개를 만났다. 무지개는 오랜만에 본다며 엄마와 사키 언니는 나와 다니는 덕분에 행운이 생겼다고 말했다. 사실 나는 비를 몰고 다니는 편이라 어제 출국과 오늘 외출을 꽤 걱정했는데 그렇게 말해 주니 고마웠다.

휴게소에 도착하니 막 해가 넘어가는 시간이라 바로 관람차로 향했다. 높이 약 65m의 관람차는 한 바퀴 도는 데 약 15분이 소요된다. 이 관람차에는 전체가 투명한 시스루 캐빈이 네 대 있는데, 일반 관람차와 가격이 같아서 그걸 타기로 했다. 사실 나는 약하게 고소공포증이 있지만 모두의 즐거움을 위해 어떻게든 견뎌보기로 했다. 아이들은 어려서 그런지 전혀 겁이 없어 보였고 속으로 괜찮다고 되뇌는 사이에 꽤 높이 올라가고 있었다. 그사이 두려움은 설렘으로 바뀌었고 아와지섬과 아카시 해협 대교를 비롯한 고베의 아름다운 경치를 눈에 담기 바빴다. 그리고 다시 한번 무지개를 보았는데 오는 길에 본

그 무지개인 것 같다며 모두 함께 손뼉을 치며 기뻐했다.

관람차에서 내린 후에는 휴게소에서 저녁을 먹었다. 일본 휴게소 음식은 한국과 비슷하게 라면이나 우동 등을 판매했고 자판기로 주문 후 전광판에 번호가 뜨면 가지러 가는 시스템이었다. 나는 고민하다가 시라스 우동을 선택했다. 시라스 우동은 일반 우동에 시라스라는 멸치, 청어, 은어 따위의 치어를 토핑한 음식이다. 계절에 따라 생 시라스가 토핑되기도 하는데, 나는 찐 시라스가 토핑된 우동을 받았다. 어느덧 해가 져서 조명이 들어온 관람차와 야경을 보며 뜨끈하고 진한 국물에 쫄깃한 우동을 먹으니 하루의 피로가 싹 가시는 듯했다. 우동을 먹은 후 알록달록한 아카시 해협 대교와 고베의 야경을 바라보며 아와지섬과 이별하려는데 저 멀리서 불꽃놀이가 보였다. 일본은 여름에 곳곳에서 불꽃놀이를 하는 곳이 많지만 코로나 이후 아쉽게도 규모나 횟수가 줄어들었다고 들었다. 불꽃놀이까지 볼 수 있어서 나는 다시 한번 행운의 여신이라고 불리며 아와지섬에서의 하루를 완벽하게 마무리할 수 있었다.

9시가 넘은 시간에 집에 들어와서 어제 못다 한 짐 정리와 일정을 정리하려는데 엄마가 노트북을 가지고 들어와서는 올해 방영 중인 「빛나는 그대에게光る君へ」를 보자고 하셨다. 「빛나는 그대에게」는 1000년경 탄생한 일본의 대표적인 고전이자 세계 최초의 소설인

『겐지 이야기』를 쓴 무라사키 시키부의 이야기를 풀어낸 NHK의 대하드라마. 대학원에서 일본 문학을 전공해서 『겐지 이야기』에 관심이 많은 나를 위한 엄마의 배려였다. 『겐지 이야기』는 키리츠보 천황桐壷天皇의 아들인 히카루 겐지光源氏의 화려한 사랑과 정치의 흥망성쇠, 그리고 겐지의 후손 이야기까지 담은 54장으로 구성된 장편소설로 당시 귀족사회의 풍습과 문화를 섬세하게 그려낸 작품이다. 현재까지도 일본 문학의 최고봉이자 일본 문화의 원형을 보여주는 중요한 텍스트로 인정받고 있다.

　아이가 있는 동안은 텔레비전을 볼 수 없다는 규칙이 있어서 정규 방송은 볼 수 없지만 NHK에 수신료를 내면 일주일 동안 홈페이지를 통해 방송을 볼 수 있어서 그걸 활용해서 노트북으로 보면 된다고 하셨다. OTT를 통해 한국에서도 보고 있었기에, 피곤하지만 기쁜 마음으로 감상했다. 결국 또 일정 정리와 짐 정리는 미루고 둘째 날이 지나갔다.

3일 차 9월 2일 (월요일)

레트로 감성이 가득한 재즈 킷사

산노미야
모토마치
재즈 킷사 잼잼

즐거운 주말이 지나고 어김없이 분주한 평일이 찾아왔다. 다른 사람들은 들으면 신기하게 생각할 수도 있겠지만, 나는 요일 중 월요일을 가장 좋아한다. 그 이유는 주말에 푹 쉬고 다시 좋아하는 일을 할 수 있어 효율이 특히 높아져서 일에 대한 욕구를 충족시킬 수 있기 때문이다. 또 한 주의 시작이라는 느낌에 어제까지 잘 안 풀리는 일이 있었다면 다시 도전할 기회가 생기는 것 같다. 그래서 일본에서의 첫 월요일을 아주 알차게 보내고 싶었다.

우선 마감이 있어서 5시경 일어나 아침 먹기 전까지 방에 틀어박혀 납품 전 마지막 점검에 몰두했다. 사키 언니와 엄마는 각각 8시 반과 9시쯤 집을 나섰고 타카 씨는 9시 조금 넘은 시간에 아들 둘을 등원시키며 출근했다. 모두 각자의 일상 속으로 떠난 뒤 설거지, 빨래 개기, 간단한 청소 등을 후다닥 끝내고 마지막 검토에 집중했다. 오전 중에 마감과 작업을 마무리하고 외출하고 싶었지만 목표한 마감과 분량을 끝내니 어느새 오후가 되었다. 서둘러 외출을 준비하고 본격적으로 일상을 보내기 위해 집을 나섰다.

재즈 킷사 잼잼 JamJam

고베에서의 첫 일상을 어떻게 보내면 좋을지 고민하다가 번화가를 탐방한 후 재즈를 감상하기로 했다. 고베의 번화가는 산노미야역三宮駅과 모토마치역元町駅에 집중되어 있고 이 두 곳은 붙어 있어서 도보로도 이동할 수 있다. 고베의 관문이라고 불리는 산노미야에는 백화점과 대형 쇼핑몰을 비롯한 다양한 상점이 있어서 쇼핑을 즐길 수 있고 산노미야를 중심으로 북쪽에는 대표 관광지인 키타노이진칸이 있어서 이국적인 분위기를 느낄 수 있다.

  우선 산노미야역에 내려 고베시 종합 정보 센터를 방문해서 다양한 정보가 담긴 팸플릿을 잔뜩 챙겼다. 너무 많이 챙긴 탓인지 직원이 의아하다는 듯 쳐다봐서 나도 모르게 "고베에 한 달 있을 거라서 여기 있는 곳 다 다녀오려고요!"라고 말했다.

  정보 센터에서 나와 이동하는 길에 좋아하는 와플 가게인 마네켄을 발견했다. 이 가게를 지나다 보면 달콤한 버터 향기에 누구라도 그냥 지나칠 수 없게 된다. 나도 발길을 멈추고 플레인 와플을 하나 구매했다. 쫀득하면서도 바삭한 식감과 깊은 버터 풍미가 일품인 마네켄은 벨기에 맛을 그대로 살리기 위해 실제로 벨기에산 펄슈거를 사용한다. 초콜릿, 메이플, 말차, 아몬드 등 다양한 맛을 상시 판매하고 있고 내가 방문한 기간에는 기간 한정으로 밤 맛도 판매하고 있었다. 언제 지나가도 줄이 길지만 포장 판매로 줄이 금방 빠지니 일본

여행 시 이 와플 가게가 보이면 꼭 먹어보길 추천한다.

이어서 모토마치로 향하다 대형 서점인 키노쿠니야紀伊國屋書店에 잠깐 들렀다. 서점 구경을 좋아해서 새로운 지역에 가면 꼭 서점에 들른다. 신간과 인기 도서를 살펴보니 앞서 언급한 NHK 대하드라마 「빛나는 그대에게」 관련 서적도 꽤 많았다. NHK 출판사에서는 대하드라마 등 방송과 관련된 다양한 서적을 출간하는데 내용이 충실해서 귀국 전에 구매하려고 꼼꼼하게 살펴봤다.

여기저기 들르다가 드디어 재즈 킷사로 향했다. 모토마치는 1868년 개항 이후 크게 발전했고 당시 형성된 외국인 거류지가 현재는 관광지의 기능을 하며 서양풍 상점가로 유명해졌다. 오늘 가고자 하는 재즈 킷사가 바로 옛 거류지 쪽에 있다. 옛 거류지의 랜드마크라 할 수 있는 다이마루 백화점을 지나니 고베에 와 있음이 실감 났다.

고베는 일본 재즈의 발상지다. 1923년 바이올리니스트 이다 이치로井田一郎가 최초의 프로 재즈밴드인 래핑 스타즈를 결성하여 옛 오리엔탈 호텔에서 재즈를 연주한 것이 계기가 되었다. 항구 도시로 번영한 고베에는 여객선을 타고 온 밴드가 호텔 등에서 연주할 기회가 많아서 자연스럽게 재즈가 퍼졌다. 처음에는 댄스 홀의 댄스 뮤직으로 사람들에게 친숙하게 다가갔지만 1950년경에는 댄스 붐이 쇠퇴하면서 춤추는 재즈에서 듣는 재즈로 변화했고 이후 재즈 문화는 아마추어 중심으로 발전했다.

오늘 방문하는 재즈 킷사 잼잼은 간판도 작고 입구도 좁아 찾기 쉽지 않을 것 같았지만, 기대감 덕분인지 금방 발견할 수 있었다. 어두

운 입구를 지나 좁은 지하로 내려가 큰 소리의 재즈가 흘러나오는 매장으로 들어섰다. 이곳은 라이브 연주를 들을 수 있는 곳은 아니지만 고급 오디오를 통해 매장이 쿵쿵 울려 퍼질 정도로 큰 사운드를 즐길 수 있다. 대화를 할 수 있는 좌석과 음악에만 집중할 수 있는 좌석으로 구분되어 있는데 나는 음악에만 집중할 수 있는 대화 금지 좌석에 앉았다. 전반적으로 어두운 조명에, 매장 벽면에는 재즈 정보가 담긴 포스터들이 가득 붙어 있고 가구나 액자 등으로 레트로 감성을 살렸다.

 이곳은 재즈 킷사인 만큼 재즈뿐 아니라 맥주, 위스키, 와인, 칵테일 등의 다양한 주류와 커피, 그리고 피자, 토스트, 핫도그 등 간단한 음식을 함께 즐길 수 있다. 킷사란 과거에는 사교와 예술 문화가 피어나는 공간이었지만 지금은 현대의 카페와 유사한 부분도 있다. 카페는 밝고 개방적인 분위기가 많지만 킷사는 레트로풍에 점원이 직접 자리까지 음료나 요리를 가져다주는 곳이 많다. 술 판매 여부 등으로 구분하기도 하지만 이번에 다녀보니 킷사와 카페 모두 술을 판매하고 있어서 모호하게 느껴졌다. 점심을 걸렀기 때문에 홍차가 포함된 시폰 케이크 세트를 주문했다. 자리에 앉아 풍부한 사운드를 뿜어내는 음향기기를 바라보는데 주문한 세트가 나왔다. 폭신한 시폰 케이크를 달콤하고 부드러운 생크림에 찍어 먹으니 이른 시간부터 작업과 마감에 힘쓰느라 쌓인 피로가 금방 녹아내렸다. 처음에는 재즈를 들으며 정보 센터에서 챙겨 온 자료를 읽으려 했지만 금방 재즈 사운드에 빠져들고 말았다. 약 5,000장의 레코드 중에서 마스터와 스태

프가 신중하게 선곡한 재즈가 오디오에서 쾅쾅 흘러나왔다. 사람이 많지는 않았지만 계속해서 몇몇 자리가 비고 채워지기를 반복했다. 오래 머물고 싶었지만 홈스테이하는 동안에는 되도록 아침과 저녁을 가족과 함께 먹고 싶어서 한 시간 정도 즐긴 후 자리에서 일어났다.

바로 집으로 가려다 자수로 장식하여 고급스럽고 패셔너블한 쇼핑백을 판매하는 볼앤체인Ball&Chain에 들렀다. 이 브랜드는 일본에서 꽤 유행하는 데다, 한국에서도 인기가 많아 각종 팝업 스토어가 열리기도 한다. 굳이 이곳 고베에서 볼앤체인에 방문하고자 한 이유는 가방이 예뻐서기도 하지만 바로 어제 고베 매장 1주년을 기념하여 고베 한정 상품이 발매되었기 때문이다. 일본의 지역 사랑과 한정 상품에 대한 열정을 엿보고 싶어서 직접 매장에 방문해 보았다. 알록달록한 제품이 나열된 매장에 들어서니 점원이 반겨주었다. 고베 한정 상품

은 매장 가운데 전시되어 있었다. 하트 모양에 'KOBE' 글씨가 새겨져 귀여움을 강조한 가방과 파우치가 검은색과 베이지색으로 출시되었는데, 이미 검은색은 당일 오전에 동 났고 베이지색도 소량 남았다는 말에 나도 홀랑 베이지색 파우치를 구매해서 고베 사랑에 동참했다.

저녁 먹을 시간이 다가와서 귀가를 서둘렀다. 아침은 엄마, 저녁은 사키 언니 담당이었다. 사키 언니는 놀라울 정도의 속도로 저녁을 차려냈고 저녁 식사 중에는 아이들을 위해 동화책도 읽어 주었다. 나에게도 읽어 달라고 해서 한 권 읽었는데 역시 히라가나만 있어서 이번에도 더듬더듬 읽었다. 가만히 듣던 신이치가 나에게 "왜 책을 잘 못 읽어?"라고 물어보기에 "나는 한국인이라서 일본어가 완벽하지 않아. 미안해."라고 말하며 사과하니 충격을 받은 모양이었다. 처음에 한국인이라고 소개하긴 했지만 아직 국가에 대한 개념이 확실하지 않아서인지 나를 신기하게 바라보았다. 이후 신이치는 한국에 관해 관심을 가지기 시작했고 세계지도 등을 보며 외국에 대해 인식하기 시작했다.

■ 산노미야 · 모토마치 쇼핑 정보

산노미야三宮와 모토마치元町는 고베 관광 및 교통의 중심지로 쇼핑과 문화, 역사적 매력을 모두 갖춘 지역이다.

산센터플라자さんセンタープラザ

JR 산노미야역과 모토마치역 사이에 위치해서 접근성이 좋으며 산플라자さんプラザ, 센터플라자センタープラザ, 그리고 센터플라자 서관センタープラザ西館까지 세 개의 건물로 이루어져 있다. 저층부는 음식점, 패션, 잡화, 전자제품 등 다양한 매장이 입점해 있고 고층부는 사무실과 레스토랑으로 구성되어 있다. 특히 센터 플라자와 센터 플라자 서관의 2, 3층은 '오타쿠 타운'이라고 불리며 애니메이션과 피규어, 게임 관련 상품을 찾는 사람들에게 인기 있는 서브컬처의 중심지다. 애니메이트가 이곳에 자리 잡고 있어 애니메이션 및 만화 팬들이 많이 찾는다.

https://3nomiya.net/

산노미야 센터 거리 三宮センター街

어떤 철도 노선을 이용하든 산노미야역에서 남쪽으로 조금만 이동하면 바로 산노미야 센터 거리로 연결된다. 산노미야 센터 거리는 고베에서 가장 번화한 상점가로 다양한 패션 브랜드, 잡화점, 카페 등이 밀집된 아케이드형 쇼핑 거리이다. 유니클로, 자라 등 대형 브랜드 매장은 물론이고 아케이드를 빠져나가 걷다 보면 단톤, 빔즈, 비샵, 나나미카 등 다양한 상점을 볼 수 있어 폭넓은 쇼핑을 할 수 있다. 또 규모는 크지 않지만 키디 랜드キデイランド도 있다.

민트 고베 ミント神戸

포트라이너 산노미야역 개찰구 바로 앞에 위치하는 민트색의 복합 쇼핑몰이다. 패션, 화장품, 인테리어, 식료품 등 다양한 매장이 입점해 있고 9층에는 영화관이 자리하고 있어 쇼핑뿐 아니라 엔터테인먼트를 동시에 즐길 수 있다. 또한 지하에는 KOHYO마트가 있어 쇼핑과 함께 도시락 등을 구매하기에도 좋다.

고베 마루이 神戸マルイ

JR 산노미야역 동쪽 출구에 있다. 젊은 세대를 겨냥한 트렌디한 브랜드와 특색 있는 상품을 취급하고 오리지널 상품도 선보이는 백화점이다.

한큐백화점 고베점 神戸阪急

JR 산노미야역 남측, 한신 고베산노미야역 서쪽 개찰구 근처에 있다. 명품은 물론이고 특히 식품 매장이 잘 갖춰져 있어서 쇼핑과 미식을 동시에 즐기기 좋다. 지하 1층에는 교자로 유명한 551HORAI551蓬莱와 앙리 샤르팡티에가, 신관 4층에는 로프트가 입점해 있다.

산치카 さんちか

JR 산노미야역과 한신 고베산노미야역, 지하철 산노미야역 지하에 있는 상가이다. 쇼핑과 식사를 즐길 수 있는 복합적인 공간으로 다양한 매장이 모여 있다. 한국인이 즐겨 찾는 3COINS와 MUJIcom도 이곳에 입점해 있다.
https://www.santica.com/

돈키호테 ドン・キホーテ

한국인이 많이 구매하는 식품, 술, 화장품부터 가전제품까지 다양한 상품과 편리한 쇼핑 환경을 제공하는 대형 할인점이다. 역에서 가깝고 24시간 영업이라 밤중에 많이 찾지만, 낮의 분위기와는 다르게 밤에는 술집이 즐비하니 미리 알아두도록 하자. 도쿄와 오사카에 비해 사람이 적은 편이라 면세도 금방 받을 수 있다.

모토마치 상점 거리 元町商店街

약 1.2km 길이의 쇼핑 거리로 감각적인 가게가 많아 산책하며 쇼핑하기 좋다. 대형 점포보다는 지역적이고 독특한 매력을 가진 상점으로 구성되어있다. 산노미야 센터 거리에서 모토마치 상점 거리로 이어지고 난킨마치와도 인접한다.

다이마루 고베점 大丸神戸店

유럽풍 건축 양식이 눈길을 끄는 다이마루 고베점은 옛 거류지의 랜드마크인 고급 백화점이다. 고베 상권의 중심부에 위치해서 쇼핑과 관광을 동시에 즐길 수 있다. 해외 명품, 패션, 고급 식료품, 화장품, 잡화 등 다양한 매장이 입점해서 쇼핑의 폭이 넓다. 지하 1층에 앙리 샤르팡티에가 입점해 있다.

4일 차 9월 3일 (화요일)

코시엔에 울려 퍼지는 한신 타이거스의 심장 소리

코시엔 야구장

소고기덮밥과 커비의 만남?!

앞서 볼앤체인과 고베시의 협업 제품을 소개한 것처럼 일본의 협업 문화는 정말 다양하다. 협업은 소비자의 관심을 끌고 브랜드 가치를 높이기 위한 전략으로 애니메이션, 게임, 음식 등 다양한 분야에서 활용되어 소비자에게 색다른 경험과 특별함을 제공하고 브랜드에 대한 충성도를 높이는 효과가 있다.

최근에 유명 덮밥 체인점 요시노야吉野屋에서 캐릭터 커비와 협업하여 커비모리カービィ盛를 출시했다. 이 세트는 소고기덮밥과 주스 혹은 샐러드 그리고 커비 피규어로 구성되어 있다. '커비'란 닌텐도 인기 게임 시리즈 '별의 커비'의 주인공으로 분홍색 동그란 외모로 일본뿐만 아니라 한국에서도 사랑받고 있는 캐릭터다. 특히 소고기덮밥이라는 대중적인 음식과 커비라는 문화 요소의 만남은 새로운 재미를 선사한다. 이 협업은 지난달에 1탄이 출시되어 인기를 끌었고 오늘부터 2탄이 시작된다.

커비를 좋아하는 친구의 부탁으로 나도 함께 이 세트를 구매하며 어제에 이어 일본의 협업 사랑을 엿보기로 했다. 11시부터 판매 시작이라 10시경 집을 나섰다. 전철로 두 정거장 거리였지만 걸어서 1시간 정도가 걸리기에 날씨가 괜찮다고 생각해서 걷기 시작했는데 한 정거장 정도 지나니 너무나도 힘들었다. 이미 지하철을 타기에는 늦어서 끝까지 걸었고, 결국 11시 15분쯤 매장에 도착했더니 입구에 매진 포스터가 붙어 있었다. '으악!' 한정 협업은 항상 인기가 폭발적이라는 걸 당장 어제도 느꼈으면서 하루 만에 간과했다. 어쩔 수 없이 발걸음을 돌리며 내일은 기필코 쟁취하리라는 의욕을 활활 불태웠다.

텔레비전 프로그램을 녹화해서 본다고?

땀을 뻘뻘 흘리며 집에 도착해 한숨 돌린 후 「빛나는 그대에게」를 시청했다. 한국에서도 볼 수 있지만 일본 방영과 2주 정도 차이가 나서 일본에 있는 동안 못 본 분량을 보고 싶었다. 일본은 한국처럼 재방송이나 다시 보기 서비스가 활성화되어 있지 않아서 녹화 기능을 많이 활용하는 편이다. 한국 사람들이 들으면 '녹화라니, 내가 아는 녹화 맞아?'라고 생각할 수 있는데 그 녹화가 맞다. 우리도 비디오테이프로 녹화하던 시절이 있었지만 요즘 아이들은 구경도 못 해 봤을 정도로 오래전에 사라졌다. 모든 텔레비전이 녹화할 수 있는 건 아니고 별도의 녹화기를 구매해 설치해야 가능하다. 엄마는 손주들 때문에 텔레비전 시청이 어려워서 그런지 점점 사라져가는 녹화 기능을 최근 들어 더욱 적극적으로 이용하고 계셨고 내가 오기로 한 이후로 드라마를 녹화해 두셨다. 주변 사람들에게 물어보니 젊은 층은 인터넷을 활용하는 비중이 더 높아서 녹화 기능보다는 스마트폰을 활용하고 녹화는 다소 높은 연령층이 이용한다고 한다.

코시엔 구장에서 야구 관람

한국뿐 아니라 일본에서도 가장 사랑받는 스포츠는 단연 야구이다. 코시엔은 프로야구팀 한신 타이거스의 홈구장이자 일본 전국 고등학교 야구선수권대회를 상징하는 이름이다. 2024년에는 교토국제고등학교 야구부가 코시엔에서 우승을 차지해서 한국어 교가가 코시엔에 울려 퍼지며 한국에서도 큰 관심을 받았다. 또한 2024년은 코시엔 개장 100주년을 맞아 다양한 야구 만화와의 협업 상품이 출시되었다. 야구공, 옷, 머그잔, 파우치, 볼펜, 부채, 열쇠고리 등 상품도 다양하다. 일본에 온 지 사흘 만에 협업을 세 번째 언급하는 걸 보면 일본은 정말 협업을 사랑하는 나라라는 걸 알 수 있다. 그중 한국에서도 인기를 끌었던 아다치 미츠루 작가의 『터치』, 『H2』 등의 그림이 들어간 굿즈는 특히 인기가 많아 재입고와 품절이 반복되어 타

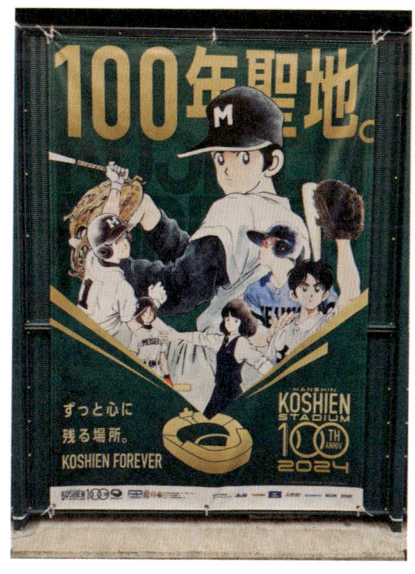

이밍을 잘 맞춰야 구매할 수 있다. 지난달에 남편이 방문했을 때 품절로 구하지 못해 크게 실망했기에 이번에는 꼭 구할 수 있기를 기도하며 떨리는 마음으로 코시엔 구장으로 향했다.

일본 프로야구 센트럴 리그에 소속된 한신 타이거스는 안 그래도 인기가 많지

만 2023년에 일본 시리즈에서 우승을 차지하며 인기가 절정에 이르렀고 팬클럽 선예매로 대부분의 티켓이 판매되기 때문에 일반 관중은 티켓 구하기가 상당히 어렵다. 나도 티켓을 한참 동안 구하지 못해 애를 먹었는데, 지난달에 일본에 방문한 남편이 몇 차례 편의점을 방문하다 극적으로 구해줘서 야구를 관람할 수 있게 되었다. 일본 야구 관람 티켓은 야구장과 팀 공식 웹사이트, 그리고 로손이나 세븐일레븐과 같은 편의점에서 구매할 수 있지만 구단에 따라 외국인은 결제 방법이나 티켓 수령 등에서 어려움이 있어서 해외에서는 구매하기가 쉽지 않은 경우가 많다.

경기 시작 2시간 전에 도착했지만 역에서부터 인파가 상당했다. 마트에서 간단하게 도시락과 음료를 구매하고 힘들게 티켓을 구해준 남편에게 보답하기 위해 굿즈를 찾아다녔다. 한국처럼 굿즈 숍이 한

두 곳 있는 게 아니라 구역마다 크고 작게 굿즈 숍이 있고 판매하는 굿즈도 다 달라서 한참 고생하다가 마지막으로 방문한 굿즈 숍에서 겨우 협업 굿즈를 발견했다. 하지만 아다치 미츠루 굿즈는 거의 남아 있지 않아서 보이는 소량의 굿즈를 얼른 집어 들었다. 몇 개 남아 있지 않아서 뒤이어 들어온 사람들은 내가 집어 든 굿즈를 부럽게 쳐다 봤지만 이번에는 나도 양보할 수 없었다. 괜스레 눈치를 보며 계산을 마치고 얼른 경기장으로 향했다.

아직 경기 시작까지 시간이 남았지만 많은 관중이 이미 자리를 채우고 있었다. 코시엔은 특유의 열정적이고 화끈한 팬 문화를 자랑해서 역과 구장 근처에는 물론이고 구장 안에도 경찰이 꽤 많이 있었다. 약 47,000명을 수용할 수 있는 거대한 규모에 놀라 자리를 헤매는데 어느 친절한 어르신이 감사하게도 자리를 찾아주셨다. 내 자리는 작은 접이식 테이블이 달린 1루 측 2층 내야 아이비석으로 가장 앞줄이라 경기는 상당히 잘 보였으나 우측으로는 바로 외야 지역이라 구분을 위한 펜스가 쳐져 있어서 전광판은 약간 가린 채로 보였다. 앉아서 경기장을 둘러보니 텔레비전에서만 보던 그라운드의 검은 흙이 눈에 들어왔다. 시간이 좀 남아 나가서 음식점을 둘러보며 카레, 점보 꼬치, 100주년 기념 아사히 클래식 맥주 등 여러 명물 중 100주년 기념 한정 메뉴인 가리비 꼬치를 구매했다.

짭조름한 양념장이 듬뿍 발린 쫄깃한 가리비와 도시락을 먹으며 경기 시작을 기다리는데 비어 있던 왼쪽 자리에 한 남성이 자리를 채웠다. 곧장 옆 사람들과 인사를 나누는 걸 보고 그들과 일행인 줄 알

앉는데, 나중에 알고 보니 처음 만나는 사이였다. 그 남성은 그들과 한참 얘기를 나누다가 나에게도 인사를 건네며 팬클럽 소속인지, 표는 어떻게 구했는지, 어떤 선수를 좋아하는지, 코시엔 구장에 자주 오는지 등의 질문을 쏟아냈다. 처음에는 당황했지만 대화를 나누며 그의 야구 사랑을 느낄 수 있었다. 오사카에서 경기를 보러 왔다는 이 남성은 급기야 뒷사람에게까지 인사하며 경기의 승리를 기원하는 말을 덧붙였다. 가장 앞자리라 망정이지, 앞줄이 있었다면 분명 앞사람에게도 말을 걸었을 것이다. 칸사이 지역 특유의 사교적이고 외향적인 이미지와 야구장의 분위기 덕분에 부담스러웠던 마음이 점점 즐거움으로 바뀌었다.

경기가 시작되자 열정적인 응원이 울려 퍼지며 약간의 긴장감이 감돌았다. 오늘 경기는 나고야를 연고지로 하는 주니치 드래건스와의 대결이다. 일본에서는 응원하는 팀이 특별히 없지만, 야구장에 갈 때마다 홈팀을 응원했기에 이번에도 한신 타이거스를 응원하기로 했다. 한신 타이거스는 작년에 감격스러운 일본 시리즈 우승을 차지한 후 올 시즌에도 상위권을 유지하며 리그 우승을 노리고 있다. 반면 주니치는 2년 연속 리그 최하위에 머물렀고 올 시즌도 리그 꼴찌를 하고 있어서 한신의 우위가 예상되었지만, 야구는 그날의 선발투수를 살펴봐야 한다. 각 팀의 선발투수는 한신의 타카하시 하루토와 주니치의 타카하시 히로토로, 우연히 성이 같고 이름도 비슷했다. 하루토는 좌완 투수이고 히로토는 우완 투수지만 둘 다 강력한 속구를 던지는 선수로 유명하다. 하루토는 부상으로 2022년부터 쉬다가 2024

년 8월에 복귀해서 강력한 공을 던지고 있다. 히로토는 데뷔 이후 주니치의 에이스로 자리 잡았으며 최연소 일본 국가대표로 선발되어 2023년 WBC에서 한국을 상대로 9회 1이닝을 깔끔하게 막아내며 한국에 패배를 안겨준 이력이 있다. 선수 경력으로만 보면 주니치의 히로토가 우위에 있지만 한신의 하루토도 복귀 후 연승 행진을 이어가고 있고 팀 분위기도 좋아서 한신이 이길 수도 있겠다는 생각이 들었다.

1회는 득점 없이 끝났지만 2회에 한신이 안타를 치며 앞서나가기 시작하자 경기장에는 엄청난 함성이 터져 나왔고 경기를 지켜보는 나도 흥분을 감출 수 없었다. 한신의 하루토는 7이닝 동안 3피안타 무실점, 21개의 아웃카운트 중 플라이 아웃은 단 2개밖에 없었을 정도로 낮고 빠른 직구와 슬라이더로 주니치 타선을 압도했다. 주니치의 히로토는 7이닝 동안 3실점이라는 나쁘지 않은 투구를 기록했지만, 팀 타선의 침묵으로 패전 위기에 몰리며 이번 경기로 0점대 방어율 기록도 깨지게 되었다. 8회 말, 주니치의 좌완 투수 하시모토 유키가 마운드에 올랐다. 하시모토는 불안정한 제구로 만루 위기에 놓였고, 한신은 그 기회를 살려 더욱 달아났다. 9회 초, 파나마 출신 외국인 투수 하비에르 게라 선수가 한신의 마운드에 올랐다. 원래 메이저리그에서 유격수로 데뷔했지만 2019년부터 투수로 전향한 독특한 이력을 가졌다. 위력적인 빠른 공이 인상적인 선수인 만큼 이번 등판에서도 157km, 158km의 구속으로 모두를 놀라게 했다. 주니치는 3루 땅볼로 1점을 만회했으나 후속 타자들이 범타로 물러나면서 경기는 4대 1로 한신이 승리했다. 한신은 이후 이어진 두 경기에서도 승리하며 이번 시리즈에서 주니치를 싹쓸이했고, 주니치는 올 시즌 코시엔 구장에서 한신을 상대로 한 번도 승리하지 못하는 불명예 기록을 남기게 되었다.

한국에서 야구를 자주 직관한 사람이 처음 일본에서 야구를 보면 다소 밋밋하다고 느끼는 경우가 있는데 이는 바로 응원 문화의 차이 때문일 것이다. 응원가는 경기장의 분위기를 고조시키고 팬들과 선수들 간의 유대감을 강화하는 데 중요한 역할을 한다. 한국과 일본의 응원 문화가 상당히 달라서 팀이 공격할 때만 응원한다는 점이 유일한 공통점인 것 같다. 한국에서는 응원 단상에서 응원 단장과 치어리더가 응원을 주도하고 다양한 이벤트도 진행된다. 일본은 응원 단상 자체가 없고 치어리더는 정해진 타이밍에 구장에 나와 춤을 춘다. 한국은 응원 단상 근처에서는 진동이 느껴질 정도로 앰프를 빵빵하게 트는 반면에, 일본은 나팔에 의지해서 비교적 단조롭게 느껴질 수 있다. 또한 일본은 일부 인기 선수만 응원가가 있어서 대부분의 선수는 같은 멜로디에 이름만 바꿔 부른다. 한국은 다양한 응원가 메들리로 경기 내내 팬들의 흥을 돋우지만, 일본은 구단 응원가도 주로 7회 공격 시작 전인 럭키 세븐 타임에 한 번만 불러서 비교적 정형적인 분위기가 느껴진다. 이는 경기장 내 혼란을 방지하고 안전한 관람 환경을 조성하기 위한 것이라고 한다. 물론 일본의 응원이 열광적이지 않다는 의미는 절대 아니다. 또 한국은 내야에 응원석이 마련되어 있고 일본은 구장마다 다르지만 주로 외야 일부 좌석에서 열정적으로 응원한다. 한신 타이거스의 경우 외야를 포함해 전반적으로 열심히 응원하는 분위기였다.

늦은 시간에 조용히 집에 돌아와 구장에서 구하지 못한 굿즈를 코시엔 홈페이지에서 주문했다. 공식 홈페이지에서는 해외 배송이 불가능해서 한국에서는 주문할 수 없었기에 엄마께 사정을 설명하니 집으로의 택배 주문을 기꺼이 허락해 주셨다. 2주 정도 후에 도착한 굿즈를 기쁜 마음으로 열어보니 컵 하나가 아다치 미츠루의 굿즈가 아니었다. 당황하며 주문을 확인해 보니 내가 『거인의 별』 굿즈로 잘못 주문했고 새로 주문하려 하니 품절되어 결국 손에 넣지 못한 웃지 못할 에피소드가 남아 있다.

5일 차 9월 4일 (수요일)

타니자키 준이치로의 흔적을 찾아서 ①

토미타 사이카 구옥
앙리 샤르팡티에

프리랜서 번역가의 생명, 마감 준수

프리랜서 번역가는 보통 여러 업체와 거래하기 때문에 업체별로 작업 방식과 마감일이 각각 다르다. 꼼꼼하게 작업해서 마감일을 지키는 건 기본이고 건강 관리와 스케줄 관리 능력도 필수다. 하지만 업계 동료나 관계자들과 대화해보면 의외로 마감을 잘 지키는 번역가가 많지 않다는 이야기가 자주 들린다. 번역은 주로 혼자 하는 일이지만 전체적으로 보면 협업이다. 예를 들어 게임 번역에서는 번역이 늦어지면 감수나 로컬라이징, 테스트 등의 업무에 지장이 생겨 출시일이 늦어질 수 있다. 또 만화책 번역에서는 식자, 감수, 편집 등의 업무에 지장이 생겨 출간일이 늦어질 수 있다. 여러 단계를 거치지 않는 경우도 마찬가지이다. 기업의 회의 자료는 대체로 기한이 촉박해서 제때 완료하지 않으면 당장 회의에 차질이 생긴다. 극단적인 예를 들었지만, 마감 준수는 최소한의 책임이다. 번역도 워크 플로의 일부이기에 품질만큼 마감일을 지키는 것은 매우 중요하다. 내 경우도 고베에 오기 전에 번역일에 관해 가장 신경 쓴 부분은 마감과 직결되는 업무량이었다.

마감을 잘 지키려면 자신이 소화할 수 있는 작업량을 정확히 파악하고 스케줄 관리에 신경 써야 한다. 일하다 보면 작업량은 금방 파악할 수 있지만 의외로 스케줄 관리가 쉽지 않다. 스케줄 관리란 단순히 작업량과 마감일을 표시하는 걸 넘어서 아프거나 사고가 생기는 등 예상치 못한 일이 생겼을 때까지 고려해야 하기 때문이다. 한 업체의 마감일에 문제가 생기면 다른 업체의 마감일에도 줄줄이 문제가 생길 수 있으니 조율 여부까지 생각해서 너무 빡빡하지 않게 업무량을 관리해야 한다. 나는 고베에서 한 달 지내면서 꼭 업무를 병행하고 싶어서 책임질 수 있는 만큼 조율해 두어 무사히 마감을 지킬 수 있었다.

커비모리 구매 성공

오늘은 기필코 커비모리 세트를 구매하리라는 장대한 마음으로 일찍부터 서둘렀다. 11시 10분 전에 도착해서 매장에 들어가니 줄이 있었고 직원이 커비모리 사러 왔냐고 물었다. 11시부터 한 사람당 3개까지 구매 가능하다는 유의 사항을 듣고 나도 줄을 섰다. 내 앞을 보니 약 15명 정도 있어서 역시 어제는 너무 안일했음을 깨달았다. 10분만 기다리면 되지만 지루하겠다고 생각하는데 바로 앞에 계신 아주머니께서 말을 걸어 와서 얘기를 나누었다. 역시 칸사이는 대단한 지역이다. 아주 사소한 공통점만 있으면 쉽게 말을 걸고 대화를 나눈다. 소심한 성격 탓에 평소였으면 꽤 당황했겠지만, 어제 코시엔에서 면역이 생겼는지 비교적 태연하게 대화를 나누었다. 어제도 왔냐, 내일도 올 거냐 같은 소소한 이야기를 나누다 보니 금방 11시가 되었다.

순서대로 주문하기 시작했는데 모두 정한 듯 세 세트씩 주문했다. 피규어는 3종 중 무작위 증정으로 요리사 커비, 그릇에 쏙 들어가 있는 커비, 흡입하는 커비가 있다. 앞 사람과 피규어에 관한 이야기를 나누다 보니 주문할 차례가 되었다. 커비모리 세트 구성은 고정되어 있지만 소고기덮밥의 크기는 선택할 수 있어서 세트 3개 모두 작은

크기로 주문하고 미니 샐러드 2개와 주스 1개를 선택했다. 그리고 피규어를 만져 보니 그릇에 쏙 들어가 있는 커비가 둘, 요리사 커비가 하나인 것 같았다. 친구는 그릇에 들어간 커비와 요리사 커비를 원했고 나는 흡입하는 커비와 그릇에 들어간 커비를 원했기에 성공이라고 생각하며 집으로 돌아가 한 그릇은 점심으로 먹고 두 그릇은 냉장고에 넣어뒀다.

토미타 사이카 구옥 富田砕花旧居

토미타 사이카 구옥은 수요일과 일요일에만 개관하기에 수요일에 방문하기 위해 미리 계획해 둔 곳이다. 이곳은 고베시 옆 아시야시에 자리 잡고 있지만 걸어서 갈 수 있는 거리여서 더운 날씨지만 풍경을 감상하며 천천히 걸어갔다. 토미타 사이카는 1890년에 모리오카시에서 태어난 시인으로 1939년부터 45년간 이곳에 거주했다고 한다. 안채는 1945년 고베 대공습으로 소실되었다가 재건했고 지금은 당시 토미타가 사용했던 물품과 작품들이 전시되어 있어 토미타의 문학 활동과 일상생활을 엿볼 수 있다.

　토미타도 문학가로서 충분히 활약했지만 사실 내가 이곳을 방문한 건 타니자키 준이치로谷崎潤一郎에 관심이 있어서이다. 타니자키는 에로티시즘과 일본 전통 미학을 결합하여 독특한 작품을 집필한 탐미주의 소설의 대가이다. 타니자키는 이사를 40번 이상 다녔는데, 1923년 칸토 대지진 이후 칸사이로 이주하여 아시야시 일대에서 21년 동안 13번이나 이사를 했다. 토미타 사이카 구옥에서는 세 번째 부인 마츠코와 함께 1934년 3월부터 1936년 11월까지 약 2년 반 동안 머물렀으며 현재의 전시동 2층을 서재로 사용했다고 한다. 타니자키는 이

서재에서 『겐지 이야기』의 현대어 번역 작업과 『고양이와 쇼조와 두 명의 여자』를 집필한 것으로 알려져 있다.

  겉보기에는 주변의 다른 집들과 다를 바 없는 고즈넉한 주택이지만 타니자키의 흔적을 탐험할 수 있다는 설렘을 안고 전시동을 둘러보았다. 과거 행랑채였던 타니자키의 서재가 있는 전시실을 한창 관람하는데 어떤 분이 팸플릿을 들고 다가와 인사를 건넸다. 자신은 봉사활동으로 관리와 설명을 담당하고 있다고 소개하며 한국에서 온 나를 반갑게 맞이했다. 간단한 설명을 듣다가 타니자키에 대한 애정을 드러냈더니 개방하지 않는 2층을 특별히 보여주겠다고 하셨다. 고베 대공습도 피한 만큼 세월이 느껴지는 나무 사다리를 조심스레 올라 타니자키의 자취를 느꼈다. 천장으로 접어 올리는 사다리 형태도 독특해서, 용기를 내어 사다리를 접은 모습도 볼 수 있겠냐고 부탁 드리니 기꺼이 접어 보여주셨다. 한참 이야기를 나누다 전시실을 나서 본채를 관람했다. 본채에서는 쇼와 시대의 가구와 사이카의 작품을 열람할 수 있었다. 안채 현관 옆에는 사이카가 은행 계좌 대신 서랍 맨 위 칸에 돈을 보관했다는 서랍장이 있었다. 그 사실을 알고 나니 괜히 서랍이 수상하고 부자연스럽게 느껴졌다. 정원에는 다양한

식물과 함께 타니자키가 살던 시절부터 있었던 등롱과 대공습 때 떨어져 나간 안채 지붕의 기와 조각들이 곳곳에 남아 있었다. 그렇게 한참 둘러보다 폐관 시간이 되어 감사 인사를 드리고 토미타 사이카 구옥을 나섰다.

앙리 샤르팡티에

고베는 메이지 신정부가 근대화를 추진하는 과정에서 1868년 1월 1일에 개항된 이후 서양의 식문화가 빠르게 유입되어 디저트를 즐기는 문화가 자리 잡았다. 당시의 영향으로 현재까지 고베시의 양과자 점포 수는 일본에서 가장 높은 밀집도를 보이며 프랑스, 벨기에, 독일 등 서양의 영향을 받은 다양한 디저트 가게들이 고베 디저트의 명성을 이어가고 있다. 그중에서도 고베 디저트의 정수로 일컬어지며 고급 디저트를 취급하는 앙리 샤르팡티에 본점이 근처에 있어서 집으로 돌아가는 길에 들러 보았다.

화려한 이미지와 달리 테이블이 6개 정도 있는 아담한 규모의 매장에 들어서서 창가 쪽 테이블에 앉았다. 주변 사람들이 뭘 주문하는지 보며 메뉴판을 살펴보다가 대표 메뉴인 크레프 슈제트에 계절 과일인 무화과 토핑까지 추가하고 음료가 한 잔 포함된 세트를 야무지게 주문했다. 상냥한 직원이 조리를 손님 테이블 옆에서 마무리할지 완성해서 서브할지 물어보기에 잠깐 고민한 후 테이블 옆에서 마무리해 달라고 했다. 기다리는 동안에 포장 손님이 끊임없이 이어졌다. 고객을 대하는 정중하고 품격 있는 직원들의 태도를 보니 매장에 대

한 애정과 자부심이 느껴져서 기대감이 높아졌다. 이른 시간부터 커비와 타니자키로 들떴던 마음을 차분하게 가라앉히며 기다리고 있는데 먼저 차가 제공됐다. 커피와 홍차 등 다양한 음료 중 매장이 위치한 지역의 이름을 붙인 아시야 프라우드라는 홍차를 주문했다. 쌉쌀한 홍차를 마시며 두근거리는 마음으로 디저트를 기다리는데 갑자기 주변이 부산스러워지더니 크레프 슈제트 마무리를 위해 조리대가 세팅된 카트가 내 옆에 설치되었다. 기껏해야 소스 정도 뿌려주며 마무리할 거라 생각했는데, 곁에 다가온 카트가 본격적이어서 당황스러운 데다 주변 시선까지 집중되어 부끄러웠다. 2인 테이블 정도 크기의 카트 위에 휴대용 버너와 조리를 위한 팬, 소스, 리큐어까지 준비되어 있었다. 점원은 크레프 슈제트를 조리하며 여러 설명을 덧붙였다. 우선 빈 팬에 버터를 넉넉히 녹여 주방에서 부쳐 온 크레프를 올렸다. 얇은 크레프가 찢어질까 조마조마했지만, 점원은 조심스럽고도 능숙하게 크레프를 옮겼다. 그리고 오렌지 소스를 크레프가 잠길 정도로 넣고 리큐어를 사용해 불을 붙이는 플람베 기법으로 소스를 졸여내 요리를 완성했다. 이때 푸른 불꽃이 생겨 눈길을 끌기에 고객 앞에서 직접 조리하면 디저트에 대한 기대감을 증폭시키고 가게와 메뉴를 손님들께 각인하기에도 효과적이었다. 푸른 불꽃이 사라지는 걸 아쉽게 바라보다 보니 어

느새 부끄러움은 사라지고 기대감만 남았다. 소스를 알맞게 조린 후 크레프를 예쁘게 접시에 담아냈다. 기본 크레프 슈제트를 주문하면 여기서 요리가 마무리되겠지만 나는 무화과 토핑을 추가했기에 감귤 향이 첨가된 적포도주로 콩포트 한 무화과 토핑까지 더하여 호화로운 디저트가 완성되었다.

얼른 맛보고 싶은 마음에 크레프와 소스를 순가락에 듬뿍 담아 입속에 넣었다. 크레프가 달콤한 소스와 함께 입안을 감싸고 오물오물 씹을수록 오렌지 향이 은은하게 퍼지고 마지막에는 상큼한 무화과 소스가 맴돌았다. 무화과 향이 밴 적포도주 소스를 곁들여 다시 한번 크레프를 맛본 후 홍차와 함께 즐기니 더욱 새콤하고 풍부한 맛이 입안에서 춤추더니 마지막에는 깔끔함만 남았다. 달콤함과 상큼함이 입안에서 조화를 이루며 머릿속에 별이 톡톡 터지는 듯한 특별한 경험을 제공하는 이 디저트에 사로잡혀 버렸다. 모든 맛이 주관이 뚜렷해서 조연이 없는 맛이지만 그게 특징이라 느껴졌다.

처음에 카트가 등장했을 때는 야구장이나 요시노야에서처럼 누군가 친근하게 말을 걸어주길 바랐지만 차분하고 고급스러운 분위기의 가게에서는 아무도 큰 소리를 내거나 말을 걸지 않았다. 그저 신기한 듯 힐끔힐끔 쳐다보기만 해서 부담스러운 마음만 들 뿐이었다. 하지만 직접 퍼포먼스를 즐기고 맛을 보니 다음에도 즐길 기회가 온다면 또 직접 조리해 달라고 요청하고 싶을 만큼 강렬한 인상이 남았다. 맛있는 디저트와 함께 특별한 경험을 하고 싶은 분들께 적극적으로 추천한다.

6일 차 9월 5일 (목요일)

비와호를 따라 흐르는 비파 선율의 물결

히요시타이샤
옛 치쿠린인
사이쿄지
비와호
미시야마데라

엄마는 몇 년 전에 다니던 회사에서 퇴직하고 파트직으로 전환한 뒤로 목요일을 제외한 평일에 출근하고 있다. 감사하게도 멀리 가고 싶은 곳이 있으면 주말 외에 목요일도 활용하라고 말씀해 주셔서 오늘은 엄마와 함께 시가현滋賀県으로 가기로 했다. 오래전부터 비와호琵琶湖에 가 보고 싶었지만 좀처럼 기회가 없었기에 기대가 되었다. 원래도 유명한 곳이지만 대하드라마 「빛나는 그대에게」에 등장한 이후 더욱 많은 사람이 찾고 있다고 한다. 비와호는 일본에서 가장 큰 호수로 면적이 약 670km²에 달해 서울보다 약간 더 크다. 워낙 거대해서 바다처럼 느껴지기도 하고 바람이 강하게 부는 날에는 파도가 치는 듯한 모습도 볼 수 있다. 이 거대한 호수를 어디서 보면 좋을지 고민하다가 호수 전망과 함께 무라사키 시키부와 관련된 장소를 둘러볼 수 있는 오츠시大津市의 사카모토 지역에서 조망하기로 했다.

아침 일찍 열차를 타고 약 1시간 정도 달려 히에이잔사카모토역比叡山坂本駅에 도착했다. 플랫폼에서 비와호가 살짝 보여 시가현에 도착했음을 실감할 수 있었다. 역에서 나오자마자 엄마의 친구인 마사 씨를 만나 반갑게 인사를 나누었다. 교사로 정년퇴직한 마사 씨는 엄마가 나를 안내하기 위해 시가현에 대해 이것저것 물어보자 흔쾌히 안내를 자청하셨다고 한다. 오늘 일정이 빡빡하다며 의욕을 보이신 마사 씨의 말씀에 우리는 서둘러 차에 올라탔고 목적지를 향해 이동하며 마사 씨께 사카모토 지역 이야기를 들었다.

비와호 서쪽 기슭에 위치한 사카모토 지역은 유명한 신사와 절이 많아 아름다운 자연경관과 어우러진 전통적인 마을의 정취가 느껴

진다. 특히 아노슈즈미穴太衆積み라는 석조 기술이 발전해서 사카모토 곳곳에서 돌담을 볼 수 있다. 이 기술은 가공하지 않은 자연석을 조화롭게 쌓아 올려 안정성과 내구성을 극대화한 방식으로 지진 등의 자연재해에 강하고 배수 기능이 뛰어나 비바람에도 잘 견딘다고 한다. 처음에는 그저 투박하게 쌓아 올린, 오래된 돌담인 줄 알았는데 아노슈즈미에 대해 듣고 나니 새롭게 보였다.

불과 열차로 1시간 남짓 이동했을 뿐인데 국제적이고 현대적인 분위기의 고베를 벗어나 전통적이고 역사적인 분위기의 사카모토 지역에 들어서니 마치 타임머신을 타고 이동한 듯한 기분이 들어 자꾸만 들떴다.

히요시타이샤 日吉大社

가장 먼저 히에이산에 위치한 히요시타이샤에 갔다. 2100년 전에 창건된 이 신사는 일본에서 가장 오래된 신사로 알려져 있다. 중요 문화재인 오미야바시大宮橋를 건너니 마사루神猿라고 칭하는 상징적인 원숭이가 있었다. 이 이름에는 '악령을 쫓고 승리와 성공을 기원한다'라는 의미가 있다. 실제로 산 주변에도 야생 원숭이가 많이 서식하고 있어서 신사의 전통과 상징성을 더욱 강화한다고 한다. 경내가 넓어서 국보로 지정된 니시혼구西本宮와 히가시혼구東本宮를 중심으로 둘러보았다. 먼저 니시혼구를 향해 니시혼구로몬西本宮楼門을 지나며 지붕을 받치고 있는 형태로 조각된 네 마리의 원숭이 조각을 보았다. 이 원숭이들은 각각 네 방향을 바라보고 있는데, 이는 각 방향을 보호하

는 힘을 상징한다고 한다. 마사루를 본 직후에 니시혼구를 마주해서인지 고즈넉함과 함께 신성함이 느껴졌다. 본전 계단의 좌우에 있는 입구로 들어가면 게덴下殿이라 부르는 특별한 공간이 보였다. 이는 불상 등을 모시고 불사를 지내는 곳으로 불교와 전통 신앙이 융합된 신불습합의 흔적을 확인할 수 있다. 운치 있는 산길을 따라 조금 걸어서 마주한 히가시혼구도 세월의 흔적이 느껴지고 자연과 어우러져 편안한 느낌을 주었다. 히가시혼구에서 내려가는 길에는 원숭이가 웅크린 듯한 형상의 바위가 영검한 분위기를 더했다.

국가유형 문화재 건물에서 소바를 맛보다

마사 씨는 점심 식사로 소바를 권하시며 300년 전통의 혼케 츠루키 소바本家鶴喜そば로 안내했다. 이곳은 1719년에 개점한 소바 전문점

으로 9대째 영업 중이다. 현재 사용 중인 건물은 1887년 건축되어 국가유형 문화재로 지정되어 있다. 평일인데도 사람이 많았지만 정오가 채 되지 않은 시간에 도착했기에 넓고 편안한 테이블에 자리할 수 있었다. 추천해 주신 자루 소바에 튀김이 포함된 세트를 주문한 후, 시간 내 주셔서 감사하고 잘 부탁드린다는 의미로 마사 씨께 작은 선물을 드렸다.

곧 쟁반에 정갈하게 담긴 음식이 나왔다. 담백한 면을 쓰유汁에 찍어 먹으니 소박하지만 300년의 세월이 응축된 깊은 맛이 느껴진다. 튀김도 상당히 바삭하고 새우, 가지, 김 등의 구성도 좋았다. 소바를 다 먹은 후에는 남은 쓰유에 소바를 끓이고 남은 고소한 소바유そば湯를 넣어 쓰유도 끝까지 마셨다. 이런 맛을 다시 느끼기 쉽지 않을 거라 생각하니 벌써 그리운 마음이 들어 마지막 한 방울까지 남김없이

식사를 완료했다.

옛 치쿠린인 旧竹林院

소바로 든든하게 배를 채운 뒤 옛 치쿠린인으로 이동했다. 이곳은 근처에 위치한 엔랴쿠지延曆寺의 승려들이 은퇴 후 여생을 보내던 곳으로 실내외에서 아름다운 정원을 감상할 수 있는 곳이다. 정원에 들어서니 야외 정원을 배경으로 기모노를 입고 촬영 중인 분이 계셔서 가볍게 눈인사를 나누었다. 우리는 먼저 본채 2층에서 액자 정원을 감상했다. 다다미가 깔린 바닥에 앉아 후덥지근한 바람을 맞으며 푸른 정원을 바라보았다. 꽃이 피거나 단풍이 물든 계절이 아닌데도 감탄이 나올 정도로 청량한 느낌이었다. 1층으로 내려가 정원을 천천히 걸으며 이끼와 돌, 물, 나무를 자세히 뜯어보며 온몸으로 정원을 느꼈

다. 아무리 사진을 찍어도 정원의 아름다움을 담을 수 없어서 통탄스러운 마음을 내내 억눌렀다. 얼마나 애를 쓰며 사진을 찍었는지 사진은 정말 많이 찍었는데 건질 만한 사진이 하나도 없었다. 아담하지만 생각보다 훨씬 아름다워서 쉽게 발걸음이 떨어지지 않았지만 마사 씨의 재촉 덕분에 시간을 지체하지 않을 수 있었다.

지겐도慈眼堂에서 만난 무라사키 시키부 공양탑

이어서 마사 씨가 웃으며 안내한 곳은 옛 치쿠린인 바로 근처의 무라사키 시키부 공양탑이었다. 내가 『겐지 이야기』를 좋아하고 무라사키 시키부에 대해 관심이 많다고 해서 특별히 들른 곳이라 마사 씨의 웃음의 이유를 알 수 있었다. 이곳에는 엔랴쿠지의 최고위 승려의 묘와 다양한 인물의 공양탑이 있다. 여러 공양탑 중 무라사키 시키부

의 공양탑을 발견했다. 옆에는 세이 쇼나곤清少納言과 이즈미 시키부和泉式部의 공양탑도 나란히 있었다. 생각지도 못한 곳에서 헤이안 시대를 대표하는 문학가의 흔적을 발견할 수 있어서 더욱 반가웠고 혼자서는 결코 찾아올 수 없는 곳이라 마사 씨께 더욱 감사한 마음이 들었다.

사이쿄지 西教寺

천태진성종天台真盛宗의 총본산인 사이쿄지는 쇼토쿠 태자聖徳太子가 창건했다는 전설뿐 아니라 경내에 있는 네 개의 정원에서 각각의 매력을 느낄 수 있어서 유명한 곳이다. 마사 씨가 사이쿄지에서는 여름에 아주 특별한 걸 경험할 수 있다고 해서 설레는 마음으로 입구로 걸어가는데 어디선가 희미하게 종소리가 들려왔다. 입구를 지나 계

단에 서니 3,000개의 풍경이 장식된 참배 길이 눈앞에 펼쳐졌다. 사카모토 지역은 산과 어우러진 명소가 많아서 봄과 가을에 비해 여름에는 볼거리가 적었지만, 이곳에는 여름에 풍경을 장식하여 참배객의 마음을 기쁘게 했다. 잔잔한 바람에 울리는 풍경의 딸랑이는 소리가 청각을 사로잡을 뿐 아니라 태양을 받아 바닥에 투명하게 비치는 알록달록한 색상은 시각까지 매료했다. 풍경을 따라 눈과 귀가 호강하며 천천히 걸으니 더위까지 날아가는 느낌이었다. 유서 있는 절에 풍경이 더해지니 신비롭게 느껴졌다.

아미타 불상이 안치된 본당은 쨍한 외부와 대비되는 어두운 조명으로 순식간에 장엄한 분위기를 만들었다. 본당을 중심으로 고요한 정원을 둘러보는데 그중 비와호 모양을 본떠 만들었다는 연못이 인상적이었다. 비와호는 이 절에서도 품고 싶을 정도로 상징적이고 멋진 곳이라는 걸 알 수 있었다. 건물 곳곳에도 풍경이 걸려 있어 가끔 딸랑딸랑 소리가 들렸다. 덕분에 평화로운 정원과 유현한 경내, 신비로운 분위기의 외부를 자연스럽게 넘나드는 듯한 기분이 들었다. 내려가는 길에 서서 전망을 바라보니 산 중턱에 있는 게 실감 났다. 멀리 비와호를 보며 듣는 풍경소리는 마지막까지 환상적인 기분을 안기며 우리를 배웅해 주었다.

비와호 드라이브

비와호는 일본의 전통 악기인 비파를 닮아서 붙은 이름이다. 비와호는 비와호 대교를 기준으로 크게 북부와 남부로 나누어지고 사카

모토 지역은 비와호의 남부에 해당한다. 이 남부는 비파의 짧은 목 부분이 닮은 호수의 가장 좁은 부분으로 미나미호南湖라 부르고 비파의 둥근 몸통부와 닮은 북부는 다이호大湖라고 부른다. 미나미호만으로는 거대한 비와호를 느끼기에 조금 아쉬웠는데, 그런 내 마음을 헤아린 마사 씨가 일정을 조금 변경해서 비와호 드라이브를 제안해 주셨다.

본격적으로 비와호를 즐기기 전에 먼저 코메플라자米プラザ에 들러 전망대에서 비와호를 감상했다. 이 코메플라자는 미치노에키道の駅로 식당과 화장실 등의 시설이 있다. 언뜻 보면 SA와 비슷해 보이지만, 지역 정보를 제공하거나 지역 특산품을 판매하는 등 지역 사회와 관련이 있는 곳이다. 또 SA는 고속도로에 있고 미치노에키는 일반 도로에 있다는 차이점이 있다. 전망대에서 바라보는 비와호는 가장 좁은

부분이지만 결코 작게 느껴지지 않아 비와호 대교와 함께 경치를 감상하기에도 부족함 없었다.

그렇게 거대한 비와호를 보기 전 준비 운동을 마치고 차에 타 비와호 대교에 올랐다. 왼쪽의 다이호를 바라보니 호수의 광활한 수평선이 보였다. 과연 다이호는 바다라고 느껴질 정도로 어마어마한 크기였다. 내가 연신 감탄사를 쏟아내자 마사 씨가 뿌듯해하셔서 엄마도 나도 기분이 좋았다.

이시야마데라 石山寺

이번에는 시가현 방문에서 비와호와 함께 가장 기대했던 이시야마데라로 이동했다. 747년에 지어져 긴 역사를 자랑하는 이 절은 이름에 '이시(石/돌)'와 '야마(山/산)'가 들어가 있는 것처럼 산속의 거대한 돌 위에 지어져 있다. 또 사계절 내내 아름다운 꽃과 자연경관으로 유명해서 '꽃의 절'이라는 별명을 가지고 있다. 특히 이곳은 헤이안 시대에 여류 문학자들에게 사랑받았던 장소로 문학의 꽃이 피는 무대로도 유명하다. 그중 무라사키 시키부가 이곳에서 『겐지 이야기』를 구상했다고 전해지고 그녀가 침거했던 방이 현재까지 남아 있다. 또한 귀족들이 교토에서 참배하러 오기로 유명해서 무라사키 시키부의 생애를 다루는 대하드라마 「빛나는 그대에게」에서도 이를 그린 바 있다.

본당 앞에 서니 먼 옛날 실제로 헤이안 시대의 인물들이 소원을 빌었던 곳에 내가 왔다는 것이 실감 났다. 지금처럼 다양한 교통수단이

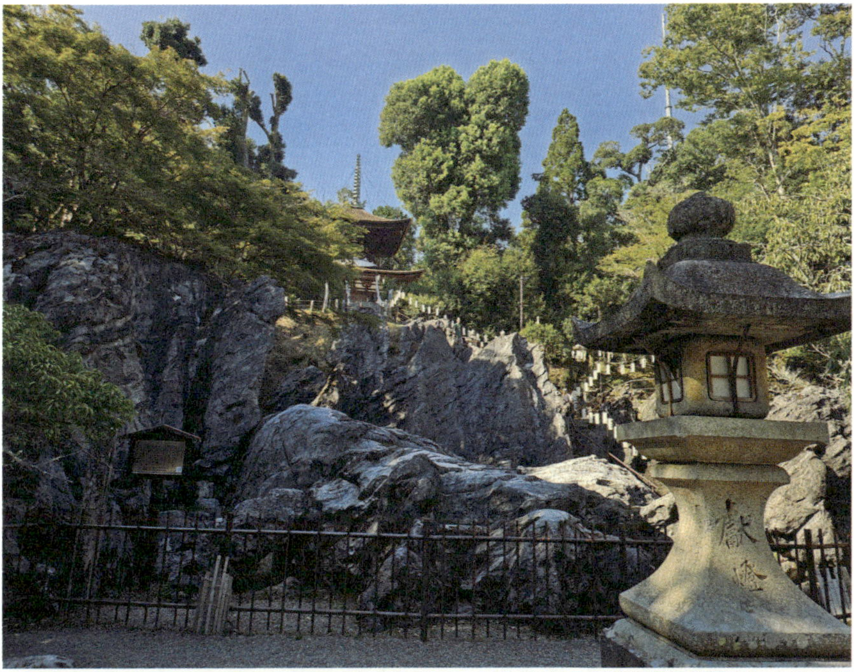

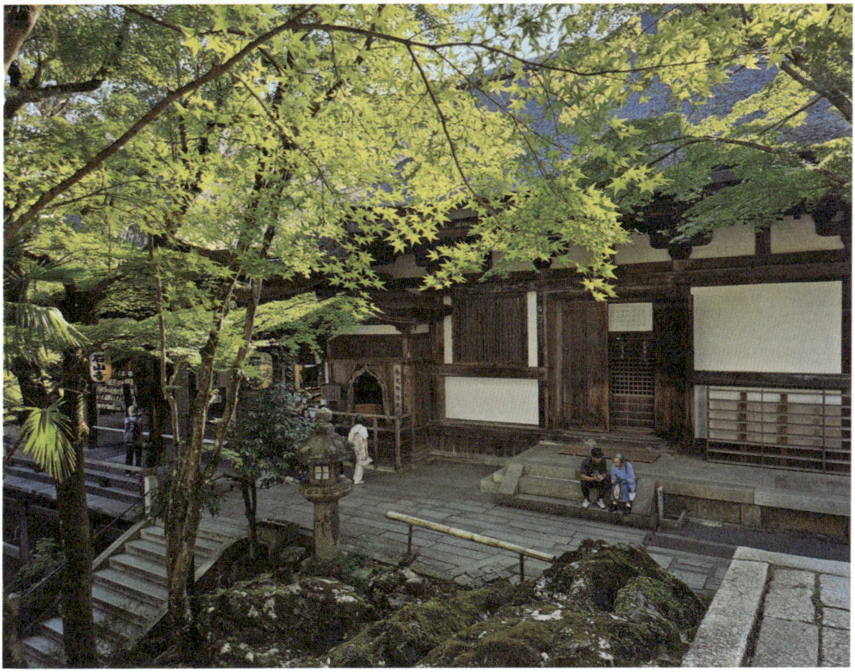

없던 시절에 오랜 시간을 들여 간절한 마음으로 이곳까지 방문했을 사람들을 생각하며, 나도 일본에서의 안전하고 건강한 생활과 고베 한 달 살기 책 무사 출간을 기원하며 부처님 앞에서 소원을 빌었다. 함께 간 엄마와 마사 씨도 나와 같은 소원을 빌어주시며 출간을 응원해 주셨다. 본당에서 나가며 무라사키 시키부로 자수를 놓은 예쁜 부적을 발견해서 하나 구매했다. 먹과 벼루, 붓까지 정교하게 자수가 놓여 있어 『한 달의 고베』 집필에 힘을 얻을 수 있을 것 같았다.

　본당 바로 근처에는 무라사키 시키부 공양탑과 마츠오 바쇼松尾芭蕉의 시비가 있었다. 마츠오 바쇼는 에도 시대의 시인으로 시가현에 머물 때 이시야마데라를 종종 방문했다고 한다. 이어 12세기 말의 무사인 미나모토노 요리토모源賴朝가 세운 다보탑을 보았다. 이는 일본에서 가장 오래되었고 또 가장 아름다운 다보탑으로 알려져 있다. 크기도 큰 데다 아래층은 방형이고 위층은 원통형이라 독특한 아름다움이 느껴졌다. 이시야마데라는 꽤 넓은 만큼 볼거리가 많아서 이곳저곳을 둘러보다가 그만 무라사키 시키부 동상을 깜빡하고 못 봤다. 비교적 외진 곳에 있어서 찾아가야 하는데 「빛나는 그대에게」 대하드라마 관 입장 마감 시간이 다가와서 그만 깜빡한 것이다. 얼마나 신났으면 귀국해서 알아차렸을 정도라 후회는 없지만 다음에 이시야마

데라를 방문하게 되면 그때는 꼭 무라사키 시키부 동상을 만나고 싶다.

마지막으로 「빛나는 그대에게」 방영에 맞추어 이시야마데라 경내에 만들어 둔 대하드라마 관에 들렀다. 이곳에는 「빛나는 그대에게」의 개요와 등장인물 정보, 배우의 포부를 담은 인터뷰 등이 전시되어 있다. 그중 화려한 헤이안 시대의 의상에 시선을 빼앗겨 한참을 살펴보다가 폐관 시간에 드라마 관을 나왔다.

마사 씨와 헤어지기 전에 일본의 카페 체인인 코메다 커피에 들러 하루의 정산과 인사를 나누기로 했다. 저녁에 요가가 예정되어 있는데 저녁 식사가 애매해서 커피와 함께 돈가스가 든 샌드위치를 주문한 후 샌드위치가 나오기를 기다리며 마사 씨와 이야기를 나누었다.

마사 씨는 엄마와 나를 위해 온종일 운전과 매표, 안내 등을 도맡아 주시면서도 지친 기색 하나 없었다. 마사 씨는 내가 일본에 관심을 가지고 한 달 살기 집필에 심혈을 기울이는 모습을 칭찬하시며 나에게 전혀 돈을 받지 않았다. 그건 너무 죄송해서 안 된다며 실랑이를 벌이는 중에 샌드위치가 등장했는데 그 크기가 내 주먹 세 개만 한 크기라 모두 깜짝 놀라 실랑이를 멈추었다. 엄마와 나는 각각 세 조각으로 잘린 거대한 샌드위치를 받아 들고 난감한 웃음을 터트렸고 마사 씨는 내 샌드위치를 한 조각 받는 걸로 죄송스러운 마음을 아주 조금 덜어 주셨다. 이 자리를 빌려 낯선 한국인을 따뜻하게 맞아주시고 멋진 명소를 소개해 주신 마사 씨께 깊은 감사의 마음을 전해 드리고 싶다.

일본에서의 첫 번째 요가

앉아 있는 시간이 많은 탓에 허리가 안 좋아져 고민하다가 요가를 시작한 지 1년이 좀 넘었다. 운동은 처음이라 걱정했지만 막상 해 보니 운동량도 많고 오직 나에게만 집중할 수 있는 시간을 가질 수 있어 요가에 빠져들었다. 마침 엄마도 요가를 하고 계셔서 엄마 집에 머무는 동안 함께 요가를 하기로 했다. 수업은 집 근처의 아시야시민회관芦屋市民会館에서 매주 목요일 저녁에 90분간 이루어졌고 오늘이 첫날이다. 엄마가 미리 선생님께 말씀해 두셔서 선생님과 간단하게 인사를 나눈 후 요가 매트와 수건을 챙겨서 수업에 들어갔다. 수업은 나를 포함해서 대여섯 명이 함께했다.

오늘은 볼을 이용하여 몸 이곳저곳을 마사지하기 위해 선생님이 테니스공을 하나씩 주셨다. 처음 60분 정도는 한국에서 하던 볼 테라피와 비슷한 느낌의 가벼운 수련이 이어지다가 5분 정도 휴식한 후에는 갑자기 난이도가 확 올라서 본격적인 수련에 들어갔다. 한국에서 하던 흐르는 듯한 역동적인 빈야사와 유사했다. 그러더니 갑자기 머리 서기라고도 불리는 살람바 시르사아사나를 시켜서 깜짝 놀랐다. 이 자세는 코어 강화와 몸의 균형 감각을 향상하고 혈액 순환을 개선하는 등 다양한 장점이 있는데 나는 아직 제대로 성공한 적이 없었다. 다들 손가락을 엮어 정수리를 바닥에 두고는 다리를 들어 올리려 낑낑댔다. 나도 균형을 잡으며 안간힘을 썼는데 아쉽게도 다리를 쭉 뻗어 올릴 수 없었다. 선생님은 느낌은 파악하고 있다며 조금만 더 하면 성공하겠다고 하셨지만 사실 이미 이 상태로 6개월 이상 지속되고 있어서 속상했다. 결국 벽에 대고 다리를 차올리며 자세를 잡았다. 반쪽짜리 성공이지만 할 수 있는 만큼 최선을 다해서 수련했다는 것에 만족하며 차분하게 수련을 마무리했다.

7일 차 9월 6일 (금요일)

바다를 품은 푸른 사과의 메시지

효고현립미술관
고베문학관

나도 디저트 먹을래!

고베 생활에 앞서 엄마랑 알레르기나 못 먹는 음식에 관한 이야기를 미리 나누었다. 나는 알레르기는 없지만 선호하지 않는 음식이 몇 가지 있다고 대답하며 한국에서는 날달걀 먹는 문화가 없어서 날달걀만 못 먹는다고 덧붙였다. 사실 반숙도 좋아하지 않지만 일본은 날달걀이나 반숙을 즐겨 먹는 문화가 있어 완숙만 먹는다고 말하기가 미안했다. 사실 한국식 카레, 피망과 파프리카, 치즈 정도만 빼면 괜찮았고 어차피 지내면서 한두 번 정도 접할 음식일 테니까 까다롭게 굴기 죄송스러운 마음이 들어 확실하게 말하지 못했다.

고베에서 일주일을 보내는 동안 음식 때문에 곤란한 적은 없었다. 그런데 오늘 아침 식사로 밥과 된장국, 그리고 반으로 잘라 속을 파낸 파프리카에 치즈와 말린 작은 새우를 올려 구운 반찬이 나왔다. 늘 균형 잡힌 식단을 고민하는 엄마에게는 최고의 요리였고 반찬을 차리며 만족스러워하셨다. 하지만 나는 파프리카를 마지막으로 먹어본 게 언제인지 기억도 안 날 정도였고 거기에 치즈까지 더해져 당황스러웠다. 그래도 겉으로 내색하지 않고 평소처럼 식탁에 앉아 아침밥을 먹기 시작했다. 그런데 의외로 맛이 괜찮아서 남김 없이 다 먹고 덕분에 무사히 디저트도 먹을 수 있었다.

엄마 집에는 밥을 끝까지 다 먹은 사람만 디저트를 먹을 수 있다는 특별한 규칙이 있다. 이는 아이들의 올바른 식습관 형성과 영양 섭취를 위해서 만든 규칙이지만 어른이라고 예외는 아니었다. 파프리카 반찬을 보자마자 '앗, 나도 디저트 먹고 싶은데…'라는 생각이 먼저 들 정도였다. 무사히 식사를 마치고 받은 디저트는 도쿄 아사쿠사의 명물 고구마 양갱이었다. 엄마가 어제 점심 식사 후 산책 삼아 산노미야의 한큐백화점 식품관에서 열린 기간 한정 도쿄 페어에서 사 오신 것이었다. 고구마로 만들어진 샛노란 색감의 양갱은 언뜻 보면 부드러운 달걀찜이나 푸딩을 잘라둔 것처럼 보일 정도로 곱게 빚어진 모양이었다. 단순하지만 달콤하고 부드러우면서도 자연스러운 맛이 매력적이었다. 역시 반찬 투정하지 않길 잘했다고 생각했다.

효고현립미술관

9월이지만 한여름처럼 무더웠다. 오늘 가는 효고현립미술관은 바다 바로 앞에 자리하고 있어 멋진 전망을 즐길 수 있을 거란 기대를 품고 집을 나섰다.

미술관 근처에 도착하자 미술관 옥상에서 금방이라도 뛰어내릴 듯한 포즈로 아래를 바라보고 있는 거대한 개구리 조형물이 보였다. 비카오루美かおる라는 이름의 조형물 덕분에 단번에 미술관이라고 알아챌 수 있었다. 실내에 들어서니 유료 전시와 무료 상설 전시가 있다

는 안내가 있었다. 실외에도 다양한 작품이 전시되어 있고 무료 관람만으로도 충분히 즐길 수 있을 것 같아서 무료 구역만 둘러보기로 했다.

　미술관 가는 길은 한산했지만, 더운 날씨 탓인지 실내는 제법 붐볐다. 이곳은 세계적인 건축가 안도 타다오가 설계한 건물로도 유명해서 외국인 관광객도 많았다. 실내로 들어가 안도 타다오의 건축 활동과 관련 도서가 있는 안도 갤러리를 둘러보며 잠시 더위를 식힌 후, 미술관에 있는 그의 작품들을 감상하러 외부로 이동했다. 이 미술관에서 가장 유명한 장소는 실내와 실외를 연결하는 미술관 중앙의 나선형 계단이다. 나도 그 계단 앞에 서니 괜히 안도 타다오가 노출 콘크리트의 대가라고 불리는 게 아님을 느낄 수 있었다. 단순하면서도 강렬한 인상을 주는 계단은 마치 다른 세계로 이동하는 듯한 기분을

선사했다. 계단 어디에서 바라봐도 감탄하게 만드는 이 공간은 건축에 문외한이라도 건축의 아름다움을 느낄 수 있는 곳이었다.

미술관에는 안도 타다오의 또 다른 주요 작품인 대형 푸른 사과 조형물도 있었다. 이 작품은 실내 안도 갤러리의 창에서도 보였는데 가까이에서 보니 거대한 푸른 사과와 바다, 하늘이 어우러진 풍경이 환상적이었다. 작품 자체는 단순하지만 특히 이날은 뜨거운 햇빛을 받아 푸른 사과가 더욱 돋보였다. 하지만 이 푸른 사과는 단순히 시각적인 아름다움만이 아니라 철학적 메시지도 담고 있었다. 그 의미는 작품 캡션의 마지막 문장인 '달콤하게 익은 사과보다, 덜 익어서 시큼할지라도 미래를 향한 희망으로 가득 찬 푸른 사과의 정신을 지향합니다.'에서 찾을 수 있었다. 이는 도전과 성장, 희망을 상징하는 청춘의 도전 정신을 표현한 메시지로 무언가를 하고자 하는 의지와 열정을 품고 있다면 나이에 상관없이 그 사람은 청춘이라는 뜻이다. 메시지의 의미는 익숙하지만 훌륭한 조형물 옆에서 이 문장을 마주하니 갑자기 정신이 번쩍 드는 듯했다. 이곳에서 본 푸른 사과와 마음을 울리는 메시지는 오래도록 기억에 남을 것 같다.

후덥지근한 바닷바람이 불어와 무척 더웠지만 청춘의 의미를 되새기며 외부 전시 작품을 천천히 둘러본 뒤 미술관을 나섰다. 다음 일정까지 카페에서 잠시 쉴지, 아니면 다른 곳을 더 둘러볼지 고민하다가 뮤지엄 로드를 따라 걸어 보기로 했다. 효고현립미술관에서 오지동물원까지 약 1.2km에 걸쳐 다양한 조형물이 전시되어 있어 미술관에서 나왔음에도 여전히 미술관 안에 있는 듯한 착각이 들었다. 바다에서 산으로 이어지는 이 언덕길을 걸으며 자연과 예술을 동시에 느끼니 뮤지엄 로드의 매력에 더위마저 잊을 정도였다.

고베문학관

뮤지엄 로드를 끝까지 올라 동물원 앞에 도착했다. 즉흥적이지만 동물원을 둘러볼까 했는데 폐관까지 시간이 얼마 남지 않아 바로 옆에 위치한 고베 문학관으로 발길을 돌렸다. 이곳은 근대 이후 고베와 관련된 문학 작품과 작가들의 업적을 기념하고 전시하는 공간으로 과거 칸세이가쿠인대학의 예배당으로 사용되던 메이지 시대의 건물을 활용해 설립되었다. 아름답기로 소문난 대학의 건물답게 빨간 벽돌과 뾰족한 지붕의 외관이 인상적이었다.

입구로 들어서니 좁은 복도를 사이에 두고 두 공간으로 나뉘어 있었다. 왼쪽은 안내 카운터와 고베 관련 도서를 읽을 수 있는 공간이고 오른쪽은 전시실이다. 먼저 전시실로 들어갔다. '항구 도시 고베의 문학 풍경'이라는 주제로 고베에서 활동한 문학가들과 작품이 시대별로 전시되어 있었다. 고베 대공습의 참상을 작품으로 담아내거나, 한신·아와지 대지진 이후 펼쳐진 작가들의 문학 운동 등을 통해 지역 문학의 독자적인 발전 과정을 엿볼 수 있어 인상 깊었다.

전시 공간이 넓지 않아

관람에는 그리 오랜 시간이 걸리지 않았다. 전시실을 둘러본 뒤 복도를 지나 다른 공간으로 이동해 책장을 구경하고 있는데 직원이 다가와 설문 조사를 부탁하셨다. 흔쾌히 설문에 응답한 뒤 전시가 흥미로웠다고 말씀드리며 이런저런 대화를 나누었다. 어디서 왔냐고 물어보셔서 한국인이라고 하자 어떻게 이런 곳까지 오게 되었냐며 신기해하셨다. 오늘은 우연히 방문했지만, 문학에 관심이 있어 지역의 문학관에 호기심을 가지고 있었다고 전했다. 즐길 거리가 넘쳐 상대적으로 책이 등한시되는 요즘 시대에 이렇게 지역 문학관에서 시민들의 문화 활동을 지원한다는 점이 부러웠다.

오랜 친구와의 만남

대학원생 시절 다른 지역으로 교환학생을 간 적이 있다. 그때 고베에 미리 입국해 엄마 집에 닷새 동안 머물렀는데 공항에서 고베로 이동하던 중 귀엽고 적극적인 일본인 친구를 한 명 사귀었다. 당시 공항과 고베 시내를 잇는 세이 택시를 이용했고 내 옆자리에 앉은 마나 씨는 나의 여권을 보고 유창한 한국어로 말을 걸었다. 서로의 나라에 관심이 많고 나이도 비슷해서 자연스럽게 연락을 주고받다가 오랜 시간이 흘러 이번에 고베에서 다시 만나게 되었다.

마나 씨가 퇴근한 후 저녁 식사를 함께하기로 하고 어떤 메뉴를 먹을까 고민하다가 오므라이스로 정했다. 수많은 음식 중 오므라이스로 정한 데는 특별한 이유가 있었다. 얼마 전에 번역했던 작품에서 주인공의 취미가 다양한 가게에서 오므라이스를 먹어보고 맛을 비교하는 것이었는데 그걸 보고 나도 고베에 있는 동안 같은 취미를 가져보기로 마음먹었기 때문이다.

왜 하필 고베에서 오므라이스를 먹느냐고 묻는다면 그 이유도 명확하다. 앞서 언급했듯 고베는 개항을 통해 서양 요리가 일찍부터 발달했고 지금까지도 서양 요리의 중심지로 자리 잡고 있다. 특히 경양식 음식점이 많은데 그 대표적인 메뉴 중 하나가 바로 쇼와 시대 스타일의 오므라이스이다. '쇼와'는 일본의 연호 중 하나로 쇼와 시대는 1926년에서 1989년까지다. 이 시기는 전통적인 일본 문화와 서양 문화가 혼재되어 독특한 감성과 향수를 불러일으키는 이미지가 있다. 두껍고 길게 모양을 잡은 반숙 달걀을 볶음밥 위에 얹어 촉촉한 식감을 강조하는 현대 스타일 오므라이스와는 다르게 쇼와풍 오므라이스는 얇게 부친 달걀 지단으로 케첩 볶음밥을 완전히 감싸 소박하고 간단한 맛을 강조한다.

내가 쇼와풍 오므라이스를 먹고 싶다고 하니 마나 씨는 여러 가게를 소개해 주었다. 처음에는 그릴 스에마츠グリル末松로 가려 했지만 이미 예약이 다 차서 포기하고 그릴 잇페이グリル一平에 가기로 했다. 약속 시간 10분 전에 도착해서 살펴보니 대기 명단이 있어서 이름을 적어두었고 5분쯤 후에 마나 씨가 도착했다. 반갑게 인사를 나누다 보니 금세 우리 차례가 되어 안으로 들어갈 수 있었.

다양한 커틀릿 메뉴를 보며 역시 양식 전문점답다는 생각이 들어 잠시 흔들렸지만 처음 계획대로 오므라이스 세트를 주문했다. 세트에는 따뜻한 콘 포타주와 미니 샐러드가 포함되어 있었다. 고소한 옥

수수의 맛이 일품인 콘 포타주로 입맛을 돋우는 사이 오므라이스가 나왔다. 매장명이 적힌 깔끔한 흰색 접시에 담긴 오므라이스는 밥알이 비칠 정도로 얇게 달걀로 감싸져 있어 보기만 해도 군침이 돌았다. 케첩과 데미그라스 소스가 절묘하게 어우러지는 깔끔한 맛에 감탄이 절로 나왔다.

식사 후에는 마나 씨의 추천으로 파스쿠찌에 갔다. 한국에도 있는 그 카페가 맞다. 마나 씨는 나를 만나니 이 카페가 떠올랐고 한국과 분위기가 조금 달라서 소개하고 싶다고 했다. 한국의 파스쿠찌는 다른 일반적인 체인 카페와 크게 다르지 않지만, 이곳은 와인과 칵테일도 판매하는 고급스러운 분위기였다. 카페에 들어가 자리에 앉자 직원이 메뉴를 가져다주고 직접 주문받아 갔고 음료와 디저트도 자리까지 가져와 주어 계산만 카운터에 가서 하는 시스템이었다. 최근 일본에서도 한국처럼 셀프 시스템이 상당히 많이 보급되고 있는데 고베에서 그것도 한국 카페 체인인 파스쿠찌에서 이런 서비스를 제공한다는 게 재미있었다. 우리는 커피와 도넛을 먹으며 식당에서 다 나누지 못했던 이야기를 마음껏 나눴고 귀국 전에 꼭 다시 만나기로 약속했다.

8일 차 9월 7일 (토요일)

항구를 수놓은 반짝이는 낭만

소라쿠엔
고베포트타워
메리켄 파크
하버랜드

일본에 오고 두 번째 맞는 주말이다. 사키 언니는 아침 일찍 아이들과 함께 소바 만들기 체험을 하러 나갔고 맨션의 배수관 청소로 인해 관리자가 11시에 방문하기로 되어 있어서 엄마는 그 이후에 외출할 수 있었다. 나도 오전에는 집중해서 일한 후 12시쯤 엄마와 함께 집을 나섰다.

먼저 산노미야역 관광센터에 들러서 다음 주에 쓸 관광 패스를 구매한 뒤 점심을 먹으러 모토마치로 향했다. 메뉴를 고민하다가 엄마의 추천으로 사토나카라는 카레 전문점에 갔다. 내부는 좁고 메뉴도 오직 카레뿐이었지만 가게 분위기에서 묵직한 내공이 느껴졌다. 나는 엄마의 추천대로 스파이스 치킨 카레에 반숙 양념 달걀을 토핑하고 라시를 추가로 주문했다. 커다란 얼음덩어리가 하나 들어간 새콤한 라시를 마시며 더위를 식히고 있는데 주문한 카레가 등장했다. 심황이 들어가 노란빛을 띠는 밥 위에 양념 달걀이 얹혀 있었고 접시를 가득 채운 카레 옆에는 채소 절임과 감자 몇 조각이 곁들여져 있었다. 라시를 판매하는 걸 보고 인도식 카레일 거라 생각했지만 한입 먹자마자 일본 정통 카레 특유의 풍미가 입안 가득 퍼졌다. 스파이스

로 주문해서인지 톡 쏘는 매운맛이 기분 좋게 남았고 먹으면 먹을수록 깊은 맛이 느껴져 마지막까지 만족스럽게 즐길 수 있었다. 번외로 이 가게에 관련된 웃지 못할 에피소드가 귀국

전에 일어났는데 지금 생각해도 멍청한 그 이야기는 나중에 따로 소개하겠다.

소라쿠엔 相楽園

사토나카를 나서 북쪽으로 조금 걸어 올라가니 소라쿠엔이 나왔다. 이곳은 전 고베시 시장 코데라 켄키치小寺謙吉의 아버지인 코데라 다이지로小寺泰次郎의 저택에 조성된 거대한 일본식 정원이다. 더위가 가장 기승을 부리는 대낮이라 모자와 양산으로 무장하고 입장했다.

소라쿠엔은 연못을 중심으로 경치를 감상하는 지천회유식池泉回遊式 정원답게 입구에서 얼마 지나지 않아 커다란 연못이 눈에 들어왔다. 규모가 큰 만큼 연못도 큰 편이었고 그 안에서 화려한 잉어들이 유유히 헤엄치고 있었다. 돌다리와 징검다리를 건너 연못 맞은편으

로 가니 오래된 등롱과 후나야카타船屋形가 있었다. 이는 에도 시대에 히메지 번주가 하천을 유람할 때 사용했던 배의 선실만을 육지로 옮겨온 것이다. 지붕이 있어 꼭 작은 집 같았다. 자세히 보고 싶었지만 크고 작은 나무들에 가려져 있어 아쉬운 마음을 안고 다른 곳으로 발길을 돌렸다.

연못을 돌아 나와 더 깊숙이 들어가니 영국 상인 핫삼이 지은 옛 핫삼 주택旧ハッサム住宅이 나왔다. 이 건물은 1902년에 지어진 저택으로 원래 키타노이진칸 지역에 있었다가 이곳으로 이전되었다고 한다. 옛 핫삼 주택 옆에는 꽤 큰 문이 여러 개 달린 큰 건물이 자리 잡고 있었다. 처음에는 창고라 생각했지만 원형 옥탑과 삼각 지붕의 독특한 건축 양식과 높은 천장을 보니 아무래도 특별한 건물 같았다. 알고 보니 이 건물은 1910년경에 지어진 코데라 가의 마구간이었다. 얼마나 훌륭한 마차와 말을 소유했기에 이렇게 거대한 마구간을 소

유했는지 상상조차 어려웠다. 당시 마차는 단순한 이동 수단을 넘어 서양 문화와 사회적 지위를 상징하는 존재로 오늘날의 고급 외제 차 이상의 가치를 지녔을 것이다.

소라쿠엔은 일본식 정원, 서양 상인의 주택, 그리고 서양식 마구간이 어우러져 마치 고베를 축소해 놓은 듯한 느낌을 주었다. 다만 소라쿠엔은 넓은 부지에 비해 휴식 공간이 제한적이라 한여름에는 더위를 피할 곳이 마땅하지 않다. 여름철 방문을 계획한다면 수분 섭취와 모자 준비 등 열사병에 신경 쓰도록 하자.

호코도커피 放香堂珈琲

땀을 뻘뻘 흘려 지친 몸을 달래기 위해 모토마치 상점가로 내려갔다. 더위를 식히고 잠시 휴식을 취하고자 이번에도 엄마의 추천으로 일본 최초의 커피점이라는 곳을 찾아가 보기로 했다.

호코도는 약 180년 전 교토에서 차를 판매하던 상점이었는데 고베의 개항과 함께 고베에 상점을 열어 일본 차를 수출하고 인도에서 커피 원두를 수입하며 탄생했다. 그래서 이곳은 일본 커피 문화의 초석을 다진 곳으로 알려져 있다.

넓지 않은 매장 안은 손님들로 북적였지만 다행히 기다리지 않고 바로 입장할 수 있었다. 다양한 메뉴 중 가장 역사가 깊은 대표 메뉴인 린타로麟

太郎를 주문한 뒤 매장을 둘러보는데 한쪽 벽면에 오래된 신문 기사가 눈에 띄었다. 자세히 살펴보니 1878년에 요미우리 신문에 실린 광고였다. 이 기록을 통해 호코도커피는 최초의 커피점으로 공식 인정받았다고 한다.

  1878년에 개점한 만큼 당시에는 당연히 전동식 그라인더로 원두를 갈 수 없었을 것이다. 과연 그 시절 사람들은 어떻게 커피를 즐겼을지 궁금해하다가 문득 매장 입구에 있던 놓여 있던 낡은 맷돌이 떠올랐다. 메뉴판의 설명을 보니 맷돌로 원두를 천천히 갈면 본래의 풍미와 향이 그대로 살아나 원두의 진한 맛을 온전히 느낄 수 있다고 한다. 설명을 읽으며 현대에는 원두만 비슷한 맛으로 제공하는 줄 알았는데 놀랍게도 지금도 현대식 맷돌을 사용해 원두를 갈아 커피를 내리고 있었다. 맷돌로 간 원두는 불균일한 입자로 인해 독특하면서도 깊이 있는 풍미를 만들어낸다고 한다. 기대감을 안고 커피를 한 모금 마셔보니 진하면서도 고소함과 쌉쌀함이 오래도록 입안에 남았다.

  호코도커피의 역사와 독특한 원두 처리 방식을 경험하고 나니 이곳은 단순히 커피를 마시는 장소가 아니라 서양 문화가 처음 도입되던 시대의 흔적과 역사를 느낄 수 있는 특별한 공간이라는 생각이 들었다.

고베포트타워

  붉은색의 고베포트타워는 우리에게 익숙하지 않은 독특한 형태의 전망대이다. 도쿄 타워처럼 전형적인 탑 구조도 아니고 교토 타워처

럼 양초 모양도 아니라서 볼 때마다 무슨 디자인인지 궁금증을 자아낸다. 알고 보니 일본 전통 북인 츠즈미를 형상화했다고 한다. 장구와 유사한 악기라서 장구를 길게 늘인 모양을 떠올리면 이해하기 쉽다.

고베포트타워는 2021년에 공사에 들어가 2024년 봄에 새롭게 개장했기에 엄마도 오랜만에 오른다고 했다. 전망대는 일반 전망대와 외부 옥상 덱을 포함한 세트권이 있는데 이 옥상 덱이 재단장하며 새롭게 추가된 공간이라 세트권을 구매했다. 사람이 많아 매표부터 입장까지 꽤 기다려 전망대 5층으로 올라간 후, 계단을 통해 한 층 더 올라 옥상 덱으로 향했다.

옥상 덱은 유리로 둘러싸인 개방적인 공간이라 처음에는 무섭지 않을까 걱정했지만 막상 눈앞에 펼쳐진 산과 바다의 360도 파노라마 전망을 보니 무서움은 뒷전이었다. 태양은 뜨거웠지만 가시거리가 좋아 멀리까지 선명하게 보였다. 엄마도 옥상 덱에 처음 올라오셔서 즐거워하시며 주변 경치를 설명해 주셨다. 공간이 덥고 좁고 사람들이 계속 올라오는 바람에 오래 머물지는 못했지만 고베는 스카이라인 감상이면 충분하다고 생각했던 내 고정 관념이 완전히 깨지는 경험이었다.

　일반 전망대는 또 다른 매력을 가지고 있었다. 다양한 포토존이 마련되어 있어 사진 찍기에 좋았고 75m 높이의 전망대 1층에는 바닥이 투명한 스카이 워크도 있었다. 스카이 워크에서는 타워 내부를 살짝 엿볼 수 있었는데 옥상 덱에서는 느끼지 못했던 고소공포증이 생겨 발만 살짝 올렸다가 벽에 붙어 게처럼 조심스럽게 피해 갔다.

　포트 타워를 내려가며 너무 만족스러워서 왜 이제야 이곳을 방문했는지 아쉬운 마음이 들 정도였다. 고베를 방문하는 다른 분들도 포트 타워에서 롯코산과 고베항의 아름다운 풍경을 꼭 감상해 보길 추천한다.

하버랜드

　포트 타워에서 내려오면 바로 메리켄 파크와 연결되지만 그곳은 잠시 후에 돌아보기로 하고 먼저 하버랜드로 발길을 옮겼다. 하버랜드는 과거 무역과 산업의 중심지였던 항만 지역을 쇼핑, 식사, 그리고 엔터테인먼트를 즐길 수 있는 관광지로 재개발한 곳이다. 그중에서도 복합 상업 시설인 모자이크와 모자이크 대관람차가 유명하다.

모자이크의 여러 매장을 둘러본 후 잠시 더위를 식히며 맞은편의 메리켄 파크를 바라보았다. 고베포트타워와 고베해양박물관, 그리고 오리엔탈호텔이 바다와 어우러져 멋진 풍경을 만들어내고 있었다. 밤이 되면 라이트업 조명이 바다에 반사되어 더욱 낭만적인 분위기를 자아내지만 구름 한 점 없는 하늘 아래 쏟아지는 햇빛과 평화로운 바다가 어우러져서 아주 아름다웠다.

BE KOBE 모뉴먼트와 불꽃놀이

하버랜드에서 발길을 돌려 다시 메리켄 파크로 쪽으로 향했다. 메리켄 파크는 고베항 개항 120주년을 기념해 조성된 해양 공원이다. 오랜만에 방문했더니 규모가 큰 스타벅스가 새로 생겨 있었다. 해가 지기 시작할 무렵, 궁금했던 BE KOBE 모뉴먼트에 다가갔다. 이곳은 인기 있는 포토존이라 꽤 많은 사람이 계속해서 줄을 섰다.

BE KOBE 모뉴먼트는 고베항 개항 150주년을 기념해 제작된 것으로 '고베의 매력은 사람이다'라는 메시지를 담고 있다. 이는 한신·아와지 대지진을 겪은 시민들의 회복력과 자부심, 그리고 연대감을 표현하며 지역에 대한 애정을 상징한다. 고베 곳곳에 각기 다른 BE KOBE 모뉴먼트가 있는데 이곳 메리켄 파크에 위치한 모뉴먼트는 단

순한 디자인임에도 접근성이 뛰어나고 바다와 어우러져 새로운 명소로 자리 잡았다. 문구 자체의 의미도 깊지만, 이를 도시의 정체성을 나타내는 상징적인 조형물로 승화시킨 점이 매우 인상적이었다. 해가 지며 조명이 켜져 빛나는 모뉴먼트를 둥근 오리엔탈호텔과 함께 카메라에 담은 후 나도 모뉴먼트 앞에서 기념사진을 찍었다.

그사이에 꽤 어두워져 시간을 확인하니 오후 6시 45분이었다. 7시에 시작하는 불꽃놀이를 감상하기 위해 바다와 가까운 곳에 자리를 잡았다. 일본에서는 매해 여름에 곳곳에서 아름다운 불꽃놀이가 열리는데 이 고베의 불꽃놀이도 꽤 성대하기로 유명했다. 원래 1시간 정도 지속되는 대규모 행사였지만 팬데믹 이후 행사 규모를 줄여 짧은 시간 동안 여러 번 진행하는 방식으로 변경되었다고 한다. 내가 방문한 9월에는 둘째 주와 넷째 주 토요일에 오후 7시부터 약 10분간 행사가 예정되어 있었다.

　어디에서 어떤 방향으로 진행되는지 모르고 안내도 없어서 헤매며 주위를 둘러보니 사람들이 별로 불꽃놀이에는 관심이 없어 보여서 정말 행사가 열릴지 의심스러웠다. 그러다 오리엔탈호텔 왼쪽에 조명이 꺼진 채 의미 없이 떠 있는 듯한 배가 한 척이 눈에 띄어 그쪽으로 자리를 잡고 기다려 보기로 했다. 7시가 되자 그 수상한 배에서 불꽃이 터져 나오며 여기저기서 감탄 소리가 들렸고 순식간에 로맨틱한 분위기가 만들어졌다. 밤하늘에 터지는 색색의 불꽃은 잔잔한 바다에 고스란히 반사되어 마치 하늘과 바다가 하나로 이어지는 듯했다. 10분이라는 짧은 시간이었지만 절대 아쉽지 않았다. 마지막 불꽃이 물결 위에서 일렁이는 잔상을 보며 엄마와 나는 깜깜한 바다 앞에 한동안 앉아 있었다.

일본에서 즐기는 베트남 음식

　불꽃놀이를 즐기느라 저녁 식사 시간이 조금 지나서 모토마치 쪽으로 향했다. 이번에는 탕 카페TANG CAFE라는 베트남 음식점을 방문했는데 엄마가 예전에 베트남인 지인과 함께 와본 적 있다며 안내해 주셨다. 매장이 있는 2층으로 올라가자 베트남인 점원이 반갑게 맞아 주었다.

　사실 베트남 음식이라고 하면 쌀국수밖에 몰라서 조금 걱정했는데 메뉴가 상당히 많아서 읽는 것만으로도 시간이 꽤 걸렸다. 엄마도 나처럼 헤매시는 듯해서 결국 점원에게 추천받아 세 가지 음식을 어렵게 골라 주문했다. 쌀국수 외의 다른 음식은 생소했고 향이 강한 음식은 잘 못 먹는 편이라 설렘과 긴장이 뒤섞인 마음으로 음식을 기다렸다.

   제공된 음식을 쭉 둘러보니 역시 쌀국수만 익숙하고 나머지 두 가지 요리는 처음 보는 요리였다. 먼저 노란색 반달 모양의 음식부터 살펴보았다. 마치 퀘사디아를 닮은 음식 속에는 돼지고기와 새우, 숙주 등이 들어 있었다. 나중에 찾아보니 반쎄오라는 이름의 음식이었고 한국에서도 꽤 판매하고 있었다. 처음에는 달걀이라고 생각했던 노란색 피는 쌀가루에 강황과 코코넛 밀크 등을 섞어 구워낸 것이라고 한다. 속 재료도 풍성하고 반죽이 고소해서 맛있게 먹었다. 다음 음식은 춘권처럼 생겼지만 피가 쫀득쫀득해서 라이스페이퍼는 아닌 것 같았다. 속에는 다진 돼지고기와 각종 채소가 들어 있어서 맛있게 잘 먹었다. 한국에 돌아와서도 이 음식이 어떤 음식인지 알 수 없어서 결국 베트남인 친구에게 물어보니 바인 꾸온이라고 했다. 쫀득한 식감은 찐 쌀가루로 피를 만들었기 때문이었다.

   이곳은 처음 먹는 음식에 대한 설렘 때문이었는지 엄마와 다녔던 식당 중 가장 기억에 남는 곳이다. 종종 그때의 추억을 떠올리며 한국에서도 베트남 음식을 먹으러 가곤 한다.

9일 차 9월 8일 (일요일)

금빛 자수가 들려주는 노 이야기

노 강의와 노 의상 체험

엄마와 유리 씨와 함께 우메다로

오사카의 대표 여행지 중 하나는 바로 우메다이다. 이곳은 교통의 중심지이자 상업 및 업무 지구로 수많은 고층 빌딩이 자리하고 우메다 스카이 빌딩이나 헵 파이브 등의 명소가 있어 언제나 관광객으로 북적인다. 우메다는 몇 년간 대규모 공사가 진행되면서 다소 어수선하고 어두운 분위기를 풍겼는데 바로 이틀 전, 공사 중 일부 시설이 개장했다는 소식을 듣고 그곳을 방문해 보기로 했다.

오늘은 이후 일정도 있어 엄마와 유리 씨와 함께 출발했다. 유리 씨는 처음 홈스테이했을 때부터 소개받은 엄마 친구이다. 학창 시절을 함께 보냈고 자녀의 나이도 비슷한 데다 도보 10분 거리에 살아서 친하게 지내고 계신다. 오랜만에 뵌 유리 씨도 여전히 건강하고 밝은 모습이었다.

우리는 도란도란 이야기를 나누며 아시야역에서 한신 본선 직통 특급을 타고 21분 만에 우메다에 도착했다. 오랜만에 찾은 오사카는 고베와 비교할 수 없을 정도로 인파가 많아 우메다역에 도착하자마자 정신이 혼미해질 정도였다. 이번에 새로 개장한 곳은 바로 그랜드 그린 오사카Grand Green Osaka이다. 이는 대규모 복합 개발 프로젝트의 일환으로 지난 9월 6일 일부 시설이 먼저 문을 열었다. 주말이라 그런지 더욱 사람들이 몰려서 가는 곳마다 북새통을 이루고 있었다. 우리도 기대를 안고 방문했지만 사람이 너무 많아 제대로 둘러볼 수 없어서 다음을 기약하고 발길을 돌렸다.

조금 이른 시간이었지만 점심을 먹고 다음 일정으로 이동하기로

했다. 그러나 점심 먹을 장소를 찾는 것도 쉽지 않아 한참을 헤맨 끝에 그랜드 프론트 오사카 북관 6층에 위치한 맘마 파르마Mamma Parma라는 이탈리아 음식점에 겨우 자리를 잡았다. 우연히 들어왔지만 가성비 좋은 음식을 판매하고 있어서 스테이크가 포함된 런치 세트와 음료를 주문했다. 먼저 음료와 함께 나온 전채 요리는 오리고기

두 점을 포함해서 다양한 구성으로 맛도 훌륭해 만족스러웠다. 이어서 나온 스테이크는 양은 적당했지만 너무 질겨서 모두 말없이 질겅질겅 씹다가 결국 웃음이 터져 버렸다. 그래

도 1,500엔대라는 가격을 생각하면 꽤 만족스러운 식사였다.

귀중한 노能 의상 체험

식사를 마치고 오늘의 또 다른 목적지인 후지타 미술관으로 향했다. 이곳은 훌륭한 미술품도 많이 보유하고 있지만 이번 방문의 목적은 일본 전통 예술인 노能에 대한 강의를 듣는 것이었다. 예상보다 일찍 도착한 덕분에 로비에 있는 아미지마 다실에서 말차와 경단을 즐길 수 있었다. 주문 후에는 바로 차를 타고 경단을 굽는 모습을 볼 수 있어서 기다리는 재미가 있었다. 따뜻한 말차와 경단을 받아들고 자리에 앉아 있는데 엄마 친구이자 이번 강연을 소개해 준 타케 씨가 다가와 인사를 나눴다. 노 강연은 두 달에 한 번씩, 매번 다른 주제로 한 시간 동안 진행해서 이번이 다섯 번째 회차였다. 엄마는 1회부터 강연을 듣지 않아도 괜찮을지 고민했지만, 이번 회차에는 특별히 노 의상을 직접 체험할 기회가 있다는 이야기를 듣고 나에게 적극적으로 추천하셨다. 강연과 노 의상 체험에 대한 기대를 품고 풀 향이 가득한 쌉싸름한 말차와 팥과 간장으로 달콤함을 더한 경단을 음미하다 보니 어느새 강연 시간이 되었다.

노 강연 이야기에 앞서 노와 강사님에 대해 잠깐 소개하겠다. 노는 600년 이상의 역사를 자랑하는 전통 가무극으로 직접적인 표현을 피하고 절제된 아름다움을 통해 내면의 미를 강조한다. 주연인 시테シテ를 중심으로 이야기가 전개되는데 노를 전문적으로 연기하는 사람을 노아쿠시能楽師라고 부른다. 이번 강연을 진행한 우에다 요시테

우에다上田宜照 선생님은 시테 배우들이 속한 칸제류観世流 유파에 소속되어 있고 효고현에서 대대로 노아쿠시를 양성하며 전통을 계승해 온 가쇼엔瓦照苑의 차기 당주이다.

　강연이 시작되자 우에다 선생님은 「타카사고高砂」를 노래하며 등장해서 시선을 집중시켰다. 이 '타카사고'는 효고현의 타카사고 신사와 오사카시의 스미요시타이샤에 얽힌 이야기로 각 장소에 두 소나무가 등장하여 부부 화합과 조화, 장수를 상징해서 결혼식 등 축하자리에서 자주 부르는 곡이다. 강연은 「타카사고」에 관한 이야기와 더불어 노의 의상, 가면 등에 대한 설명으로 이루어졌다. 40분 정도 설명이 이어진 후 노 의상 체험 참가자를 모집했는데 나는 재빨리 손을 들어 무대로 오를 수 있었다. 무대에서 간단히 이름을 소개한 뒤 본격적인 의상 체험이 시작되었다. 100명이 넘는 사람들이 나를 지켜보고 있어서 상당히 민망했지만 이미 저질러진 일이었다. '마스크

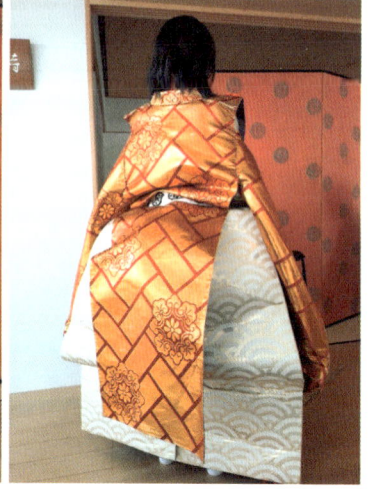

라도 준비했으면 좋았을 텐데'하고 뒤늦게 후회했다.

　노의 의상과 가면은 역할에 따라 분류되고 가문마다 디자인이 다르다고 한다. 나는 장수와 축복을 상징하는 노인의 역할인 오키나翁의 의상을 입었다. 의상은 크게 세 장으로 구성되었는데 먼저 신성함과 겸손함을 상징하는 소박한 느낌의 스오素襖를 걸쳤다. 주황빛이 인상적인 의상이지만 모든 옷을 갖추어 입고 난 후에는 완전히 가려져서 아쉬웠다. 그다음에는 통이 넓게 퍼진 치마 형태의 하카마袴를 입었는데 이는 배우의 동작이 우아하고 부드럽게 보이기 위해서라고 한다. 하카마는 상당히 무거워서 허리와 다리에 힘을 바짝 주고 서 있어야 했다. 마지막으로 화려한 무늬와 색상이 돋보이는 카라기누唐衣를 걸치고 끈으로 고정하며 옷매무새를 다듬어 주셨다. 카라기누는 오키나의 신성함과 고귀함을 강조하는데 무게가 상당해서 몸이 휘청거릴 정도였다. 체격이 좋은 남성이 입어도 체력 소모가 클 것 같다는 생각이 들었다.

　모든 의상을 갖춰 입고 나니 지켜보던 사람들이 박수를 보내 주었다. 강연을 들으러 온 사람들 앞에 노 의상까지 갖춰 입고 서니, 마치 내가 오키나처럼 고귀한 존재가 된 듯한 기분이 들었다. 이후 강연 마무리를 위해 옆의 의자에 앉아 강연을 들었고 마지막으로 선생님이 등장하며 부른 타카사고의 구절을 함께 부르며 강연이 끝났다.

　이번 강연은 누가 들어도 이해하기 쉬운 내용과 더불어 의상과 가면 등 다양한 볼거리가 있어 한 시간이 금세 지나갔다. 젊은 사람들도 충분히 즐길 수 있을 만한 프로그램이었지만 대부분 나이가 있는 분들이 참석해 아쉬운 마음이 들었다. 강연이 끝난 후에는 의상 등을 직접 만져 보거나 사진 찍을 수 있는 시간이 제공되었고 끝까지 질문에 성실히 답변하시는 선생님의 열정이 인상적이었다. 한 가문에서 직접 제작한 귀한 의상을 체험할 수 있어서 감사하고 뜻깊은 시간이었다.

테마키스시手巻き寿司 파티

우메다에서 집으로 돌아가는 길에 사키 언니에게 저녁을 함께 먹을지 묻는 연락이 왔다. 엄마와 상의한 끝에 집에서 먹겠다고 전하자, 모처럼 가족이 다 함께 모인 김에 테마키스시 파티를 하자는 제안이 나왔다. 타카 형부는 퇴근 시간이 늦어 평일에 저녁을 함께하기 어렵고 아침밥은 편한 시간에 각자 먹기에 온 가족이 함께 식사하는 날이 드물었다. 그러고 보니 일본에 온 첫날, 한국 음식을 대접했을 때 첫째가 기뻐하며 테마키스시를 만들어 주겠다고 했던 기억이 떠올랐다. 테마키스시는 김 위에 식초로 간을 한 밥과 다양한 재료를 얹어 손으로 말아 먹는 초밥이다. 속 재료는 참치, 연어, 새우, 연어알, 오이, 달걀, 무순, 낫토 등 정해진 것 없이 취향껏 준비해서 넣으면 된다.

집에 도착하니 이미 음식 준비가 한창이었다. 나도 얼른 옷을 갈아입고 새우 손질을 도왔다. 아이들은 게맛살을 찢으며 장난스럽게 조금씩 집어 먹고 있었는데 그 모습이 귀여워서 못 본 척 웃음만 지었다. 재료를 예쁘게 접시에 담고 된장국까지 준비해 한 상 가득 차려낸 후 모두 둘러앉았다. 테마키스시를 처음 만들어 보는 나를 위해 신이치가 시범을 보여주었다. 신이치는 앞접시에 김 한 장을 깔고 그 위에 식초 밥과 문어, 새우, 오이, 달걀, 게맛살을 얹어 원뿔형으로 말았다. 그리고 입을 크게 벌려 한입 베어 먹으며 나에게도 만들어 보라고 했다. 나를 위해 서툰 손놀림으로 열심히 가르쳐 준 신이치에게 고맙다고 말한 후 나도 신이치와 같은 재료를 넣어 원뿔형으로 말아보았다. 내 테마키스시는 모양은 엉성했지만 맛은 훌륭했다. 타카 형부는 우엉튀김을 보고 독특하다며 흥미로워했다. 이 재료는 테마키스시에 흔히 쓰이지 않지만 재미있을 것 같다며 엄마가 특별히 준비한 것이었다. 다양한 재료로 만든 테마키스시만큼이나 다채로운 이야기가 오갔고 우리는 평화롭게 한 주를 마무리했다.

10일 차 9월 9일 (월요일)

'고베 투어리즘 스마트 패스포트 프리미엄'으로 고베 여행 ①

금탕
롯코 가든 테라스
롯코 고산 식물원
롯코 숲의 소리 뮤지엄

오늘은 지난주에 구매해 둔 고베 패스포트를 사용하기 위해 아침부터 분주하게 움직이며 일찍 집을 나섰다. 고베 투어리즘 스마트 패스포트는 고베 시내의 관광지 무료입장권과 일부 교통수단도 포함된 패스다. 이 패스는 33곳을 이용할 수 있는 베이식과 48곳을 이용할 수 있는 프리미엄으로 나뉘고 각각 1일권과 2일권으로 구분되어 있다. 가고 싶은 관광지를 비교해 보고 필요한 패스를 구매하면 되는데 나는 7,200엔짜리 프리미엄 2일권을 선택하여 이틀 동안 여행자의 기분으로 알차게 즐기기로 했다. 대부분의 관광지는 5시경에 문을 닫기 시작하기 때문에 패스를 최대한 활용하려면 가능한 한 일찍 서둘러야 한다.

9월 9일을 여행일로 정한 이유는 오늘이 절기 중 하나인 중양절(重陽節)이고 오직 중양절에만 아리마 온천의 금탕에서 국화탕을 체험할 수 있다는 정보를 입수했기 때문이다. 중양절이란 한 자릿수 중에 가장 큰 양수(陽數)인 9가 두 번 겹치기 때문에 붙은 이름이다. 양력으로 중양절을 보내는 일본에서는 국화가 피는 시기와 맞물려 국화와 관련된 행사를 즐긴다. 처음에는 롯코 지역을 둘러본 후 온천으로 피로를 풀고 하루를 마무리하려 했지만 국화탕 때문에 붐빌 수도 있겠다는 생각에 먼저 금탕에서 온천을 즐긴 후 롯코 지역을 여행하며 산에서 내려오는 코스로 계획했다.

롯코 케이블을 타고 아리마 지역으로

금탕이 있는 아리마 지역까지는 패스를 활용해 롯코 케이블과 아리마 로프웨이를 타기로 했다. 롯코 케이블카를 탈 수 있는 가장 이른 시간이 9시 30분이라서 그 시간에 맞춰 도착했다. 롯코 케이블은 롯코산을 오르는 바퀴가 달린 이동 수단으로 롯코케이블시타역에서 롯코산조역까지 약 1.7km를 10분 만에 연결한다. 산의 경사를 따라 비스듬히 올라가기에 쿵쿵거리고 흔들림이 많아 승차감은 좋지 않지만 산림을 가로지르며 산을 오르는 즐거움을 느낄 수 있었다. 나는 가장 아래쪽에 앉아 멋진 고베 시내와 바다를 감상하며 올라갔다. 탁 트인 경치 덕분에 오늘 하루가 기대되었다.

 롯코 케이블에서 내리니 고베 시내가 한눈에 들어오는 멋진 장관이 펼쳐졌지만 감상은 미루고 버스를 타고 롯코 아리마 로프웨이를 탑승하러 갔다. 롯코 아리마 로프웨이는 롯코산이 있는 롯코산초역에서 아리마 온천이 있는 아리마온천역까지 약 12분 만에 연결된다.

로프웨이를 타기까지 시간이 잠깐 남아 역을 둘러보니 이전에 사용하던 로프웨이가 남아 있었다. 로프웨이는 산과 산을 잇기 때문에 높이가 꽤 높아 긴장되었지만 그 긴장감은 출발하자마자 양쪽에 펼쳐진 수려한 경관 덕분에 싹 사라졌다. 안내해 주시는 분이 함께 탑승해서 산과 주변에 대해 자세하게 설명해 주셨다. 고베는 자연경관이 아름답기로 이름나 있고 그중에서도 특히 야경이 유명하기에 큰 기대를 안 하고 있다가 환상적인 경관에 입이 안 다물어질 정도였다. 끝없이 겹친 산과 멀리 보이는 시내, 그리고 세토내해가 조화롭게 장관을 이루었다. 날이 화창해서 맨눈으로 히메지시까지 또렷하게 보일 정도였다. 무엇보다 케이블카가 둥실둥실 날아가는 느낌이라 내가 날고 있는 듯한 기분까지 들었다. 누가 고베는 야경만 유명하다고 했는지 알아내서 한마디 해 주고 싶어질 정도였다.

금탕 金の湯

예상치 못한 멋진 풍경에 한참을 넋 놓고 있는 사이에 아리마 온천 지역에 도착했다. 로프웨이에서 온천지까지는 도보로 약 15분 정도 걸린다. 고베에 온 지 열흘 만의 온천 방문에 기대하며 걷다 보니 금방 금탕 앞에 도착했다. 입구에 들어가니 1층에는 카운터가 있고 2층에 탕이 있었다. 내부는 명성에 비해 아담하고 한국의 동네 목욕탕과 비슷한 평범한 구조다. 일본의 유명 온천에 갔다가 동네 목욕탕이랑 비슷하거나 시설이 더 못하다고 말하는 사람이 꽤 많다. 그 이유 중 하나는 온천이라고 하면 고급 료칸의 노천탕이나 객실에 딸린 개

별 탕을 떠올리기 때문이다. 하지만 유명하다고 해서 화려하게 지어 두면 오히려 온전한 일본 온천의 멋을 느끼기 어렵지 않을까. 시설보다는 온천수 자체에 기대감을 품고 온천에 방문한다면 실망할 확률은 낮아질 것이다.

 이곳에서 사용하는 온천수는 공기와 접촉하면 산화되어 적갈색을 띠기 때문에 금탕이라는 이름이 붙었다. 실제로 물이 매우 탁해서 탕 안에 들어가면 몸이 보이지 않을 정도였다. 금탕은 철과 염분이 풍부하여 피부 보습과 피로 해소에 탁월한 효과가 있다고 알려져 있다. 내부에는 금빛 온천수로 채운 44도의 고온탕, 42도의 저온탕, 그리고 일반탕까지 총 세 개의 탕이 있다.

 수증기 가득한 내부로 입장해 몸을 깨끗이 한 후 탕으로 향했다. 처음에 호기롭게 고온탕에 발을 넣었다가 너무 뜨거워서 저온탕에 들어갔다. 들어가 보니 금빛보다는 흙탕물 같은 느낌이었지만 매끄러운 감촉이 직관적으로 느껴져서 온천물에 몸을 담그고 있다는 것이 실감이 났다.

 일반탕에는 바구니가 하나 떠다니고 있어서 뭔가 싶어 살펴보니, 그물망 안에 국화꽃이 잔뜩 들어 있었다. 대중탕 매너에 신경을 써서 몸을 씻느라 잠시 잊고 있던 국화탕이었다. 국화탕이 어떨지 상상한

적은 없지만 어느 집에나 있을 법한 바구니에 담긴 국화꽃을 보니 조금 허무한 기분이 들었다. 온천수가 훨씬 인기가 많아서 그런지 아무도 들어가지 않는 국화탕이 외로워 보였다. 나는 저온탕에 몸을 담근 채 국화꽃이 담긴 바구니를 힐끔거리다가 결국 국화탕으로 자리를 옮겼다. 막상 국화탕에 들어가니 몸을 감싸는 듯한 국화꽃 향기에 기분이 좋아졌다. 중양절이라고 특별히 붐비지 않았지만 오전에 하는 온천은 몸이 가벼워지고 활기로 채워지는 느낌이었다.

국화탕에서 나와 샤워한 후 금탕을 나섰다. 금탕 옆에는 무료 족욕 시설이 있어서 많은 사람이 이용하고 있었다. 이곳은 금탕과 같은 온천수를 사용하기 때문에 탕에 입장하지 않아도 온천수를 경험할 수 있다. 시간이 부족하거나 탕에 들어가기 어려운 상황이라면 족욕만이라도 즐겨보자.

아리마 온천 지역 산책

온천 후 아리마 지역을 산책하며 곧장 롯코 지역으로 이동하려던 계획을 바꿔 금탕 바로 앞에 위치한 아리마 장난감 박물관에 들렀다. 건물 하나가 장난감박물관이라 호기심이 생겼기 때문이다. 패스를 이용해 무료로 입장할 수 있어서 가볍게 들어갔다가 그 규모에 깜짝 놀랐다. 건물 자체는 크지 않았지만 3층부터 6층까지 세계 각국의 장난감으로 가득 차 있었다. 6층은 가득 찬 장난감 덕분에 마치 동화 속에 들어온 것 같았다. 신비로운 분위기를 느끼며 한 바퀴 둘러보았다. 특히 기계 장치로 움직이는 오토마타 장난감이 전시된 4층에 가장 많은 사람이 몰려있었다. 버튼 하나만 누르면 수영하거나 음식을 먹거나 노를 젓는 등 다양한 움직임이 더해져 색다른 재미를 주었다. 장난감박물관에서 까르르 웃으며 뛰어노는 아이들을 보니 신이치와 세이지가 떠올라 핸드폰으로 사진과 동영상을 가득 담고 박물관을 나섰다.

이번에는 아리마 온천 지역의 명소인 네네바시ねね橋로 향했다. 네네바시는 토요토미 히데요시豊臣秀吉의 아내 네네를 따서 이름을 붙인 다리로 토요토미 부부는 실제로 아리마 온천에 자주 함께 방문했다고 알려져 있다. 네네바시에서 전통과 자연이 어우러진 고즈넉한 풍경을 바라보다 신스이 광장으로 내려가 아리마강을 따라 여유롭게 아리마 온천 풍경을 만끽했다.

이 지역의 또 다른 즐거움은 곳곳에서 다양한 간식거리를 판매한다는 점이다. 먼저 '유통기한 5초'라는 문구로 눈길을 끄는 탄산 전병을 사기 위해 줄을 섰다. 기다리며 왜 유통기한이 5초인지 가게의 설명문을 읽어보니 갓 구워낸 탄산 전병은 5초 후에 바로 굳기 때문이라고 한다. 줄은 금방 줄어들어 금세 내 차례가 되었고 나는 2개 100엔인 탄산 전병을 주문했다. 사장님의 바로 먹으라는 조언에 따라 받자마자 한입 베어 물었더니 엄청 뜨거우면서도 쫄깃했다. 두 번째 전병은 사진부터 찍고 나서 먹었더니 바삭함이 입속에 가득 찼다. 간식을 하나 더 맛보기 위해 어슬렁거리던 중, 그날 유독 많은 사람들이 어묵꼬치를 들고 있는 모습이 눈에 띄었다. 소프트아이스크림을 먹을지 고민하다가 어묵꼬치를 맛보기로 했다. 여러 가지 맛의 어묵꼬

치 중 오징어 어묵꼬치를 선택했다. 날은 더웠지만 속이 든든해졌다.

아리마 지역의 구석구석을 걸으며 다시 롯코 지역으로 넘어가기 위해 아리마 로프웨이를 타러 갔다. 다시 보아도 입이 다물어지지 않을 정도로 감탄을 자아내는 풍경이었다. 짙은 녹음으로 가득한 산은 마치 세상에 똑같은 녹색이 없다는 듯 각기 다른 초록빛을 뽐내고 있었다. 생기 넘치는 웅장한 자연경관에 푹 빠져 있는 사이에 공중 산책이 순식간에 끝났다.

롯코 가든 테라스에서 보는 고베의 전경

아리마 로프웨이의 롯코산초역에서 롯코 가든 테라스까지는 도보 5분이면 도착한다. 이곳은 고베뿐만 아니라 오사카까지 펼쳐진 탁 트인 전경을 볼 수 있고 역시 야경이 아름답기로 유명하다. 아직 야경을 보지는 않았지만 낮의 풍경도 결코 야경에 뒤지지 않을 거란 생각

이 들었다. 오른쪽으로는 고베 시내를 따라 아카시 해협까지 감상할 수 있고 왼쪽으로는 오사카 지역까지 훤히 보였다. 고층 건물이 밀집한 우메다는 물론이고 우메다에서 오른쪽으로 홀로 떨어져 높이 솟아있는 아베노하루카스 전망대까지 눈에 들어왔다. 오사카만은 바다를 따라 길게 이어져 있어 지금까지 봐 온 많은 풍경과는 다른 광대한 느낌이 들었다. 오사카에서 아카시 해협까지의 풍경이 마치 파노라마처럼 눈앞에 펼쳐져 한동안 멍하게 바라보기만 했다.

　풍경을 감상한 후 바로 옆에 있는 롯코 시다레六甲しだれ에 프리미엄 패스를 사용해서 무료로 입장했다. 외관이 어떤 형태인지 궁금해서 찾아보니 거대한 나무를 본떠 만들었다고 한다. 롯코 가든 테라스보다는 공간감이 느껴지지만 전경 자체는 큰 차이가 없고 입장료까지 들어서 굳이 입장하지 않아도 될 것 같다.

롯코 고산 식물원 六甲高山植物園

다음 목적지는 롯코 고산 식물원이다. 롯코 시다레에서 도보로 20분 정도 걸으니 도착했다. 이곳은 해발 865m의 서늘한 기후 덕분에 약 1,500종에 달하는 고산 식물, 한랭지 식물, 롯코산 자생 식물들이 재배되고 있다. 식물에 대해 잘 알지는 못하지만 프리미엄 패스로 무료로 입장할 수 있어서 방문해 보기로 했다. 입장하는데 곧 가이드 투어가 진행된다는 안내를 받고 바로 출발지로 이동했다.

집합 장소에 도착하자 투어 시간이 되어 20여 명의 사람이 모여 함께 식물원을 둘러보기 시작했다. 가이드는 주요 식물을 따라 이동하며 그 특징을 설명해 주었다. 혼자 봤으면 그냥 풀이라고 생각하고 지나쳤을 정도로 조그마한 꽃을 소개해 줬을 땐 꼭 보물찾기하는 것처럼 느껴졌다. 이런저런 식물에 대한 설명을 들으니 식물원을 얼마나 공들여 가꾸는지 느껴졌다. 여름이라 볼거리가 많지는 않았지만 둘째 날 아침으로 먹었던 양하를 직접 볼 수 있어서 흥미로웠다. 그리고 특별한 곤충인 제주왕나비를 만날 수 있었다. 이 나비는 한국 남부, 일본, 대만 등지에 분포하는 남방계 나비로 100mm 정도의 큰 날개로 바다를 건너 최대 1,000km까지 이동한다고 한다. 이렇게 작은 생명체가 바다를 날아서 이동한다니 상상이 되지 않았다. 예년 같으면 이미 떠날 시기지만 올해는 더위가 길어지면서 아직 머물고 있다는 설명에 많은 방문객의 관심을 받았다. 진한 흑색 테두리와 반투명한 타원형 무늬를 가진 제주왕나비가 우아하게 날아다니는 모습이 영화처럼 느껴졌다. 평소 같았으면 나비를 보아도 아름답다 외에 특별한 생각을 하지 못했을 텐데 가이드의 설명을 들으며 귀한 나비를 보니 좋은 일이 생길 것만 같았다. 가이드 투어가 끝난 후에는 조금 더 산책을 즐기고 다음 목적지로 이동했다.

롯코 숲의 소리 뮤지엄 ROKKO森の音ミュージアム

식물원에서 10분 정도 걸어 숲에 둘러싸인 예쁜 이층집인 롯코 숲의 소리 뮤지엄에 도착했다. 이름에 '숲의 소리'가 들어가서 바람 소리, 벌레 소리, 물소리 등이 떠오르겠지만 이곳은 오르골 박물관이다. 이곳 역시 패스로 무료로 입장이 가능했고 오르골에 대한 지식이 별로 없어서 큰 기대 없이 입장했다가 깜짝 놀란 곳이다. 소형부터 대형까지 여러 나라의 오르골이 전시되어 있고 방문객이 직접 오르골을 조립하는 체험도 있다.

특히 오르골 연주자의 설명과 연주는 매우 인상적이었다. 우리가 익히 아는 태엽을 감아 자동으로 연주되는 방식뿐 아니라 직접 태엽을 돌려야 하는 수동 형식도 있었는데 일정한 힘과 속도로 태엽을 돌리지 않으면 박자와 음의 크기가 달라져 전혀 다른 소리가 났다. 사실 처음에 오르골을 '조작한다'가 아니라 '연주한다'라고 표현해서 어색하다고 느꼈다. 하지만 직접 연주하는 걸 들으니 자신을 연주자라 칭하는 이유를 알 수 있었다. 일부 오르골은 연주자의 안내에 따라 관람객이 직접 연주해 볼 수 있었는데 연주자의 솜씨와는 확연히 차이가 났다. 숲에 울려 퍼지는 연주자의 오르골 소리는 소름이 돋을 정도로 아름다워서 더위마저 잊을 정도였다. 내가 방문했을 때는 한 시간 간격으로 30분씩 연주가 진행되고 있었는데 입장하자마자 콘서트를 감상하고 나서 내부를 둘러본 뒤 다시 한번 콘서트장에 들어가서 연주를 즐겼다. 내부를 둘러보다 박물관 뒤편에 있는 문으로 나가보니 산속에 연못과 산책로가 이어져 있었다. 곳곳에 벤치와 해먹이 있어 여유롭게 시간을 보내기 좋았지만 날씨가 너무 더워 오래 머물 수 없어서 결국 짧은 산책으로 만족해야 했다.

롯코 숲의 소리 뮤지엄에서 롯코산조역까지는 꽤 거리가 있어서 버스를 타고 이동했다. 다시 롯코 케이블을 타고 롯코산을 내려가기 위해 기다리는 동안, 올라올 때는 그냥 지나쳤던 주변을 가볍게 둘러보았다. 롯코산조역에는 전망대가 바로 있어서 다시 한번 아름다운 전경을 눈에 담았다. 몇 시간 만에 같은 전경을 보아도 처음의 감동이 느껴질 만큼 아름다웠다. 온종일 자연 속을 거닐며 푸른 생명력을 느껐음에도 산에서 내려갈 때는 아쉬운 마음이 들었다.

　가족과 함께 저녁을 먹으며 내가 다녀온 곳과 패스를 어떻게 활용했는지 궁금해하는 가족들과 이야기를 나누었다. 특히 장난감 박물관과 숲의 소리 뮤지엄은 아이들과 함께 가면 좋을 것 같아서 사진과 영상을 보여주었더니 기차와 기계를 좋아하는 신이치가 특히 관심을 보이며 당장 이번 주에 가자며 성화였다. 사키 언니도 장난감박물관 사진을 보고는 아이들이 온종일 놀 수 있겠다며 기뻐했다.

■ 일본 대중탕 이용 매너

일본에서 대중탕을 이용할 때 반드시 지켜야 할 매너가 몇 가지 있다. 자칫 따가운 눈총을 받는 경우가 생길 수 있으니 방문 전 미리 숙지해 두자.

1. 욕탕에 들어가기 전 몸과 머리를 깨끗하게 씻어야 한다. 이때 반드시 앉아서 씻고 주변에 물이 튀지 않게 신경 써야 한다.

2. 여성의 경우 긴 머리는 반드시 묶어서 탕에 머리카락이 닿지 않게 유의해야 한다. 마찬가지로 수건도 탕에 닿지 않도록 머리 위 혹은 탕 밖에 둬야 한다.

3. 팩을 하거나 이를 닦는 행위, 속옷 등의 빨래도 금지되어 있다. 의외로 때밀이는 허용되지만 일본에는 때를 민다는 개념이 없어서 주변의 시선을 받을 각오를 해야 한다. 꼭 때를 밀어야겠다면 때가 남지 않도록 뒷정리를 깔끔하게 하면 된다.

4. 아주 작다 하더라도 문신이 있으면 입욕이 불가한 경우가 많다. 최근에는 문신이 있어도 입욕할 수 있는 곳이 늘어나고 있으니 문신이 있다면 사전에 확인 후 방문하도록 하자.

11일 차 9월 10일 (화요일)

'고베 투어리즘 스마트 패스포트 프리미엄'으로 고베 여행 ②

키타노이진칸
누노비키 허브 정원
고베 동물 왕국

니시무라 커피점 にしむら珈琲店

어제에 이어 오늘도 프리미엄 패스를 사용해서 고베를 둘러보는 날이다. 오늘 방문할 명소는 9시 30분 이후에 문을 열기 때문에 먼저 니시무라 커피점 나카야마테 본점으로 향했다. 1948년에 창립된 니시무라 커피점은 일본에서 처음으로 자가 배전한 원두로 블랙커피를 제공한 곳으로 카푸치노와 커피 젤리 같은 메뉴를 선구적으로 도입했다. 특히 이 나카야마테 본점은 니시무라 커피점의 첫 번째 지점인 데다 키타노이진칸 명소와 가깝고 5층 건물을 통째로 사용해서 화려한 외관을 자랑한다. 또 이곳에서 사용하는 물은 고베의 유명 양조장에서 사용하는 미야미즈라고 해서 더욱 기대하며 방문했다.

니시무라 커피점은 테이블 안내부터 주문, 서빙까지 모두 유니폼을 갖춰 입은 정중한 점원이 도와주었다. 이른 시간에도 다양한 연령대의 사람들이 테이블을 채워 여유롭게 커피를 즐기고 있었다.

6종의 원두를 개별 로스팅해서 원두의 특색을 최대한 끌어낸 니시무라 오리지널 블렌드 커피를 주문했다. 산미와 쓴맛이 조화로운 진한 커피였다. 고풍스러운 분위기에서 기분 좋은 서비스를 받으며 여행을 시작하니 기분이 살짝 고양되었다.

키타노이진칸 탐방

여유로운 마음으로 커피를 즐기다가 모에기노야카타萌黄の館로 이동하기 위해 자리에서 일어났다. 이진칸은 대부분 언덕 위에 위치해서 꽤 걸어야 하지만 가는 길에 아기자기한 건물과 상점을 보는 재미가 있어서 금세 도착할 수 있었다. 특히 단독 주택을 개조해서 만든 스타벅스커피 고베 키타노이진칸점은 가장 눈길을 끄는 장소다. 이미 커피를 마셔서 스타벅스는 눈도장만 찍었다.

숨이 차기 시작할 때, 돌출된 창문이 인상적인 모에기노야카타

에 도착했다. 모에기노야카타는 1903년에 미국 총영사 헌터 샤프가 살았던 2층 저택으로 '연두색의 집'이라는 별칭처럼 외벽이 연두색이다. 내부에는 응접실, 식당, 침실 등 당시의 생활상을 엿볼 수 있는 가구나 장식품, 벽난로 등이 남아 있었다. 인테리어에 대한 특별한 지식이 없어도

지루하지 않게 저택을 둘러볼 수 있었다.

다음으로 네덜란드관, 덴마크관, 오스트리아의 집을 방문했다. 이곳은 가까이 모여 있어 관광하기 편리하고 세 곳을 묶은 입장권도 판매하지만 프리미엄 패스를 제시하면 무료로 입장할 수 있다. 가장 먼저 네덜란드관에 들어가니 입구에서 전통 의상을 입은 직원이 반갑게 맞아주었다. 바로 옆에는 사람이 들어갈 만한 크기의 네덜란드 전통 신발이 있어 직원이 사진을 찍어주겠다고 권했다. 부끄러워서 거절했는데 혼자 다니다 보니 내 사진이 별로 없어 나중에 후회가 되었다. 이곳은 1918년에 지어져 네덜란드 총영사관으로 사용된 건물로 내부의 고풍스러운 인테리어가 돋보였다. 특히 약 150년 전에 제작된 영국제 자동 연주 피아노가 신기해서 한참 살펴보았다. 그밖에 네덜란드 전통 의상을 입고 기념 촬영하거나 나만의 향수를 만드는 체

험도 있다. 하지만 전통 의상 체험은 2,750엔, 향수 만들기는 9ml에 3,960엔으로 가격이 부담되어 쉽게 체험하기 어려울 것 같았다.

　다음으로 둥근 외관이 인상적인 덴마크관을 방문했다. 이곳은 1992년에 옛 요한 프라우벨트 저택 자리에 세워져 덴마크의 역사와 문화를 소개하는 테마관이다. 덴마크 하면 딱 떠오르는 이미지가 없었는데 주요 전시는 동화 작가인 한스 크리스티안 안데르센과 바이킹 관련 내용이라 흥미로웠다. 외부처럼 내부도 둥근 구조였고 1층과 2층 공간이 트여 있어 개방감이 느껴졌다. 중앙에는 실제 크기의 절반이라는 6m 길이의 대형 바이킹 모형이 있어 분위기를 압도했고 계속해서 흘러나오는 해적 음악 덕분에 귀도 즐거웠다. 묵직한 해적 음악은 해적에 대한 분위기를 상상할 수 있게 해 주었다. 안데르센 동화와 왕실 관련 전시품, 인어공주 동상 등 다양한 볼거리에 웅장한 해적 음악까지 어우러져 알찬 느낌이었다.

　마지막으로 오스트리아 하우스에 방문했다. 이곳은 오스트리아의 대표 음악가인 모차르트의 삶과 업적을 기념하는 전시물이 주를 이루었다. 평소 음악에 관심이 많아 자세히 살펴보다가 오스트리아의 원숭이에 관한 흥미로운 이야기를 발견했다. 일본에는 원숭이를 뜻하는 '사루'에 일본어의 부정형 접미사인 '자루'를 붙여 만든 유명한 말장난이 있다. 바로 '미자루(見ざる/보지 않는다), 이와자루(言わざる/말하지 않는다), 키카자루(聞かざる/듣지 않는다)'라는 격언으로 닛코 도쇼궁의 조각에서 유래한 표현이다. 이 격언은 '예(禮)가 아니면 보지도 말고, 듣지도 말고, 말하지도 말라'는 논어의 구절에서 영감을 받아 윤리적이고 도덕적인 삶을 살라는 메시지를 전달한다. 그런데 흥미롭게도 오스트리아에는 여기에 원숭이가 한 마리가 더 등장한다. 세 마리의 원숭이가 모여있는 것에 조형미를 느낀 데다 원숭이로 말장난하는 것에 감명받은 오스트리아인 발터 휴버 씨가 두 손을 모아 앞으로 내민 원숭이를 더해 '모라이자루(もらいざる/받지 않는다)'라는 개념을 추가한 것이다. 이는 '아무것도 하지 않으면서 자신의 이익만을 추구하는 사람은 되지 말라'는 풍자적인 메시지를 담고 있다. 사진을 찍어 일본인 지인들에게 보여주니 모두 네 번째 원

숭이의 존재와 의미에 흥미로워했다.

이렇게 이진칸은 네 곳을 둘러보았다. 나는 패스를 이용해서 무료로 입장했지만 일반 입장료는 규모에 비해 저렴하지 않다. 오늘 방문한 곳 외에도 다양한 이진칸이 있으니 꼭 가고 싶은 곳을 선택해 한두 곳 정도만 방문하면 충분할 것 같다.

누노비키 허브 정원 布引ハーブ園

이어서 누노비키 허브 정원으로 향했다. 이곳에 가기 위해서는 신코베역 근처에서 로프웨이를 타고 산으로 올라가야 한다. 로프웨이는 여러 명 탑승할 수 있지만 평일이라 한산해서 혼자 편안하게 즐길 수 있었다. 로프웨이를 타고 고베 시내와 바다를 감상하며 약 10분 정도 올라가면 약 400m 높이에 다다른다. 어제부터 아름다운 풍경을 너무 많이 봐서 눈이 황송할 정도였지만, 또 봐도 지겹기는커녕 입이 떡 벌어질 만한 장관이었다.

로프웨이는 처음 타는 곳과 정상 외에도 중간에 한 번 내릴 수 있는 곳이 있다. 일반적으로는 먼저 정상에 도달한 후 중간 지점까지 걸어 내려가면서 식물원을 감상 하고 중간 지점에서 다시 로프웨이를 타고 내려가는 코스를 따른다. 일본 최대 규모의 허브 정원인 이곳은 약 200종의 허브와 75,000그루의 꽃이 있는 아름다운 공간이다. 독일의 바르트부르크성을 모티브로 만들어 정상은 유럽의 광장처럼 꾸며져 있었다. 허브 정원에는 12개의 테마 정원이 있어 내려가며 자연스럽게 다양한 식물을 감상할 수 있다. 여름의 식물은 봄, 가을에 비

해 한정적이지만 워낙 넓고 수가 많아 식물과 울창한 나무, 아기자기한 장식을 감상하기 충분했다. 걸으면 걸을수록 마치 유럽 정원에 들어온 듯한 신비로운 느낌이 들었다.

  천천히 내려가다 보니 온실인 글라스 하우스가 보여 들어가 보았다. 고베 시내에서도 산을 올려다볼 때 보여서 늘 궁금했던 곳이다. 내부에 들어가 보니 외부보다 다양한 식물이 있어서 몇 바퀴를 돌며 시간을 보냈다. 개울이 있어서 답답한 기분이 들지 않았고 작은 물소리에 집중하며 천천히 걸으니 한껏 들뜬 기분이 차분하게 정리되었다.

  온실에서 나와 산책을 이어가다가 족욕탕을 발견했다. 찌는 듯한 여름에도 허브 족욕탕은 그냥 지나칠 수 없었다. 무료라고 적혀있어 당장 발을 담글 준비를 하는데 대학생으로 보이는 세 명의 일본인이

와서 함께 발을 담갔다. 두 명은 족욕하고 한 명은 사진 찍어 주고 있기에 나도 용기 내서 사진을 부탁하니 흔쾌히 사진을 찍어 주었다. 역시 MZ 세대는 다른지 인생 사진을 남겨 주었다. 감사 인사를 전한 후 다시 전망을 감상하며 족욕을 즐기는데 옆에서 작은 비명이 들려 쳐다보니 발을 닦을 손수건을 족욕탕 안에 떨어트려서 깔깔거리며 웃고 있었다. 그 모습이 귀여워서 나도 웃음이 나올 뻔 했지만 소심한 성격 탓에 이를 악물고 참았다. 옆 사람이 연신 킥킥거리며 손수건을 주워서 꽉 짜고는 맞은편에 펼쳐놓았는데 이번에는 양말 한 짝이 빠지는 게 아닌가! 너무나도 기습적이라 이번에는 나도 웃음이 터졌고 함께 웃다가 멋쩍어져서 "그래도 허브탕이니까 향기로워질 거예요"라고 알쏭달쏭한 위로를 건네고 일어났다.

중간중간 벤치나 해먹 등 휴식 공간이 있었지만 이후 일정도 있어서 이용하지 않다가 족욕을 하며 느낀 잠깐의 여유가 참 좋았기에 햇빛이 아롱진 해먹에도 누워 보았다. '오, 생각보다 괜찮은걸' 나뭇잎 사이로 하늘을 바라보다가 모자로 얼굴을 덮고 잠깐 눈을 감고 자연을 느꼈다. 살랑거리는 바람 소리, 가볍게 느껴지는 나무 냄새가 기분 좋게 뺨과 코를 스쳤다.

다르빗슈 유 박물관 ダルビッシュミュージアム

허브 정원에서 내려와 이진칸을 지나 산노미야로 가는 길에 다르빗슈 유 박물관에 들렀다. 야구를 좋아해서 이곳을 언제 방문할지 고민했는데 일찍 움직인 덕분에 시간이 여유로워서 입장해 보았다. 다르빗슈 유는 이란인 아버지와 일본인 어머니 사이에서 태어난 혼혈 프로 야구 선수로 2024년 현재 미국 메이저리그 샌디에이고 파드리스에서 활약하는 투수이다. 2024년 3월에 메이저리그 개막으로 한국을 방문했을 때 직접 그를 본 적이 있어 더욱 기대되었다.

입구에 들어서니 실물 크기의 다르빗슈 밀랍 인형이 반겨 주었다. 이곳에서는 다르빗슈의 경력과 업적을 볼 수 있을 뿐 아니라 다르빗슈와 가상으로 대결할 수 있는 체험도 할 수 있다. 학생들이 큰 소리를 내며 체험하고 있어서 슬쩍 보았는데 꽤 어려워 보였다. 그 학생들의 체험이 끝나고 나니 직원이 나에게도 체험을 권했지만 부끄러워서 또 거절해 버렸다. 유명 선수가 실제 착용했던 유니폼, 장비, 상장, 트로피 등도 전시되어 있고 배트나 글러브 등을 직접 만져 볼 수도 있어서 색다른 재미가 있었다. 아담한 규모지만 야구와 다르빗슈

를 좋아하는 사람이 방문해서 그런지, 다른 관광지와는 다르게 모두 행복하면서도 진지한 표정으로 관람하고 있었다.

미나토켄 산노미야 코카시타점 みなと軒 三宮高架下店

산노미야역 쪽으로 내려오니 점심시간이 지나 식당은 덜 붐비는 편이었다. 몇 번 지나가다 줄 서 있는 걸 본 적 있었던 가게에 간단히 라멘을 먹으러 갔다. 원래는 자판기로 주문해야 하는데 메뉴 선택을 고민하는 나를 본 직원이 직접 주방에서 나와 메뉴를 설명해 주고 주문까지 받아 주었다. 작은 친절이지만 다시 돌아오지 않을 한 끼 선택을 정성스럽게 도와줘서 고마웠다. 직원의 도움을 받아 양파 토핑을 올린 킹 라멘을 주문했다. 카운터석만 있는 작은 가게였지만 라멘 가게 특유의 소박하면서도 투박한 분위기였다. 킹 라멘은 돼지 뼈로 푹 끓여낸 감칠맛 넘치는 국물에 깔끔한 뒷맛이 인상적이었다. 중간중간 달콤한 생양파 향이 느껴져 느끼하지 않았다. 친절한 접객에 보답하고자 국물까지 다 마시고 자리에서 일어났다.

고베 동물 왕국

이번에 한 달 살기를 하며 고베와 히메지에 있는 동물원 네 곳을 방문해 보니 동물원마다 뚜렷한 특징이 있었다. 첫 번째로 방문한 곳은 포트아일랜드에 있는 고베 동물 왕국이다. 이곳은 일반적인 동물원과는 달리 동물들과 직접 교감하거나 만질 수 있는 테마파크형 동물원으로 시설은 실내와 외부로 나누어져 있어 비교적 날씨에 상관

없이 즐길 수 있다.

실내 구역으로 입장해서 소동물을 구경하다 보니 슈빌이 있는 아프리카 습지 구역에 도착했다. 슈빌은 예전에 도쿄 우에노 동물원에서 처음 보고 깜짝 놀란 기억이 있다. 슈빌은 키가 약 1m~1.5m에 이르는 대형 새로 날 수 있는 새 중 가장 큰 종으로 알려져 있다. 이곳에서는 슈빌을 매우 가까운 거리에서 관찰할 수 있었다. 눈앞에서 연필과 종이를 들고 자신을 그리는 사람이 있어도 슈빌은 전혀 신경 쓰지 않는 것 같았다. 나는 슈빌의 휴식과 관람객의 작품 활동에 방해되지 않도록 조용히 슈빌의 모습을 카메라에 담고 이동했다.

미로처럼 이어지는 구역을 돌아다니다 사람들이 모여 있는 곳으로 가 보니 마눌들고양이가 옹기종기 모여 있었다. 북슬북슬한 털과 땡그란 눈의 귀여운 외모 덕분에 인기를 끌고 있는 듯했다.

이번에는 수련 연못으로 이동했다. 중앙에 거내한 연못이 있고, 펠리컨을 비롯한 다양한 새들이 연못 위를 날아다녔다. 사람이 지나다니는 길에는 이름 모를 다양한 새들이 아무렇지 않게 나와 있었다. 새들을 피해 천천히 걷던 중 옆으로 갑자기 무언가 빠르게 지나가서 고개를 들어 보니 원숭이가 있었다. 원숭이는 사람이 귀찮은 듯 성을 내고 있어서 나도 모르게 "고멘(ごめん/미안)"이라는 말이 나왔다. 아와지섬에서 봤던 순한 원숭이들과는 정반대의 무서운 표정이었다. 원숭이를 자극하지 않으려 되도록 쳐다보지 않고 천천히 빠져나갔다. 이곳의 이름처럼 동물 왕국에 사람이 들어 온 기분이 들었다.

실내 구역은 얼추 둘러본 듯해서 이번에는 외부 구역으로 나가 보니 낙타 타기 체험이 보였다. 쌍봉낙타의 혹이 퍽 멋져서 체험하려 했더니 800엔이라 포기하고 주변을 둘러보았다. 사람이 지나다니는 길에 나와 누워 있는 카피바라를 발견해서 주변 직원에게 만져도 된다는 허락을 받아 조심스럽게 다가가 쓰다듬어 보았다. 물가에도 여러 마리의 카피바라가 있었다. 한 외국인은 먹이를 사서 건넸지만 카피바라는 배가 부른지 멍하니 바라보기만 했다. 결국 외국인은 실망한 표정으로 자신의 귀에 풀을 꽂고 돌아섰다. 실내 동물원에서도 같은 풀을 들고 다니는 사람들을 보고 의아했는데 카피바라의 먹이였다니! 근처에는 왈라비와 캥거루, 사슴도 있었는데 모두 만질 수 있었다.

마지막으로 하마를 찾아 다시 실내 구역으로 향했다. 입장할 때 애니멀 토크 안내표를 보고 점찍어 둔 하마 토크 시간이 다가왔기 때문이다. 5분 전에 도착해서 자리를 잡고 기다리니 곧 사육사가 등장해 설명을 시작했다. 작은 문을 열자 둥근 구멍이 나타났고 그 구멍으로 하마가 얼굴을 쑥 내밀었다. 크기가 작아서 처음에는 새끼 하마인 줄 알았는데 설명을 들어보니 이 하마는 피그미하마라는 종이었다. 성체 크기가 몸길이 1.5m, 몸무게 200kg 정도인 피그미하마는 보통 하마와 달리 육지에서 활동하는 시간이 길어서 출산과 육아도 육지에서 이루어진다고 한다. 작은 몸집 덕분에 귀엽게 느껴졌지만 어엿한 성체라는 점이 신기했고 사육사와의 교감 덕분에 오랜 시간 가까이에서 관찰할 수 있었다.

  고베 동물 왕국은 대부분의 관람 시설이 실내에 있어 날씨와 상관없이 동물을 관찰할 수 있고 식물이 무성한 정원과 연못이 조성되어 있어 자연 친화적이라 동물들도 스트레스를 덜 받을 것 같았다. 대부

분의 동물을 가까운 거리에서 관찰할 수 있고 일부 동물은 만지거나 먹이 주기 체험도 가능해 아이들도 좋아했다. 이러한 특징 때문에 맹수나 몸집이 큰 동물이 적지만 동물과 교감할 수 있는 한국에 없는 형태의 동물원이라 추천할 만하다고 생각한다.

하마스시はま寿司에서 회전 초밥 즐기기

저녁에는 사키 언니와 신이치, 세이지와 함께 회전 초밥집에 갔다. 나는 해산물을 정말 좋아해서 늘 초밥 먹을 기회를 엿보고 있었지만 되도록 가족들과 함께 식사하려다 보니 아직 가지 못하고 있었다. 그런데 뜻밖의 제안으로 함께 가게 되어 정말 기뻤다. 내가 하마스시에 처음 간다고 하자 신치이가 신나서 설명해 주었는데 파란 간판에 '하(は)' 글자가 적혀있다고 했다. 자세한 설명에 웃으며 도착해서 보니 정말로 바다를 연상하는 파란 간판에 흰색으로 '하'가 적혀있었다.

관찰력이 뛰어나다고 칭찬히지 기뻐한 신이치가 활짝 웃으며 나의 손을 잡았고 함께 초밥집에 들어갔다.

가게는 꽤 붐볐지만 사키 언니가 예약해 둔 덕분에 금방 자리에 앉을 수 있었다. 이곳은 회전 초밥집이지만 실제로 초밥이 회전하지 않고 태블릿으로 주문하면 레일을 통해 음식을 받는 형식이었다. 자리에 앉자마자 사키 언니는 아이들을 위해 우동과 튀김 등을 주문해서 적당히 식힌 후 아이들에게 나눠 주었고 나도 사키 언니의 빠릿빠릿한 속도에 맞춰 식기와 물 등 테이블 세팅을 도왔다. 이후 사키 언니와 나는 각자 먹고 싶은 음식을 편하게 주문하며 식사를 즐겼다. 특히 굴을 좋아하는 나는 마침 굴 철이라 여러 종류의 굴 초밥을 시켜 먹으며 초밥을 양껏 즐겼다.

이틀 동안 7,200엔짜리 고베 투어리즘 스마트 패스포트 프리미엄 2일권을 사용해서 관광객의 마음으로 열심히 돌아다녔다. 그 결과 약 13,000엔 이상의 혜택을 누릴 수 있었다. 주요 방문지는 키타노이진칸, 아리마, 롯코, 누노비키 허브 정원, 그리고 고베 동물 왕국이었다. 이 외에도 고베항이나 마야, 스마, 술 거리 등 다양한 곳에 패스를 활용할 수 있지만, 이틀 동안 모든 곳을 방문할 수 없으니 가고 싶은 곳의 동선을 잘 고려해서 활용해야 한다.

금액적으로는 당연히 이득이지만 체력이 상당히 소모되었고 자칫하면 입장에만 치우쳐 제대로 관광하지 못하는 모순에 빠질 수도 있겠다는 생각이 들었다. 고베에 짧게 머물며 각종 명소를 콤팩트하게 즐기고 싶은 체력에 자신이 있는 사람에게 이 패스를 추천하고 싶다.

12일 차 9월 11일 (수요일)

비행기 애호가의 성지 엿보기

센리강 제방
그랜드 그린 오사카

센리강 제방에서 본 비행기

　번역하다 보면 인명이나 지명을 자주 검색하게 된다. 이때 호기심과 탐구 정신, 자료를 꼼꼼히 확인하는 끈기가 필요하다. 특히 지명을 찾아볼 때는 지역적 특성도 함께 파악해 두면 번역할 때 도움이 되는 경우가 많아서 늘 신경 쓰는 부분이다.

　오늘 방문할 곳은 얼마 전에 번역했던 작품에 등장한 센리강 제방으로 이곳에 대해 찾아보다가 호기심이 생겨서 방문해 보기로 했다. 작품 속 주인공이 비행기 마니아라서 비행기를 가까이에서 볼 수 있는 명소를 언급하다가 등장한 곳이다. 처음 들어보는 장소라 조사해 보니 오사카의 이타미 공항 활주로를 정면에서 볼 수 있는 곳이라 이미 비행기 애호가가 자주 찾는 곳으로 알려져 있었다.

　푹푹 찌는 한낮에 집을 나서 우메다역까지 한신 철도를 타고 이동한 후, 우메다역에서 다시 한큐 타카라즈카선으로 갈아타 소네역에 도착했다. 소네역에서 센리강까지는 걸어서 30분 정도 걸려 버스를 타고 싶었지만 배차 간격이 길어 걸어가기로 했다. 평범한 주택가라 특별한 볼거리는 없었지만, 목적지와 가까워질수록 비행기 소리가 점점 크게 들려 설렘도 함께 커졌다. 센리강에 도착해서 활주로를 찾기 위해 두리번거리던 중 멀리 몇몇 사람이 모여 있는 것이 보여 그쪽으로 향했다. 그곳에는 삼각대와 카메라 등 장비를 설치한 마니아들이 모여 있었다. 공항 쪽을 바라보니 활주로가 정면으로 보여 이착륙하는 비행기를 한눈에 감상할 수 있었다.

　모두 활주로 맞은편 하늘을 쳐다보고 있기에 나도 그곳을 보니 아무엇도 보이지 않았다. 의아하게 생각하며 멍하게 있었더니 옆에 계신 분이 저 멀리 비행기가 대기하고 있다고 말씀해 주셨다. 맨눈으로는 보이지 않아도 비행기가 날아올 하늘을 쳐다보고 있는 것이었다. 잠시 후 한 기체가 맨눈으로 보이기 시작하더니 금세 활주로로 다가왔고 순식간에 머리 위를 날아갔다. 너무 빨리 지나가서 얼떨떨했다. 가기 전에는 물건이 다 날아가고 고막이 터질까 봐 걱정했지만 당연히 그런 일은 없었다. 소리는 상당히 크지만 비행기가 워낙 빨라서 귀를 막기도 전에 굉음이 사라졌다. 정신을 차리고 이어지는 기체를 기다렸다. 두 번째로 착륙한 비행기는 프로펠러를 단 기종으로 처음 비행기보다 느려서 비교적 잘 볼 수 있었다. 이어서 조금 다른 방향에서 날아온 붉은 날개를 가진 비행기도 무사히 착륙했다. 나중에 사진을 살펴보니 날개 아래에 문자가 적혀 있어서 검색해 보고 그것이 비행

기 기종이라는 걸 알게 됐다.

예닐곱 대의 비행기가 연달아 착륙한 뒤에는 이륙이 시작되었다. 마니아들은 이미 각 비행기 기종과 출발지를 꿰고 있었고 당분간 착륙 없이 이륙만 한다는 이야기를 나눴다. 착륙을 두 번 보고 나니 버스 시간이 가까워져 버스 정류장으로 이동했다. 비행기 바람에 혹여 양산을 놓칠까 봐 양산도 접고 땡볕 아래 30분 넘게 서 있다 보니 지쳐서 버스 타길 잘했다고 생각했다.

착륙 과정을 지켜보니 비행기가 지닌 자유와 설렘, 불안의 요소가 그대로 느껴졌다. 비행기가 바로 머리 위를 날아가는 경험은 새로운 두근거림을 느끼게 했고 인간의 의지와 기술력에 경이로움이 느껴졌다.

다시 찾은 그랜드 그린 오사카

우메다로 돌아가 지난 주말에는 인파 때문에 제대로 볼 수 없었던 그랜드 그린 오사카를 다시 방문했다. 지난번에는 사람들로 가득 차서 전혀 보이지 않았던 잔디 광장과 캐노피를 보고 여기가 우메다가 맞나 싶어 깜짝 놀랐다. 넓은 잔디 광장에는 시원한 분수가 더위를 식히고 생기를 더했고 시민들은 여기저기서 휴식을 취하고 있었다. 특히 120m 높이의 캐노피는 오사카의 새로운 랜드마크라도 해도 과언이 아닐 만큼 눈길을 끌었다. 직사각형의 고층 건물들 사이에 있어서 그런지 곡선 디자인은 무척 돋보이면서도 조화로웠다. 이곳은 우메다에서 근무하는 직장인뿐 아니라 관광객에게도 휴식을 제공하고 활

기를 불어넣어 주는 명소로 자리 잡을 것 같다는 생각이 들었다. 해가 지면 조명이 들어올 것 같아 또 다른 그랜드 그린 오사카의 모습도 보고 싶었지만 저녁 일정이 있어 약속 장소로 발걸음을 옮겼다.

대학 선배와의 만남

수웅 선배와는 학부 시절 일본 관련 동아리 활동을 함께하며 친해졌다. 선배는 일본으로 교환학생을 다녀와서 졸업 후 일본에서 취직해 10년 가까이 일본에 살고 있다. 졸업 후에도 가끔 한국과 일본에서 얼굴을 보곤 했는데 이번에도 연락하니 흔쾌히 시간을 내주었다.

퇴근 시간에 맞춰 우메다에서 만나 간단히 인사를 나눈 후 선배의 추천으로 프랑스 음식을 안주로 내는 대중 주점 프렌치맨大衆酒場フレンチマン에 갔다. 테이블석만 있는 이곳은 외관은 평범한 이자카야지

만 맥주와 사와, 하이볼, 그리고 와인까지 다양한 주류를 판매하고 있었다. 우리는 자리에 앉아 음료를 주문한 뒤 파스타와 감바스를 주문했다.

음식은 나오는 데 시간이 조금 걸리는 편이라 여유롭게 기다리며 이야기를 나누었다. 복잡하게 얽힌 우메다 지하를 집 앞 골목처럼 익숙하게 다니는 선배의 모습을 보니 이제는 완전히 칸사이 사람이 됐다는 생각이 들었다. 최근에 이사한 근황부터 직장 생활이나 새로운 시작을 준비하는 이야기를 들었다. 여러 어려움을 겪었을 텐데 타국에서 10년 동안 쌓아온 노력과 경험이 헛되지 않았음이 느껴졌다.

주문한 음식은 기대 이상으로 훌륭했다. 특히 성게알과 연어알을 듬뿍 올려 넘칠 듯한 차가운 파스타는 비주얼부터 압도적이었다. 신선한 연어알이 입안에서 톡톡 터지고 부드러운 성게알은 크림처럼 녹아들어 재료 본연의 황홀한 맛을 선사했다. 올리브유에 담근 정어리의 깊은 풍미, 쫀득하고 촉촉한 살라미, 섬세한 감칠맛이 돋보이는 생햄 등 다른 요리도 모두 만족스러웠다.

품격 있는 요리를 즐기며 한참 이야기를 나누다 보니 시간이 훌쩍 지나 점포가 닫을 시간이 되어서야 자리에서 일어났다. 우리는 각자의 길을 응원하며 "또 보자"는 상투적인 인사를 나누었다. 그 인사는 마치 주문처럼 10년간 인연이 이어지게 해 주었기에 그 말을 들으니 마음이 편안해졌다. 오랜만에 만나도 어색하지 않게 일상을 나눌 수 있는 사람이 있음에 감사하며 나도 누군가에게 그런 존재가 되도록 노력해야겠다는 마음이 들었다.

13일 차 9월 12일 (목요일)

캇파를 찾아서

이쿠노은산
요괴 마을 후쿠사키초

이쿠노은산 生野銀山

다시 엄마가 출근하지 않는 목요일이 왔다. 이번 주에는 효고현 내륙 산악 지대에 있는 은광에 방문하기로 했다. 간단하게 아침을 먹고 출발했지만 거리가 꽤 멀어서 도착하자마자 이른 점심을 먹기 위해 광산 마을의 역사를 담은 이쿠노 하야시라이스를 판매하는 레스토랑 마로니에로 향했다.

이쿠노 하야시라이스는 은광산이 번성하던 시절에 마을에서 일하던 프랑스인 엔지니어들이 만든 초기 형태의 하야시라이스에서 유래된 이후 일본식으로 변형되어 현재의 하야시라이스의 모습이 완성되었다. 데미그라스 소스와 토마토소스로 만든 소스에는 양파, 버섯, 소고기가 들어가는데 특히 이곳에서는 고베 소고기로 유명한 타지마 소고기를 사용한다고 해서 기대감이 한껏 높아졌다. 엄마와 나는 새

하얀 밥 위에 달걀옷을 덮은 하야시 오므라이스를 주문했다. 특히 오므라이스 맛을 비교 중인 나에게 딱 좋은 메뉴였다. 달걀은 원래 반숙으로 올라가지만 하나는 완숙 조리를 부탁드렸더니 흔쾌히 수락해 주셔서 마음 편히 음식을 주문할 수 있었다. 제공된 하야시 오므라이스는 겉보기에는 일반 오므라이스와 큰 차이가 없어 보였지만 달걀 속에는 볶음밥 대신 맨밥이 들어 있었다. 소스 맛은 확연히 달랐다. 오므라이스는 케첩의 새콤달콤함이 느껴지지만 하야시 오므라이스는 데미그라스 소스의 깊은 풍미와 부드러움이 돋보였다. 타지마 소고기의 양은 다소 적었지만 하야시 오므라이스를 즐기기에는 부족함이 없었다. 든든하게 배를 채운 후 본격적으로 은광 탐방에 나섰다.

이쿠노은산은 1200년의 유구한 역사를 지닌 곳으로 1973년 폐광될 때까지 총 350km 이상의 갱도와 깊이 880m에 이르는 거대한 규모를 자랑했다. 오늘처럼 무더운 날씨에도 갱도 입구에서부터 서늘한 냉기가 느껴져서 미리 겉옷을 입고 갱도 속에 들어갔다.

갱도 내부의 관람 구간은 약 1km 정도이고 40분 정도면 돌아볼 수 있다. 어두컴컴해서 길을 잃을까 걱정했지만 안내 표지판이 잘 마련되어 있어 안심하고 둘러볼 수 있었다. 내부에는 채굴 과정과 다양한 채굴 도구가 전시되어 있어 흥미로웠다. 특히 광부의 복장을 그대로 재현해 놓아 생생한 현장감을 느낄 수 있었다. 엄마와 함께 은을 찾아보며 둘러보다가 광맥의 위치를 알려주는 표지판을 발견했다. 하지만 평소에 정제된 은만 봐서 그런지 표지판을 봐도 정확하게 은광석이라고 인식하기는 어려웠다. 갱도 곳곳에는 당시 작업에 사용되

었던 장비들이 전시되어 있었는데 광석을 긁어 이동시키는 슬러셔, 광물을 실은 광차, 운반용 축전지 기관차, 광물을 적재하는 로더 등이 당시 작업 상황을 고스란히 보여주었다. 그중에서도 가장 인상 깊었던 것은 권양기였다. 이 장치는 갱도의 깊은 곳과 지상을 연결해 광물이나 장비를 운반하는 데 사용되었다고 한다. 지금은 일부만 관람할 수 있지만 당시의 방대한 규모와 기술 수준을 충분히 체감할 수 있었다.

요괴 마을 후쿠사키초 福崎町

이쿠노은산까지 온 김에 한 곳 더 둘러볼 만한 곳을 고민하다가 얼마 전 사키 언니가 아이들과 다녀온 후쿠사키초에 가 보기로 했다. 민속학의 창시자인 야나기타 쿠니오柳田國男의 고향으로도 알려진 이

곳은 요괴를 테마로 내세워서 지역 활성화에 힘쓰고 있다. 그래서 마을 곳곳에서 다양한 요괴를 만날 수 있는데, 그중 전설 속 요괴 캇파를 중심으로 꾸며 놓은 츠지카와야마공원辻川山公園으로 향했다.

츠지카와야마공원은 언뜻 보면 평범한 공원 같지만 캇파 캐릭터인 가타로와 가지로 형제를 보기 위해 많은 사람이 찾는 곳이다. 가타로는 후쿠사키초에서 오래전부터 캇파를 부르던 이름이고 가지로는 가타로의 동생이라는 설정이다. 이 캇파들은 단순히 마스코트에 그치는 것이 아니라 민속학적 배경과 이야기를 기반으로 만들어진 캐릭터다. 이 공원에서 가장 유명한 볼거리는 연못 속에서 떠오르는 붉은 가지로로 평소에는 물속에 숨어 있다가 15분마다 연못 위로 올라와 기괴한 얼굴을 드러내며 사람들을 놀라게 한다. 연못 쪽을 보니 이미 몇몇 사람들이 기다리고 있었다. 연못가에는 가지로를 바라보며

앉아 있는 가타로의 동상이 있어 재미있었다. 잠깐 연못 주변을 둘러보는 사이에 연못에서 보글보글 거품이 일더니 가지로가 얼굴을 쏙 내밀었다. 하지만 겨우 2초 정도 짧게 모습을 드러낸 뒤 금세 물속으로 사라졌다. 너무 허무해서 멍하게 서 있는데 얼마 지나지 않아 짧게 두 번 더 올라올 뿐, 더 이상 모습을 드러내지 않았다. 15분 후에 다시 관찰하기로 하고 공원을 둘러보는데 어딘가에서 "슬슬 나온다!"라는 음성이 들렸다. 소리가 나는 오두막 쪽으로 가 보니 갑자기 오두막의 문이 열리며 거꾸로 매달린 텐구가 나타나 깜짝 놀랐다. 약 3m 높이에 거꾸로 매달려 새하얀 긴 머리를 늘어뜨린 채 손에 찰보리 도라야키를 들고 있었다. '거꾸로 매달려서 도라야키를 먹으면 소화가 안 될 텐데…'라고 생각하며 텐구를 바라보았다. 텐구는 레일을 따라 몇 번 왕복하다가 긴 머리카락으로 오두막 바닥을 쓸며 마지막까지 괴상하게 오두막으로 들어갔다. 알고 보니 이 텐구도 가지로와 함께 이 공원의 유명한 캐릭터로 15분마다 작동했다. 공원 곳곳에 설치된 다른 요괴 동상들도 살펴보다 보니 어느새 또 가지로가 떠오를 때가 되었다. 이번에는 연못 앞에 자리 잡고 눈을 부릅뜨고 자세히 관찰했다. 수면 위로 떠오른 가지로의 긴 머리카락에는 이끼가 잔뜩 끼어 있고 손에는 무언가 들고 있었다. 다른 요괴들도 독특했지만 특히 붉은 색깔의 가지로는 보면 볼수록 기괴해서 아이들은 꽤 무서워할 것 같았다.

공원 바로 근처에 야나기타 쿠니오 기념관과 생가가 있어서 함께 방문했다. 1875년에 태어난 야나기타는 일본 각지의 민속 문화를 연구하고 체계화한 인물로 알려져 있다. 기념관에는 민속학자로서의 삶과 업적을 조명하는 저작물, 직접 사용했던 책상 등의 개인 소장품, 동상 등이 전시되어 있었다. 바로 옆에 위치한 생가는 야나기타가 스스로 '일본에서 가장 작은 집'이라고 묘사했을 정도로 소박한 모습이었다. 야나기타는 이곳에서 태어나 10년간 머물렀다고 한다. 이 작은 공간에서 민속학적 정신이 싹텄다고 생각하니 특별하게 느껴졌다.

이 공원 외에도 후쿠사키초 곳곳에는 전통 요괴를 테마로 한 요괴 조형물이 설치된 요괴 벤치가 있어 마을을 걷다 보면 다양한 요괴를 만날 수 있다. 식사 후에 몇 곳 둘러보기로 하고 저녁을 먹으러 갔다. 공원 바로 앞에 위치한 모치무기노야카타라는 음식점에서 소바를 먹으려 했지만 저녁 영업은 하지 않고 기념품만 판매하고 있었다. 아쉬운 마음을 안고 돌아서던 중 찰보리 소프트아이스크림이 눈에 들어와 구매할 수 있냐고 물었더니 가능하다고 했다. 후쿠사키초의 특산

물인 찰보리로 만든 소프트아이스크림의 고소하고 부드러운 맛에 정신을 빼앗겨, 요괴 벤치를 보려던 계획도 잊고 그대로 차를 타고 마을을 떠났다.

　벤치를 보지 못했다는 사실은 얼마 지나지 않아 깨달았지만 하늘이 금세 우중충해지더니 심한 비가 내려 요괴 벤치에 가지 않은 걸 다행이라고 생각했다. 비는 한차례 쏟아지다 곧 그쳤고 아직 해가 지지 않은 하늘에서 무지개를 발견했다. 일본에 와서 벌써 두 번째 만나는 무지개다. 엄마도 이렇게 자주 무지개를 보는 건 드문 일이라며 처음 무지개를 봤을 때처럼 내가 행운을 불러온다고 말씀해 주셨다.

일본에서의 두 번째 요가

　요괴 탐방을 마치고 요가 시간을 맞추기 위해 열심히 달려갔다. 아슬아슬하게 도착해 옷을 갈아입고 선생님께 인사드리고 나니 수업 시간이 되었다. 이번에도 50분 정도는 힐링 요가에 가까운 가벼운 동작 위주로 움직였는데 잔근육을 자극해서 몸이 편안하게 풀어지는 느낌이 들었다. 그리고 5분 동안 휴식을 취한 후에는 지난주처럼 속도와 난도가 확 올라 놀랐다. 오늘의 피크 포즈는 바카사나였다. 바카사나는 쪼그려 앉아서 팔꿈치를 무릎 안쪽에 강하게 고정해 코어에 힘을 주며 발을 들어 올려 평행을 유지하는 동작이다. 전신의 근력과 균형 감각이 필요한데 나는 코어의 힘이 부족해서 좀처럼 완성하기 어려웠다. 호흡에 집중하며 몇 번 시도하니 손목과 대둔근이 뻐근해졌다. 선생님께서는 손목에 무리가 많이 가는 자세니까 오늘은 그만

하고 다음에 도전할 때는 등을 조금 더 말아보라고 조언해 주셨다. 수업 끝에 사바사나에 들어갈 때, 지난주와는 다르게 작은 악기 같은 도구로 종소리를 내서 이완을 도와주셨다. 사바사나란, 등을 바닥에 대고 바르게 누워서 몸과 의식을 이완시키는 요가의 마무리 동작이다. 작은 악기가 만들어낸 금속의 울림과 맑은 공명감 덕분에 휴식을 취하기 수월했다.

요가를 마치니 9시가 넘은 시간이라 집에 돌아와서 정리하니 10시가 넘었다. 평소에는 요가를 하고 나면 개운해졌는데 오늘은 몸이 무거운 느낌이 들어 일찍 누웠다.

14일 차 9월 13일 (금요일)

몸의 한계, 붓의 무한

일본 문화 체험 ① 서예

어젯밤까지만 해도 몸이 조금 무겁고 피곤한 정도였는데 아침에 일어나니 몸살 기운이 있었다. 오후부터 일정이 있어서 오전에는 일에 집중하려 했는데 아침 식사 후 모니터를 보니 바로 어지러움이 느껴져서 이불을 깔고 누워 쉬었다. 오후에도 여전히 몸이 좋지 않아 외출 전에 재택 근무 중인 사키 언니에게 몸 상태가 좋지 않다는 사실을 조심스럽게 알렸다. 걱정 끼치고 싶지 않아서 아침에도 아무런 말을 하지 않았지만 저녁에 함께하는 일정이 있어서 지금이라도 알리지 않으면 안 될 것 같았다. 사키 언니는 나에게 임산부도 먹을 수 있는 약한 약을 하나 주며 저녁 일정도 무리하지 말라고 걱정해 주었다.

서예 체험

일본에 있는 동안 해 볼 만한 문화 체험이 있을지 찾아보다가 집과 멀지 않은 곳에 아시야 시립 시오아시야 교류센터가 있는 것을 발견했다. 이곳에서 외국인을 대상으로 매달 서예와 꽃꽂이, 다도를 체험할 수 있는 수업이 열려서 엄마의 도움을 받아 미리 신청해 두었다. 비용도 저렴했다.

오늘은 그 중 서예 수업이 있는 날이다. 학창 시절 미술 시간에 서예를 잠깐 배운 이후로 다시 배워서 기대했는데 하필 몸이 안 좋아 고민하다가 일단 출발했다. 처음 가 보는 곳이라 서둘러 집을 나서 버스를 타고 15분 정도 가니 근처에 도착했다. 버스 정류장에서 교류센터까지는 도보 5분 정도 걸리는데 날이 너무 더워서 그런지 몸이 점점 안 좋아지는 느낌이 들었다.

1층 데스크에서 이름과 신청한 수업을 말하고 수업료 200엔을 낸 후 2층 교실로 올라갔다. 수업 시작보다 30분 이른 1시에 도착했는데 이미 선생님과 두 학생이 글을 쓰고 있었다. 다른 두 명의 학생은 각각 중국인과 한국인이었는데 중국인은 일본어를 잘 못했고 한국인은 능숙한 일본어를 구사했다. 간단히 인사를 나눈 뒤 선생님께 바로 수업에 대해 안내받았다. 난 처음이니 한 글자를 연습해서 멋지게 완성해 보자고 제안하셨고 '花(꽃)' 자와 '風(바람)' 자를 제시하셔서 '花' 자를 선택했다. 이번에는 서체를 고르는데 또 다른 학생인 베트남인이 도착했다. 이 베트남인은 나처럼 엄마 집에서 홈스테이를 경험한 유 씨로 벌써 고베에서 7년째 유학하고 있다. 일본에 오기 전에 엄마에게 이 수업에 관해 이야기하자 재미있을 것 같다며 유 씨에게도 알려주었고 유 씨 역시 신청했다고 들었다. 유 씨와 간단히 인사를 나눈 뒤 각자 서체 선택에 집중했다. 선생님은 초보자에게 적합한 해서와 예서를 직접 써서 보여주셨고 나와 유 씨는 각각 해서와 예서를 선택했다.

　보통은 먹물을 바로 이용하지만 나는 체험 삼아 벼루에 먹을 갈아

보기로 했다. 먹도 약간 푸른빛이 도는 것과 일반적인 검은 먹 두 가지가 있었는데 나는 검은 먹을 선택해서 열심히 갈았다. 그러나 바깥 날씨가 너무 더워서 교실 에어컨을 강하게 켜 두다 보니 몸이 급격하게 나빠지는 게 느껴졌다. 처음 인사할 때 몸이 좀 안 좋아서 중간에 가야 할 수도 있을 것 같다고 미리 말씀드렸지만 나는 아무리 아파도 겉으로는 별로 티가 나지 않는 편이라 그냥 하는 말로 들렸을까 봐 마음이 조마조마했다.

'얼른 쓰고 집에 가야 해…'라고 생각하며 먹을 열심히 갈고 있는데 마침 선생님이 다가오시더니 직접 먹을 갈아서 하면 시간이 오래 걸리기 때문에 이쯤에서 멈추고 먹물을 섞어서 쓰자고 말씀하셨다. 덕분에 바로 글씨 쓰기 연습에 들어갈 수 있었다.

선생님은 연습용으로 멋지게 글씨를 써 주셨는데 나는 그걸 따라 열심히 반복해서 쓰기 시작했다. 비록 단 한 글자에 7획뿐이었지만 한 획 한 획 신중하게 썼다. 선생님께서는 내가 쓰는 걸 보며 세심하게 지도를 거듭해 주셨다. 하지만 한 번 추위가 느껴지자 몸은 계속 나빠졌고 이러다 쓰러져서 민폐라도 끼칠까 봐 걱정되었다. 결국 어떻게든 작품을 완성하고 얼른 집에 가야겠다는 마음으로 빠르게 색지를 꺼냈다. 색지는 서예나 그림에 사용되는 두꺼운 정사각형 종이로 내가 받은 색지에는 중앙에 엷은 문양이 있어서 더욱 고급스러운 느낌이 들었다. 단 한 장만 제공되기 때문에 충분히 연습한 후에 완성해야 한다. 시간이 2시 반쯤 되니 학생들과 선생님이 차와 간식을 내 주셨다. 하지만 나는 몸이 안 좋아서 지금은 못 먹겠다고 정중하게 사양하고 재빨리 색지에 글을 써서 작품을 완성했다.

　작품이 완성되자 선생님께서는 낙관을 써 주시겠다고 하셨고 부채에도 글씨를 써서 기념품으로 가져가라고 권하셨다. 이름 중 가운데 글자를 낙관으로 쓰기로 했고 선생님은 앙증맞은 조롱박을 그린 뒤 그 안에 글자를 적어 주셨다. 낙관이 더해지니 마치 대단한 작품을 완성한 것처럼 느껴졌다. 부채에 쓴 글씨는 부챗살 때문에 울퉁불퉁해서 색지만큼 예쁘게 써지지는 않았지만 눈앞이 핑핑 도는 상황이라 그런 걸 따질 여유가 없었다. 뒷정리하는 동안 선생님은 부채 테두리를 금칠로 예쁘게 장식해 주셨고 다른 분들은 내 몸 상태를 걱정하며 간식을 포장해 주셨다.

　버스 시간을 확인한 후 자리에서 일어나 아직 글쓰기에 몰두 중인 다른 분들과 선생님께 인사를 드리고 서둘러 집으로 향했다. 집에 도착하자마자 사키 언니에게 인사도 못 한 채 방으로 가서 그대로 이불 위에 드러누웠다.

타코야키 파티

　엄마가 일본에서 하고 싶은 게 있으면 편하게 말해 달라고 하셨지만 일본에 오기 전까지 미처 말하지 못한 게 하나 있었다. 바로 타코야키 파티였다. 4살, 2살이 어떤 느낌인지 잘 몰라서 아이들이 타코야키 파티하기에 너무 어리지 않을까 걱정되었기 때문이다. 막상 와서 보니 아이들은 생각보다 컸고 도착한 날 한국 음식을 대접하며 조심스럽게 타코야키 기계가 있는지, 내가 있는 동안 함께 만들어 먹을 수 있을지 물어보았다. 내 말에 가족들은 흔쾌히 동의했고 오늘로 날짜를 정해두었다. 그리고 오랜만의 타코야키 파티에 사키 언니도 들떴는지 직장 동료도 몇 분 초대하기로 하다가 결국 유리 씨까지 함께 하는 큰 파티가 되었다. 가족끼리만 약속했다면 양해를 구하고 방에서 쉬거나 날을 옮길 수도 있었겠지만 이미 많은 사람을 초대하기로 해서 변경하기 쉽지 않았다. 오한이 들고 머리가 핑핑 돌아서 누워 쉬고 있는데 퇴근 후 내가 아프다는 소식을 들은 엄마는 사키 언니와 함께 조심스럽게 내 상태를 살폈다. 체온을 재 보니 무려 38.6도여서 모두가 놀랐고 힘들면 방에서 나오지 않거나 인사만 해도 되니까 너무 부담가지지 말라고 말해 줬다.

약속 시간인 저녁 7시가 되자 모두 집에 모였고 일단 나도 함께 자리했다. 내가 하고 싶다고 해서 마련한 자리인데 재료 준비 등을 전혀 돕지 못해서 사키 언니에게 너무 미안했다. 초대받은 손님들이 타코야키와 함께 즐기기 위해 와인이나 샐러드 등 다양한 선물을 가지고 온 덕분에 상이 더욱 풍성해졌다. 반갑게 인사 나누며 몸이 안 좋아서 중간에 방에 들어갈 수도 있다고 미리 양해도 구했다.

타코야키 파티는 여러 명이 모여 직접 타코야키를 만들며 이야기를 나누는 홈 파티 문화다. 우리는 일단 자리에 둘러앉아 타코야키를 만들었다. 타코야키 만들기는 의외로 간단하다. 가열한 타코야키 기계에 기름을 바르고 타코야키 반죽을 각 구멍이 잠길 정도로 가득 부은 후 문어와 튀김 부스러기, 다진 생강 초절임, 쪽파 등 취향껏 재료를 넣고 어느 정도 익을 때까지 기다린다. 아래쪽이 익으면 다 함께 꼬챙이를 이용해 반죽을 뒤집으며 주변 반죽을 끌어모아 동그란 모양을 만든다. 다 익으면 취향에 따라 타코야키 소스와 마요네즈, 가다랑어포, 김가루 등을 뿌려 먹는다. 그리고 이 과정을 재료가 다 떨어질 때까지 반복하며 시간을 보내면 된다.

타코야키로 대화의 물꼬를 트니 자연스럽게 다양한 주제의 이야기를 나누게 됐다. 사키 언니의 직장 동료인 오사와 씨는 20대 딸을 둔 BTS 팬으로 최근에 한국에 있는 BTS 사무소에 다녀온 이야기를 하며 한국을 향한 관심과 애정을 듬뿍 표현하셨다. 그리고 사키 언니의 후배인 시오리 씨와 카호 씨는 연차가 낮은 젊은 세대로 호기심이 많아 한국 대중문화와 유행에 관해 이야기를 나눴다.

내 직업이 번역가라고 하자 모두 흥미로워하며 관심을 보였다. 간혹 젊은이들이 쓰는 신조어나 유행어가 어렵다는 이야기를 나누다가 젊은이들이 쓴다는 '츤다(詰んだ)'라는 말을 배웠다. 한국어로 '망했다', '절망적이다'의 뜻으로 시오리 씨와 카호 씨는 일이 잘 풀리지 않거나 어려움이 닥쳤을 때 회사에서 조용히 이 단어를 속삭인다고 했다.

도란도란 이야기를 나누는 동안 타코야키는 타닥타닥 소리를 내며 맛있게 익어갔다. 꼬챙이로 열심히 굴려 황금빛으로 익힌 타코야키를 각자 덜어 와 취향껏 소스를 곁들여 먹었다. 겉은 바삭하고 속은 부드러운 재미있는 맛에 자꾸 손이 갔다. 좋은 사람들과 함께 만들어서인지 유독 더 맛있게 느껴졌다.

2시간 정도 함께 하다가 몸 상태가 더 나빠질 것 같아 살짝 자리를 떴다. 방에 들어가 한국에서 챙겨온 약을 먹고 누우니 긴장이 풀리며 온몸이 쑤셨다. 끙끙 앓으며 누워 있는데 밖에서는 여전히 즐거운 웃음소리가 들려 마음이 불편했다. 모두와 오래 이야기를 나누지 못해 미안했고 늦게까지 함께하지 못해 아쉬웠다. 내일은 몸 상태가 나아지길 바라며 늦은 새벽에 겨우 잠들었다.

15일 차 9월 14일 (토요일)

자연이 처방해 주는 비타민

롯코산 목장

오늘도 일찍 눈을 떴지만 평소보다 오래 누워서 휴식을 취했다. 생각해 보니 일본에 와서 2주 동안 매일 서너 시간만 자며 바쁜 일정을 소화하느라 몸에 무리가 갔던 것 같다. 오전 8시에 엄마가 조심스럽게 방에 들어와 내 상태를 물어보셨다. 몸이 한결 가벼워졌다고 말씀 드리며 체온을 재니 36.8도였다. 엄마는 체온계를 확인하고 나서야 안도의 한숨을 내쉬셨다. 식사를 할 수 있겠냐고 물으셔서 먹을 수 있다고 대답하고 거실에 나갔다. 사키 언니에게도 다시 한번 미안하다고 하며 회사 사람들에게도 사과의 말을 전해달라고 부탁했다.

오늘은 원래 아이들과 함께 가기로 한 곳이 있지만 거리가 멀기도 하고 몸 상태가 완전히 회복되지 않아 다음을 기약했다. 아침밥을 먹으며 아이들과 함께 갈 만한 근교를 고민하다가 문득 롯코산 목장이 떠올랐다. 며칠 전 롯코 지역을 여행했지만 목장은 반대 방향이라 아직 가지 못했던 곳이었다. 몸이 안 좋으면 그냥 쉬어도 된다고 했지만 기대했을 아이들에게도 미안하고 몸도 많이 나아진 것 같아서 아침밥을 먹고 바로 롯코산 목장으로 향했다.

롯코산 목장

스위스의 산악 목장을 본떠 만든 롯코산 목장은 양, 염소, 말, 소 등 다양한 가축들이 방목되어 자유롭게 움직이는 모습을 볼 수 있는 곳이다. 넓은 부지에서 동물들이 여유롭게 지내는 모습을 상상하니 동물의 집에 초대받아 방문하는 듯한 기분이 들었다.

목장은 워낙 넓어서 남쪽, 북쪽, 동쪽으로 구역이 나뉘어 있다. 우리는 주차장과 가까운 남쪽 지역부터 둘러보기 시작했다. 입구에 들어서자 토끼와 기니피그 등 소동물이 반겨주었는데 토끼에게는 먹이주기 체험이 가능해서 아이들이 유독 몰려 있었다. 조금 더 안쪽으로 들어가니 목양견이 보였다. 보통 주말에는 양몰이 쇼가 열려 늠름하고 날쌘 목양견의 모습을 볼 수 있지만 이날은 목양견이 쉬는 날이라 쇼는 볼 수 없었다.

동쪽 지역으로 이동하니 넓은 초원에 양들이 가득했다. 사람들에게 익숙해진 양들은 전혀 경계심을 보이지 않았고 사람들이 걷는 길까지 자유롭게 나와 있기도 했다. 이곳에서도 양에게 먹이를 줄 수 있어 신이치가 용감하게 먹이를 주며 즐거워했지만 세이지는 무서워하며 엄마에게 꼭 붙어 떨어지지 않았다. 요즘 "세이지가 할래"라는 말을 자주 하며 혼자 하려고 노력하는 시기라 의젓하게 느껴질 때도 있지만 이럴 때는 아직 2살 아기인 게 실감 났다.

양과 초원을 실컷 보고 동쪽 지역에서 북쪽 지역으로 이동하는데 뒤에서 수상한 발소리가 들려 돌아보니 양 한 마리가 맹렬히 달려오고 있었다. 깜짝 놀라 신이치의 손을 잡고 길가로 피했더니 양은 사람에게는 관심 없다는 듯 앞만 보고 계속 달려갔다. 길을 잃어서인지 혹은 단순히 달리고 싶은 충동이 들어서인지는 알 수 없지만 아이와 함께 있을 때는 주변을 항상 주의해야겠다고 생각했다.

북쪽 지역에서는 또 다른 동물을 만날 수 있었다. 우리 안에는 사이좋은 말 두 마리가 있었는데 한 마리는 갈색이고 다른 한 마리는 검은색이어서 신이치가 신기해하며 관찰했다. 사람들이 많이 모여있는

쪽으로 가 보니 염소가 많았다. 이곳에서는 먹이 체험이 가능해서 아이들에게 인기가 많은 것 같았다. 포식자로부터 자신을 보호하려고 높은 곳으로 올라가는 습성 때문에 멀리서도 지붕 위의 염소를 볼 수 있었다.

신이치가 염소에게 먹이를 주는 동안 벤치에 앉아 쉬고 있는데 뒤에서 누군가 지켜보는 듯한 느낌이 들어 돌아보니 뜻밖에도 소가 나를 바라보고 있었다. 거대하고 잘생긴 소에 호기심이 생겨 다가가 보니 이름이 무려 람보르기니라고 적혀있어서 깜짝 놀랐다. '몸집은 크지만 혹시 유난히 빠른 걸까?'하고 생각하며 설명을 읽어보니 이 소는 말과 함께 자라서 자신이 말이라고 생각한다고 적혀있었다. 사람을 좋아한다고 해서 울타리 가까이 다가온 람보르기니와 사진을 찍고 살짝 얼굴도 살짝 쓰다듬어 주었다. 자동차의 성난 황소 엠블럼과

는 다르게 아주 순한 소였다.

곳곳에 포토존이 있어 기념사진 찍기도 좋고 시간을 잘 맞추면 소에게 우유 먹이기, 각종 유제품 만들기, 양 달리기 등 다양한 체험과 볼거리를 즐길 수 있었다. 동물과 교감을 나누며 푸른 자연 속에서 힐링해서인지 몸이 나빠지지 않아서 다행이었다. 역시 자연 테라피가 최고다.

주차장으로 돌아가니 소프트아이스크림 가게가 보여서 모두 홀린 듯 그쪽으로 향했다. 고베 치즈를 넣어 만들었다는 문구를 보고는 몸 상태도 잊은 채 구매했다. 나는 일반 소프트아이스크림을, 아이들은 같은 맛이지만 과자로 소 얼굴을 만든 소프트아이스크림을 골랐다. 콘 부분은 얼룩소 무늬 포장지로 감싸져 있어 귀여웠다. 아이스크림은 적당히 달면서 치즈보다는 진한 우유의 맛이 돋보이는 신선한 맛이었다. 모두 아이스크림을 손에 쥐고 까르르 웃었다.

타카 형부의 특식, 닭갈비

집에 돌아와 휴식도 취하고 일도 하다 보니 금세 저녁 시간이 되었다. 저녁 시간이 다가와 거실에 나가니 타카 형부가 식탁에 철판을 설치하고 있었다. 평소에는 사키 언니가 저녁을 담당하지만 가끔 타카 형부가 요리하기도 한다고 들었는데 오늘이 그날이었다. 철판을 보고 오코노미야키를 만드는 줄 알았는데 알고 보니 닭갈비를 준비한다고 했다. 타카 형부는 한국에 관심이 많아 한국어도 공부하고 한국 요리도 할 줄 안다고 들었지만 내 앞에서는 좀처럼 내색하지 않아서 조금 놀랐다.

　타카 형부는 손질한 닭고기를 철판에 구워 직접 만든 양념을 넣고 섞은 후 양배추를 듬뿍 올려 뚜껑을 덮고 잠시 기다렸다가 모차렐라 치즈를 뿌려 닭갈비를 완성했다. 한국의 새빨간 양념이 아닌 일본식 닭갈비를 맛본다는 생각에 기대감이 고조되었다. 형부의 손맛이 듬뿍 담긴 특제 닭갈비는 아이들도 함께 먹을 수 있을 만큼 순한 맛이지만 싱겁지 않고 건강한 맛이었다. 입맛이 없었음에도 닭갈비가 자꾸 당겼다. 타카 형부의 정성에 감동해서 열심히 먹으면서 감사의 인사를 전했다. 내가 몸살로 고열에 시달렸다는 소식을 들은 형부가 마음이 쓰여 특별히 닭갈비를 만들었다는 말을 나중에 듣고 깜짝 놀랐다. 가족들의 걱정과 정성에 몸은 빠르게 나아갔다.

16일 차 9월 15일 (일요일)

타니자키 준이치로의 흔적을 찾아서 ②

이쇼안

이쇼안 倚松庵

이쇼안은 1936년 11월부터 7년간 타니자키 준이치로가 부인인 마츠코와 그 여동생들과 함께 살았던 저택이다. 특히 이곳은 소설 『세설細雪』의 무대이기에 소설 속에서 묘사된 인물과 사건은 이 저택에서의 일상에서 영감을 받은 것으로 유명하다.

이번 이쇼안 방문의 목적은 일본 근대 문학 연구자 타츠미 토시의 강연을 듣기 위해서이다. 고베에 오기 전에 타니자키와 관련된 곳을 조사하다가 이 강연을 발견해서 엄마께 예약을 부탁드렸을 때 엄마도 관심을 보이시더니 유리 씨와 타케 씨도 함께 듣게 되었다.

우리는 강의 시간에 맞춰 도착해서 바로 1층 응접실로 안내받았다. 강연을 들으러 온 사람은 대부분 관련 주제를 연구하는 학생이었고 강의 내용은 타니자키의 생애와 이사 이야기를 메인으로 『세설』에 대한 이야기도 들을 수 있었다. 『세설』은 1940년대 일본을 배경으로 몰락해 가는 상류층 가문 네 자매의 삶과 혼담을 중심으로 한 자매들의 일상과 갈등을 흥미롭게 묘사한다. 제목은 '가랑눈'이라는 뜻의 세설(細雪)과 동음이의어인 세설(細說), 즉 '쓸데없이 자질구레한 이야기를 늘어놓는다'라는 뜻도 담고 있다. 이 작품은 칸사이의 문화와 풍속을 세밀하게 묘사하고 당시 사회 속 여성들의 역할과 갈등을 탐구해서 높은 평가를 받는다.

강의가 끝나고 천천히 이쇼안을 둘러보았다. 이쇼안은 일본과 서양의 건축 양식이 결합한 2층 단독주택이다. 강의를 들은 1층에는 응접실과 서양식 방, 일본식 방 외에 부엌과 식당, 욕실 등이 있었다. 식당에는 타니자키 가족이 사용하던 식탁이 남아있고 일반적인 문 외에도 음식을 건네받았을 것 같은 작은 창이 있었다. 삐거덕거리는 소리가 나는 나무 계단을 조심스럽게 올라 2층으로 가니 소설 속 등장인물의 이름을 따서 지은 사치코의 방, 에츠코의 방, 막내딸의 방이 있었다. 2층에서 정원을 내려다보며 정원에서 시간을 보내는 타니자키의 모습을 상상하다가 대문 앞을 흐르는 스미요시강을 바라보는데 강 위에 롯코라이너가 지나가 시간 여행을 방해했다.

  2층에는 타니자키의 성격과 집에 대한 애착이 엿보이는 문서가 전시되어 있었다. 타니자키는 이 집을 월세 85엔에 임대 계약을 체결하였고 퇴거 시 증축 비용을 청구하지 않겠다고 집주인과 구두 약속하고 서재로 사용할 별채를 증축했다. 이후 집이 매각되어 집주인이 퇴거를 요구하자 타니자키는 별채 증축 비용을 요구했는데, 5년 전 당시 1,000엔이었던 금액을 물가 상승을 이유로 3,000엔이나 청구했다. 집주인은 이 요구를 수용하기로 합의했고 이를 문서화 한 계약서와 영수증이 남아있다. 타니자키는 이쇼안이 마음에 든 모양인지 그 일이 있고도 1년이나 지난 후에 어렵게 이쇼안을 떠났고 칸사이에서 가장 오래 거주한 집으로 남았다.

  이쇼안에서 타니자키라는 대문호의 일상을 상상하니 새로운 감동이 밀려왔다. 정원을 걸으며 타니자키 가족의 일상이 담긴 식탁과 서재를 떠올리니 자매들의 웃음소리가 귓가에 들리는 듯했다. 소설보다는 아담한 단독 주택이지만 이곳에서의 시간이 『세설』이라는 걸작을 탄생시켰다는 사실이 이 공간을 더욱 특별하게 만들었다. 이쇼

안을 떠나며 작가의 소소한 일상이 깃든 이 집이 지닌 진정한 의미를 다시금 되새겼다.

숯불구이 타지마야炭火焼肉たじま屋에서 소고기 파티

오늘은 가족 모두 소고기를 먹으러 외식하는 날이다. 나는 몸이 걱정되어 간단하게 챙겨 먹고 집에서 쉬려다 가까운 거리라고 해서 조금만 먹고 오기로 하고 함께 집을 나섰다. 가성비 좋은 소고기 가게라고 들었는데 숯불 연기로 가득한 실내는 손님들로 북적였다. 우리는 예약해 둔 덕분에 기다리지 않고 바로 자리에 앉을 수 있었다.

일본의 고깃집에서도 한국처럼 고기뿐 아니라 식사 등 다양한 메뉴를 판매한다. 숯이 준비되는 동안 사키 언니는 능숙하게 여러 부위의 고기를 주문하며 냉면과 나물, 각종 김치도 함께 주문했다. 고기는 2인분씩 주문해서 작은 접시에 부위당 8점이 나왔다. 엄마와 타카 형부는 각각 신이치와 세이지를 담당하고 사키 언니와 나는 굽기를 맡아서 고기를 구웠다. 사실 한국에서도 고깃집에 가면 굽기를 담당해서 자신이 있었다. 가족들은 내가 아픈데 고기를 굽게 해서 미안해했지만 능숙하게 고기를 굽는 모습을 보고 이내 놀라는 듯했다.

맛있게 고기를 구워 나눠 주니 아이들이 고맙다고 인사하며 먹는 모습에 힘이 나서 더 열심히 구웠다. 고기 종류도 다양해서 목살, 안창살, 부채살, 갈비, 안심뿐 아니라 혀와 막창까지 다양한 부위를 즐길 수 있었다. 나도 구우며 열심히 먹으니 없던 입맛이 살아나 끝까지 함께 고기를 먹었고 걱정하던 가족들도 안심하는 듯했다.

나물은 고사리, 시금치, 무, 콩나물이 제공되었는데 한국과 비슷한 맛이었다. 파김치는 쪽파에 간장과 고운 고춧가루가 뿌려져 있어서 김치보다는 겉절이 느낌이었다. 냉면은 굵직한 면 위에 삶은 달걀 반쪽과 김치, 나물이 올려져 있었다. 낯선 생김새만큼 국물 맛부터 달라서 다른 음식처럼 느껴졌지만 먹을수록 매력적이었다. 메뉴명만 바꾸면 한국인들도 실망하지 않고 먹을 수 있을 것 같았다.

실컷 먹고 나니 아이들도 기분이 좋은지 집에 가는 길에 노래를 불렀다. 나도 소고기를 듬뿍 먹으니 얼른 몸살을 털어낼 수 있을 것 같았다.

일본에서 몸이 아플 때

한국에서 챙겨온 비상약이 다 떨어지고 증상도 바뀌어서 새로 약을 구매할지 병원에 갈지 결정해야 했다. 여행자 보험은 가입하고 왔지만 주말인 데다 다음날도 공휴일이라 병원 방문 대신 새로운 약을 사기로 했다. 보통 약사가 상주하는 시간이 정해져 있어서 전화로 확인한 후 처방전 없이 구매할 수 있는 약을 찾아 드러그스토어로 향했다.

약사에게 기존에 먹었던 약을 보여주며 성분을 전달한 후 현재 증상을 설명했다. 가벼운 기침과 약간의 콧물에 더해 인후통이 심했는데 종합 감기약인 파브론S골드Wパブロンsゴールドw와 한방 감기약인 은교산銀翹散을 추천했다. 복용 방법과 복용 기간까지 꼼꼼하게 상담하고 구매를 마쳤다.

나는 약을 먹으면서도 일주일 정도 인후통과 잔기침으로 고생하다가 겨우 나았고 총 열흘이나 아팠다. 나중에 생각해 보니 병원에 가면 정확한 진찰도 받고 항생제도 처방받아 조금 더 빨리 나았을 것이고 진료비도 보험으로 청구받아서 비용도 덜 들었을 것 같다는 생각이 들었다. 약값은 30정이 든 파브론 1,518엔, 9포가 든 은교산 1,268엔 두 상자 사서 총 4,054엔이나 들었다.

드러그스토어에서 구매할 수 있는 또 다른 약으로 국민 치질약으로 불리는 보라기놀Aボラギノールa를 소개하고 싶다. 10개가 든 주입형 연고와 20g의 연고는 각각 약 2,000엔 정도의 금액으로 구매할 수 있고 통증과 가려움증을 완화하고 출혈을 억제하는 효능이 있다. 일

주일 이상 여행하다 보면 음식이나 생활 습관 등의 변화로 소중한 엉덩이에 불편한 증상이 생길 수 있다는 점을 이번에 새롭게 알게 되었다. 누구라도 치질에 걸리면 부끄러움보다 통증에 신경 쓸 것이다. 그리고 치질 관련 질병은 결코 부끄러운 병이 아니라는 말을 꼭 덧붙이고 싶다.

모든 약은 구매 전 반드시 약사와 증상에 대해 상담하고 복용법 및 사용법에 유의해야 한다. 또한 일본에서 구매한 약을 한국에 가져올 때는 규정을 꼼꼼하게 확인해서 불이익이 없도록 하자.

17일 차 9월 16일 (월요일)

범고래가 만들어 준 물보라 추억

스마 시 월드
스마 리큐 공원

일본에서의 두 번째 마감

오늘은 일본에서의 두 번째 마감일이다. 지난주에는 패스권으로 여행하느라 바쁘고 몸도 아픈 등 우여곡절이 많았지만 지난 마감 직후 바로 작업을 시작한 덕분에 이번에도 무사히 마감일을 지킬 수 있었다. 나는 평소 카페나 도서관보다는 집에서 오랜 시간 작업하는 스타일이다. 특히 작업물 보안 문제로 외부 작업은 되도록 피한다. 그래서 일본에 오기 전 큰 걱정 중 하나가 작업 환경이었다. 입국 전 엄마께 매일 일해야 한다고 미리 말씀드렸지만 책상이나 인터넷 환경이 걱정되어 혹시 모를 상황에 대비해 노트북 사용이 가능한 근처 카페도 몇 군데 알아뒀다.

하지만 그런 걱정이 무색하게도 엄마는 나를 위해 안락한 방에 책상과 편한 의자를 미리 준비해 주셨다. 게다가 사키 언니는 내가 작업하는 모습을 보더니 안 쓰던 모니터를 가져다주어 듀얼 모니터로 편하게 작업할 수 있게 배려해 주었다. 인터넷도 방문을 닫고 작업해도 끊기지 않고 한국과 비슷한 속도로 사용할 수 있었다. 덕분에 여행으로 바쁜 날에도 이른 아침이나 늦은 밤에 장소 걱정 없이 작업할 수 있었다.

경로의 날

9월에는 두 번의 공휴일이 있는데 그중 하나는 오늘, 경로의 날이다. 일본은 주말과 연계한 연휴를 늘리기 위한 해피 먼데이 제도에 따라 일부 공휴일이 월요일로 고정되어 있다. 경로의 날도 이 제도의 적용을 받아 9월 셋째 주 월요일로 지정되어 있다.

경로의 날은 어르신을 공경하고 장수를 축하하는 의미를 담고 있어 각 지역에서 다양한 혜택을 제공한다. 스마 시 월드에서는 고베시에 거주하는 65세 이상 어르신을 대상으로 특별 할인 혜택을 제공하여 기존 3,100엔의 입장권을 선착순 5,000명에게 1,000엔에 판매했는데 다행히 엄마가 지인을 통해 소식을 듣고 미리 구매해 두었다. 덕분에 엄마는 저렴한 가격에 입장권을 구할 수 있었고 오늘은 함께 스마 지역을 관광하기로 했다.

스마 시 월드

스마 시 월드는 기존의 수족관이 영업을 종료하고 2024년에 종합 해양 리조트형 수족관으로 새롭게 개관했다. 노인의 날 입장권 할인 판매로 인해 붐빌 것 같아 개장 시간에 맞춰 도착했다. 기차 안에서부터 인파가 심상치 않더니 아쿠아리움으로 가기 위해 역에서부터 줄을 서서 가야 할 정도였다 엄마도 나노 입장권을 미리 예매해 두어서 입구에서 예매 정보를 확인한 후 곧장 범고래 스타디움으로 가서 자리 잡았다. 자리에 앉자 어마어마한 규모의 시 월드와 그 너머로 펼쳐진 스마해수욕장이 눈에 들어왔다. 스마 시 월드는 바다를 바라보며 가운데 광장을 중심으로 한쪽은 범고래 스타디움과 시 월드 호텔로 또 다른 쪽에는 돌고래 스타디움과 다양한 해양 생물을 볼 수 있는 아쿠아 라이브로 구성되어 있다. 스마해수욕장과의 접근성을 활용해서 건축한 것 같았다.

한국에서는 범고래를 볼 수 없어서 기대하며 주변을 둘러보고 있는데 범고래 두 마리가 수조에 나와서 헤엄치고 있었다. 바다의 최상위 포식자인 범고래의 몸길이는 보통 7~9m라고 한다. 이곳의 범고래는 그보다 조금 작은 것 같았고 눈 주변의 흰 반점과 높게 솟은 등지느러미가 매력적인 귀여운 느낌이었다. 공연이 시작되자 범고래는 크게 수조를 돌며 관람객에게 인사했다. 사육사의 신호에 따라 높이 뛰어오르거나 제자리에서 꼬리만 내놓고 돌거나 직접 사육사를 태우기도 했다. 범고래의 등 위에 올라가 중심을 잡은 사육사는 범고래의 엄청난 속도에도 떨어지지 않고 수족관을 한 바퀴 돌았다. 아무리 물속이라도 사람 무게를 지탱해도 괜찮을까 걱정했지만 속도가 떨어지지 않는 모습을 보니 과연 최상위 포식자답다는 생각이 들며 안심됐다. 이어서 높은 곳에 있는 공을 날렵하게 점프해서 꼬리로 터치하니

함성이 터져 나왔다. 이 공연의 하이라이트는 사육사의 신호에 맞춰 꼬리로 물보라를 만들어 관객에게 재미와 시원함을 주는 퍼포먼스였다. 물을 맞고 싶은 아이들이 수조 앞에 옹기종기 모여 앉자 범고래는 사육사의 신호에 맞춰 꼬리로 강하게 수면을 내리쳐 물보라를 만들었다. 마지막에는 물이 찰랑이는 사육사 단상에 누워 초승달처럼 몸을 구부려 사육사와 함께 인사를 했다. 범고래는 지능이 꽤 높다고 들었는데 사람과도 교감이 잘 되는지 다양한 퍼포먼스를 뽐냈다.

이어서 다시 중앙 광장을 지나 돌고래 스타디움으로 이동했다. 돌고래 스타디움도 범고래 스타디움처럼 탁 트인 바다의 전경을 감상할 수 있었다. 공연 시작까지 시간이 꽤 남았음에도 자리가 없어서 엄마와 떨어져 앉아야 했지만 평화로운 바다를 바라보다 보니 금세 공연 시간이 되었다. 총 네 마리의 돌고래가 사육사의 신호에 따라 민첩하게 움직였다. 기대하던 범고래 공연을 본 직후라 실망할 수도 있겠다고 생각했지만 네 마리가 함께 또는 각각 움직이는 모습이 범고래와는 다른 다이내믹한 즐거움을 주었다.

돌고래 공연이 끝나고 곧장 아쿠아 라이브로 발걸음을 옮겼다. 엄마와 나는 4층부터 내려오며 다양한 해양 동물을 관람했다. 옥상 느낌의 4층에는 거북이, 바다표범, 바다사자, 펭귄 등이 물과 육지를 오가

며 관람객의 시선을 끌고 있었고 3층 외부에는 크기가 작은 가오리와 상어 등을 만질 수 있는 수조가 있었다. 범고래와 돌고래를 볼 때는 전반적으로 관람객의 연령대가 높다고 느꼈는데 이곳에는 아이들이 많이 모여 있었다. 우리도 검은색 가오리를 쓰다듬으며 미끄러운 촉감에 웃음을 터트렸다. 상어는 움직임이 날렵하고 수조 가운데 모여있어서 만지기 쉽지 않았는데 운 좋게 손끝을 살짝 스칠 수 있었다. 보기에는 매끈해 보였는데 의외로 오돌토돌해서 작은 탄성이 나왔다. 3층부터는 실내로 이어졌는데 사람이 정말 많아서 멈추지 않고 쭉 걸어가며 감상했다. 우연히 투구게가 가까이 와서 눈앞에서 볼 수 있었고 새끼손가락보다도 작은 말뚝망둥이가 갯벌을 뛰거나 기어다니는 모습이 재미있었다. 1층 대형 수조에서는 상어와 대형 가오리, 물고기 떼 등을 구경하다가 밖으로 나왔다.

스마 시 월드에서 외부로 나오면 바로 스마해수욕장과 연결되어 바다를 보며 잠시 산책했다. 해변에 알록달록한 조형물이 보여 다가가 보니 BE KOBE 모뉴먼트였다. 이곳의 모뉴먼트는 해변과 바다, 하늘이 함께 어우러지면서도 알록달록한 색채감과 입체감이 돋보였다.

오키나와 음식 즐기기

사람이 북적이는 해변에서 벗어나 역 방면으로 향했다. 보이는 식당마다 만석이기에 식사는 포기하고 카페라도 들어가려다 우연히 오키나와 음식점을 발견했다. 처음에는 세븐 컬러스Seven Colors라는 매장명만 보고 카페인 줄 알았는데 입간판의 메뉴를 보니 오키나와식

주먹밥인 포크 타마고ポーク たまご와 소바를 판매하고 있어서 기쁘게 입장했다. 매장에 들어서자 친절한 중년의 사장님이 자리를 안내해 주셨다. 한신 타이거스의 100주년 기념 포스터가 곳곳에 장식된 밝은 분위기의 매장이었다. 소키소바와 플레인 주먹밥으로 구성된 런치 세트를 주문하니 사장님이 경로의 날 이벤트로 65세 이상 고객님께 음료를 무료로 제공한다고 하셨다. 그 말에 엄마가 신분증을 꺼내려 하자 사장님은 "숙녀의 나이를 묻는 건 실례입니다"라는 센스 있는 말씀으로 분위기를 부드럽게 만드셨다.

  소키소바는 쫄깃한 밀가루 면에 부드럽게 삶은 돼지갈비인 소키를 얹은 요리다. 고기는 물론이고 연골까지 말랑말랑해서 씹어 먹을 수 있다. 포크 타마고는 김과 밥 사이에 스팸과 두툼한 달걀부침을 넣어 네모 모양으로 만든 주먹밥으로 오키나와 지역에서 소울푸드로 여겨진다. 돼지 뼈와 가다랑어포로 우려낸 소키소바의 국물은 담백하면서도 깊은 맛이 느껴졌고 오키나와의 수호신 시사 모양의 카마보코가 가운데 자리 잡고 있어 보는 재미까지 더했다. 스팸과 달걀이 조화롭게 어우러진 포크 타마고의 달콤 짭짤한 맛과도 잘 어울렸다.

계산할 때도 사장님은 "숙녀의 나이를 묻는 사람은 상대하지 마세요"라고 유쾌한 말씀을 건넸다. 사장님의 센스와 친절함이 오래 기억에 남는 기분 좋은 가게다.

스마 리큐 공원 須磨離宮公園

거리는 멀지 않지만 뜨거운 태양과 가파른 언덕길 때문에 버스를 타고 스마 리큐 공원으로 향했다. 과거 황실의 별장이었던 이곳은 현재 아름다운 도시공원으로 탈바꿈해 개방하고 있다. 여름이라 공원의 명물인 장미는 볼 수 없지만 이날은 특별히 다도를 체험할 수 있어 방문해 보았다.

내일이 음력 추석이라 저녁에 있는 달구경 행사 준비를 앞두고 붐빌 것이라 예상했는데 한낮의 더위 탓인지 공원은 한산했다. 정문으

로 들어서자 잠시 울창한 숲의 시원함이 느껴졌지만 곧이어 피할 곳 없는 강렬한 햇살이 우리를 맞이했다. 햇빛 속에서도 유럽풍의 대칭적 구조와 계단식 정원으로 이루어진 분수 광장은 이국적인 우아함을 뽐냈고 주변의 일본식 정원과 멋스러운 조화를 이루고 있었다.

식물원으로 향하는 길에는 다시 나무가 많아 걸을 만했다. 그늘진 놀이터에서 아이들의 웃음소리가 들렸다. 볼 수 있는 꽃은 적었지만 울창한 나무에서 생명력이 느껴졌다. 그늘을 따라 걷다가 중앙의 아담한 건물을 발견해서 다가가 보니 다도 체험이 이루어지는 곳이라고 해서 바로 입장했다.

다도는 단순히 차를 마시는 행위를 넘어 정신적 수양과 미학을 강조하는 일본 전통문화의 정수이다. 예술적이고 철학적이기까지 한 다도 자체에도 세세한 예법이 있지만 테이슈亭主와는 물론이고 함께 차를 즐기는 사람들과의 예의도 상당히 중요하다. 다도 예절을 자세히 모르더라도 인사에 유의하면 반은 성공한다. 응접실에서 잠깐 대기하다가 앞선 체험이 끝난 후 10명 조금 넘는 인원이 넓은 다다미방에 함께 안내받았다. 차를 대접하는 테이슈가 차를 준비하는 동안 테이슈를 보조하고 손님에게 차를 가져다주는 역할을 하는 보조자가 손님에게 화과자를 제공했다. 다과는 먼저 입장한 순서에 따라 제공하고 보조자에게 인사 후 다과를 기다리는 옆 사람에게 먼저 먹겠다고 인사해야 한다. 다과는 달구경을 맞아 동그란 형태였다. 화과자는 반으로 가른 후 또 절반을 반으로 갈라 4분의 1조각씩 천천히 단맛을 음미하며 먹는다. 화과자를 먼저 먹는 이유는 위의 자극을 줄이고 차의 맛을 돋보이게 하기 위해서이다. 과자를 먹고 나면 차를 대접받는데 이때 테이슈의 섬세한 테마에点前를 감상할 수 있다. 테마에란 차를 준비하고 대접하는 절차와 동작으로, 정해진 순서와 예법에 따른 세심한 동작이 엿보인다. 차도 입장 순서대로 받게 되는데 마찬가지로 보조자와 차를 기다리는 옆 사람에게도 먼저 먹겠다고 인사를 해야 한다.

사람이 많다 보니 처음 두 번만 테이슈가 직접 차를 타는 모습을 보여주셨고 나머지는 다른 방에서 미리 타 둔 차를 한 번에 내어 주셨다. 차를 마시기 전에 다완을 감상하는 것도 예법 중의 하나인데 내가 받은 다완에는 『겐지 이야기』에 등장하는 와카무라사키가 그려져

있어서 반가웠다. 다완을 감상한 후에는 다완의 정면을 바라보고 시계 방향으로 두 번 돌린 후 세 번에 나누어 마시면 된다. 이때 마지막 세 번째는 '스읍'하고 빨아들이는 소리를 내어 차를 완전히 비웠다는 신호를 준다. 그리고 입을 댄 부분을 엄지와 검지로 살짝 닦아낸 후 다완을 다시 시계 반대 방향으로 돌려 원래 위치로 돌린다. 마지막으로 다완의 내부와 굽 부분까지 살펴, 찻물이 흐른 자국 등으로 다완의 기능성과 미적 요소를 감상한다. 짧은 시간이었지만 쌉쌀한 말차를 마시고 더위에 지친 몸과 마음을 차분하게 가다듬으며 여러 사람과 교류하니 다시 에너지가 차오르는 느낌이었다.

  다도 체험을 마치고 나온 후 마주한 다실의 정원에서는 평화로움이 느껴졌다. 붉은 평상과 파라솔이 일본 정원과 절묘하게 조화를 이루었다. 정원에서 작은 온실로 이어져 들어가 보니 아직 익지 않은 망고 열매가 나무에 열려 있었다. 일본에서 망고나무를 보니 굉장히 신기했다. 유럽풍과 일본풍이 어우러진 이 공원은 화려하면서도 차분한 매력을 조용히 발산했다.

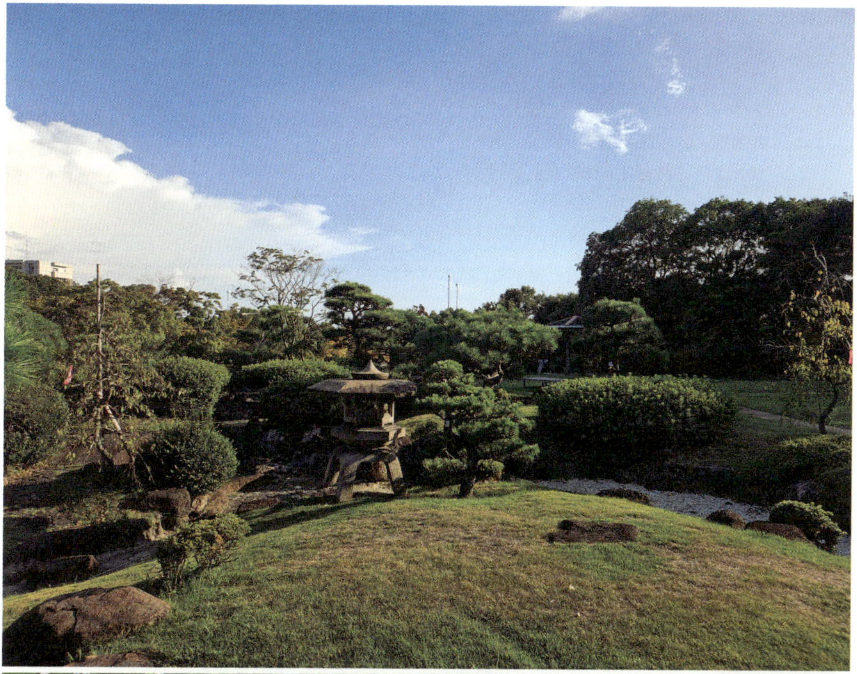

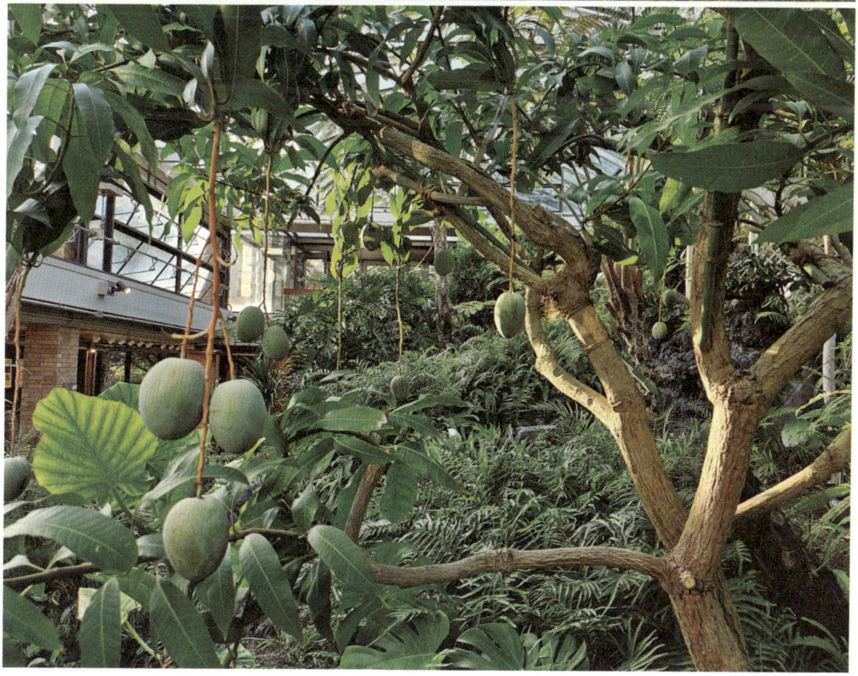

18일 차 9월 17일 (화요일)

달빛 스며드는 이국의 밤

난킨마치
고베시청 전망대

한국은 오늘이 추석이지만 일본은 평일이라 여느 때와 다름없는 일상이 시작되었다. 깜빡하는 성격 때문에 철저한 계획형 인간이 된 나는 고베 한 달 살기 일정도 빈틈없이 준비해서 입국했고 오늘은 만일의 상황을 대비해 비워둔 날이다. 빈 일정표를 보니 어딘가 가고 싶다는 생각보다 일하고 싶다는 생각이 들었다. 어제 막 작업 하나를 마무리했지만 마감은 늘 소리 없이 코앞에 다가오기에 미리 해놔서 나쁠 건 없다는 생각에 오랜만에 작업에 열중했다.

난킨마치南京町 탐방

오전부터 일하다 보니 벌써 4시가 넘어가고 있었다. 한국에서도 3시쯤 되면 집중력이 떨어져서 휴식을 취하는 시간이다. 역시 짧게라도 외출해야겠다 싶어서 한국처럼 음력 추석을 보내는 중국의 중추절 분위기를 느끼러 향했다.

난킨마치로 가니 광장 중심에 있는 정자 앞에는 축제 음식과 행사 접수 천막이 설치되어 있었고 막 해가 지기 시작해서 화려한 노란 등불이 켜지기 시작했다. 일본에서는 평일이라 그런지 사자춤 등의 행사는 주말에 예정되어 있어 볼 수 없었다.

대신 보름달을 상징하는 월병을 사고 싶었는데 품절이라고 해서 발걸음을 돌리다가 문득 로쇼키老祥記가 떠올랐다. 돼지고기 만두로 유명한 가게라 항상 줄이 길어서 맛볼 수 없었는데 혹시나 싶어 매장에 가 보니 평소와 다르게 줄이 짧아 금방 구매할 수 있었다. 가족과 나눠 먹으려 6개짜리 한 팩을 샀고 바로 맛보고 싶어서 포장을 열어 하나를 집어 들었다. 육즙 가득한 만두 한입에 행복이 퍼졌다. 다시 포장하다가 실수로 하나를 떨어뜨리는 바람에 한 팩 더 구매하고 싶었지만 어느새 늘어난 줄을 보고 포기할 수밖에 없었다.

고베시청 전망대

난킨마치를 구경하다 보니 어느새 해가 저물어 달구경을 위해 산노미야역 인근의 고베시청 무료 전망대를 찾았다. 고베시청 1호관에서 전용 엘리베이터를 타고 24층으로 올라가면 약 100m 높이에서 고베의 전경을 한눈에 담을 수 있다.

남쪽 전망대에 들어서자 왼쪽 하늘에 떠 있는 환한 보름달이 먼저 눈에 들어왔다. 대보름인 데다 높은 곳에서 바라봐서 그런지 평소보다도 가깝게 느껴졌다. 달을 보며 고베에서 보내는 남은 시간 동안 건강하고 행복하기를 소망했다. 오른쪽으로 시선을 돌리자 알록달록한 항만 지역이 눈에 들어왔다. 붉은 고베포트타워와 화려한 네온사인을 뿜내는 메리켄 파크의 대관람차가 특히 아름다웠다. 이번에는 북쪽으로 가 키타노이진칸과 롯코산을 바라보았다. 복잡하게 얽힌 도시의 불빛 너머로 시선을 따라가니 롯코산 정상부에 설치된 닻과 고베 마크가 어둠 속에서 빛나는 모습이 보였다. 배 모양의 장식도 있지만 이날은 건물에 가려졌는지 혹은 불을 켜지 않았는지 보이지 않았다. 칠흑 같은 어둠에 산의 윤곽이 사라져 마치 하늘에 떠 있는 듯한 고베의 상징물들이 보름달에 지지 않고 조명을 자랑하고 있었다.

일본에서 먹는 추석 음식

전망대에서 야경을 보고 조금 늦게 들어간다고 말해뒀더니 사키 언니가 내 몫의 저녁을 따로 챙겨두겠다고 했다. 집에 도착하니 저녁을 다 먹고 발코니에 모여 달을 관찰하고 있었다. 아이들 취침 시간이 다가와 난킨마치에서 사 온 돼지고기 만두를 맛보라고 권한 뒤 곧장 저녁을 먹기 시작했다.

만두 얘기에 아이들이 별을 보다가 뛰어 들어왔고 뒤따라온 엄마가 로쇼키 포장지를 보더니 놀란 눈으로 어떻게 구했냐고 물었다. 사키 언니와 타카 형부도 덩달아 놀란 표정이었다. 가까이 살아도 역시 그 긴 줄을 기다려서 구매하기 쉽지 않은 모양이다. 줄이 짧아진 틈을 타서 운 좋게 살 수 있었다고 말하며 먼저 먹다가 실수로 하나를 떨어뜨려 수가 모자라 미안하다는 말을 전했다.

저녁 메뉴는 사키 언니가 정성스럽게 준비한 알록달록한 고명이 가득한 국수였다. 디저트로는 밤과 떡, 토란이 준비되어 있었다. 일본은 추석에 장수를 기원하는 소면과 보름달을 닮은 둥근 음식을 먹는 풍습이 있어 나도 일본에서 추석 음식을 챙겨 먹은 셈이다.

국수를 맛있게 다 먹고 디저트를 먹으려다가 접시 귀퉁이에 뭔가 묻어 있는 걸 발견했다. 알고 보니 내 떡은 흰색인데 노란 떡을 먹은 신이치가 맛보라고 나눠준 조각이었다. 사키 언니는 지저분하니 먹지 않아도 된다고 했지만 내가 없는 동안에도 내 몫을 나눠준 마음에 감동해서 고마운 마음으로 먹었다. 어린 나이에 나눔을 실천한 신이치가 기특해서 내 디저트 중 하나를 골라 먹으라고 했더니 남의 음식에 손대면 안 된다는 교육을 받은 신이치는 사키 언니의 눈치를 보았다. 사키 언니가 "작은 걸 양보하면 이렇게 크게 돌아올 수 있다는 걸 꼭 기억하렴"이라고 말하자, 신이치는 내게 "고마워!"라고 말하며 토란을 하나 집어 입에 쏙 넣었다. 추석 음식을 즐기고 달구경도 하며 새로운 추억이 풍성하게 쌓여간다.

타카 형부와 '도' 가족이 되다

지난번 방문했을 때는 엄마와 사키 언니만 있어서 크게 불편하지 않았지만 이번에는 타카 형부와 아이들이 있어 서로 조금 더 배려하며 지내고 있었다. 오늘은 모두가 외출한 후 청소기를 돌리고 있는데 아이들을 등원시킨 타카 형부가 재택근무 하는 날이라며 집에 돌아왔다. 형부에게 방해될까 싶어 청소를 미루고 방에 들어가 작업에 몰두했다.

이후 난킨마치에 갔다가 저녁에 돌아오니 책상 위에 깔끔하게 개어둔 내 옷과 속옷이 놓여 있었다. 평소엔 사키 언니가 매일 아침 세탁기를 돌리고 빨래를 널고 걷는 일을 도맡아 했는데 이날은 재택근무로 출퇴근 시간을 아낀 형부가 집안일을 하며 내 세탁물을 정리하다 속옷까지 개어 둔 것이었다.

  '이건 사건이다!'라는 생각이 들 정도로 처음엔 당황스럽고 부끄러웠다. 하지만 이내 '누나와 여동생과 함께 자란 데다, 장모님과 아내 세탁물을 정리하는 김에 내 세탁물도 함께 챙겼나 보다'라고 생각이 바뀌었다. 그리고 시간이 지날수록 별일 아니라는 생각이 들었다. 오히려 타카 형부가 낯선 옷과 속옷을 보고 난감했을지도 모른다. 내 것만 남겨두면 그것도 이상했을 테니까.

  나 역시 머무는 동안 가족들을 위해 자주 빨래를 개고 널었다. 그 모습을 지켜본 타카 형부가 고마운 마음을 표현하고 싶었을지도 모른다. 늘어난 빨랫감을 정리하며 타카 형부도 나와 가족이 되었다는 생각이 들었을지도 모르겠다.

19일 차 9월 18일 (수요일)

자연과 건축의 조화

요도코명비관

세이지가 성장했어요

신이치는 제법 의젓하기도 하고 며칠마다 키도 쑥쑥 자라서 사키 언니에게 신기하다고 이야기하곤 했다. 반면 세이지는 막내라 그런지 마냥 귀여울 것 같았다.

신이치에 비해 몸집이 작은 세이지는 식탁과 의자가 붙어 있는 유아용 의자에서 식사해서 매번 앉히고 내려줘야 했다. 그때마다 테이블의 고정 장치를 잠갔다가 풀어야 하는데 나는 직접 해 본 적이 없었다. 오늘도 각자 외출 준비로 바쁜 아침에 늦게 식사를 마친 세이지가 의자에서 내려달라고 말했다. 손이 비는 내가 내려주러 갔지만 요령이 없어서인지 고정 장치가 풀어지지 않았다. 기다림에 지친 세이지는 칭얼대다가 결국 나를 때렸고 이를 본 사키 언니가 세이지를 내려주며 나에게 사과하도록 했다. 하지만 화가 풀리지 않은 세이지는 계속 나와 의자를 향해 투덜거렸고 사키 언니는 결국 의자를 버리겠다며 현관 밖에 가져다 뒀다.

나는 마음속으로 내 무능함을 자책하며 모두 외출하고 나면 슬쩍 의자를 가져와야겠다고 생각했다. 하지만 뜻밖에도 세이지는 다른 방에서 여분의 의자를 끌고 와서는 혼자서 올라앉았다. 세이지의 소란에 출근 준비를 멈추고 모인 가족들은 세이지의 행동을 지켜보며 한번 놀라고 의자가 몸에 얼추 맞는다는 사실에 연이어 놀랐다. 성인용 의자보다 조금 작은 크기의 의자에 앉을 수 있을 정도로 몸집이 커진 것이다. 만족스러운 미소를 짓는 세이지를 보며 가족들은 모두 박수로 축하해주었고 세이지의 기분도 풀어졌다.

이후로도 세이지는 식사 후 혼자 손을 닦거나 본인이 먹은 식기를 치울 수 있게 되었다. 아이들이 하나둘 새로운 것을 배우고 성장하는 모습을 지켜보니 어른들에게도 저절로 긍정적인 영향이 미치는 것 같았다.

요도코영빈관 ヨドコウ迎賓館

요도코영빈관은 미국 근대 건축의 거장 프랭크 로이드 라이트Frank Lloyd Wright가 설계했는데 고베의 일본주 양조업체 사쿠라마사무네桜正宗를 설립한 야마무라 가문이 별장으로 쓰기 위해 지은 저택이다. 이곳은 주말과 공휴일, 그리고 수요일에만 개관하기에 오늘 수요일에 방문하기로 했다.

요도코영빈관은 집에서 걸어서 30분 정도 걸리고 경사를 올라야 해서 양산과 모자, 물을 챙겨 씩씩하게 집을 나섰다. 아시야강을 따라 동네를 산책하며 천천히 걷다 보니 생각보다 힘들지 않게 근처에 도착했지만 마지막 급경사 구간은 꽤 각오가 필요했다. 일본에시는 시역에 따라 도시나 산지의 선호도가 다른데 고베시와 아시야시는 북쪽으로는 롯코산, 남쪽으로는 바다가 있어 아름다운 자연경관 덕분에 산지에 고급 주택지가 형성되어 있다. 특히 아시야시의 로쿠로쿠소초六麓荘町는 일본에서도 손꼽히는 부촌이라 대저택이 밀집해 있는데 요도코영빈관도 그곳과 멀지 않은 산지에 위치한다.

가파른 언덕을 계속 올라 입구로 들어가니 가로로 긴 구조의 4층 건축물이 눈앞에 들어왔다. 요도코영빈관은 자연과의 조화를 고려하는 라이트의 건축 철학에 따라 경사면에 계단식으로 건축했다. 외관도 굉장히 독특해서 무엇으로 어떻게 지었는지 감을 잡기 힘들었고 수많은 들쑥날쑥한 창문이 독특하게 느껴졌다.

으리으리한 집에 비해 한 명이 겨우 통과할 정도로 좁은 현관문으로 들어가 입장료를 내고 2층으로 올라가 본격적으로 내부를 둘러보기 시작했다. 2층은 1층과 달리 상당히 넓은 응접실이 서양식으로 꾸며져 있었다. 밖에서 보이던 수많은 창문에서 쏟아지는 햇살에 시선을 빼앗겨 벽난로는 나중에야 눈에 들어왔다. 산지에 위치해서인지 발코니와 창을 통해 바다를 한눈에 조망할 수 있었는데 비현실적인 풍경 덕분에 액자의 그림처럼 느껴졌다.

3층으로 향하는 계단에서는 또 다른 창문에 시선을 빼앗겼다. 천장에서 바닥까지 닿는 긴 창의 사각 장식도 멋진데 이 장식이 만들어낸 그림자까지 아름다웠다. 여러 창문의 장식은 식물의 잎을 닮았고 창문의 색상을 녹색에 가깝게 만들려고 녹청(綠靑)이라 불리는 녹까지 만들었다고 한다. 3층에는 다다미방이 있었는데 이는 설계 시에는 없었지만 나중에 강력한 요청으로 추가된 공간으로 일본인의 다다미 사랑을 엿볼 수 있었다. 3층에 올라올 때까지만 해도 서양식 디자인에 연신 감탄했는데 창밖으로 보이는 푸른 산과 어우러져서인지 일본의 다다미와도 조화롭게 느껴졌다.

3층에는 다다미방 외에도 두 개의 서양식 방이 있고 한 곳은 영상실로 사용되고 있었다. 요도코영빈관에 관한 내용이 담긴 영상을 보고 이 건물이 오야석大谷石으로 지어졌고 내부는 마호가니를 사용했다는 정보를 알게 되었다. 120개의 작은 창문이 있어 자연광을 최대한 활용한다고 했는데 그 창에 문양을 넣어 햇살이 더욱 감각적으로 느껴졌다. 4층 옥상에서 조망한 경치는 2층의 창을 통해 볼 때와는 다른 시원한 정경이다. 아래로는 아시야 시내와 바다가 펼쳐져 밤에는 황홀한 야경을 즐길 수 있고 좌우로 보이는 롯코산의 산줄기를 통해 사계절을 그대로 느낄 수 있을 것 같았다. 다시 내부로 들어가려 돌아서자 우뚝 솟은 굴뚝이 눈에 들어왔다. 사다리꼴 지붕 위의 평범한 굴뚝도 내부를 둘러보고 나니 특별하게 느껴졌다.

요도코영빈관은 박물관이나 미술관 등과는 관람 성격이 다르고 별장이지만 생활공간이라 곳곳에서 편안함과 친근함이 느껴졌다. 이곳은 건축에 대한 신선한 영감을 주었고 주거 건축의 진정한 의미를 되새기는 특별한 경험으로 기억에 남았다.

일본의 육아와 사교육 엿보기

요도코영빈관 폐관 시간인 4시에 맞춰 나와 집으로 돌아갔다. 거실에서 더위를 식히고 있으니 사키 언니가 퇴근했다. 사키 언니는 저녁식사를 준비한 뒤 6시에 맞춰 보육원에 아이들을 데리러 가는데 오늘은 사키 언니에게 부탁해서 나도 함께 가기로 했다. 보육원은 위생과 안전상 외부인 출입이 제한되어 있어 나는 문 앞에서 기다렸다. 그동안 여러 부모님이 아이들을 데리고 나갔다. 잠시 후 사키 언니도 나왔고 아이들은 나를 보고 어리둥절하면서도 반가워했다.

수요일은 신이치의 영어 학원 수업이 있는 날이라 자전거에 아이들의 가방을 신고 곧장 학원으로 향했다. 가까운 거리에 있는 영어 학원에 도착해서 선생님의 허락을 받고 함께 들어갔다. 미국인 선생님은 다양한 활동으로 아이들에게 친밀하게 다가가 영어를 가르쳤다. 수업을 기다리는 동안 사키 언니와 세이지는 익숙하게 그림책을 읽었고 나도 한 권을 읽어주며 시간을 보내다 보니 30분이 금방 지나갔다.

일본의 사교육 문화는 한국과 비슷하면서도 다르다. 초등학생들은 주로 영어, 피아노, 미술, 수영 등 취미 위주의 학원에 다니고 중고등학생들은 입시를 준비하는 전문 과목 학원에 다닌다. 하지만 한국과 달리 과도한 사교육은 드물어 전반적으로 입시 과열 현상은 적은 편이다. 아직 어린 신이치와 세이지는 다양한 경험을 통해 흥미와 적성을 파악하는 데 중점을 두고 있다고 했다. 아이들의 장래를 위한 부모의 고민과 정성은 양국이 다르지 않았다.

20일 차 9월 19일 (목요일)

한국과 일본을 잇는 동해가 주는 설렘

겐부도
키노사키온천
히요리야마해안
신코로

효고현은 본섬의 양쪽 끝에 있는 현을 제외하고 유일하게 동해와 세토내해를 모두 접하고 있는 현이다. 오늘은 요가까지 주말로 미루고 키노사키온천을 중심으로 동해를 포함해 이곳저곳을 관광하기로 꼼꼼하게 계획을 세웠다. 이번에는 유리 씨도 함께하기로 해서 아침 일찍 만나 동해를 향해 출발했다.

겐부도 玄武洞

첫 목적지인 겐부도공원까지는 3시간 정도 걸렸다. 공원 입장권을 끊고 산으로 올라가니 엄마가 예약해 둔 가이드가 나와 있어서 바로 둘러볼 수 있었다. 이곳에는 약 160만 년 전 화산 활동으로 분출된 용암이 식으면서 수축해, 육각형이나 다각형의 기둥 모양으로 만들어진 독특한 주상절리 지형이 형성되어 있다. 겐부도의 '겐부'를 한자 그대로 읽으면 '현무'인데 현무암이라는 암석 이름이 이 겐부도에서 유래되었다고 한다.

산에 넓게 걸쳐 있는 겐부도공원에 있는 다섯 곳의 동굴 중 가장 크고 유명한 두 곳을 둘러보았다. 입구에서 얼마 지나지 않아 이 공원의 중심 동굴인 겐부도가 나왔다. 이곳은 과거 채석장으로 사용되어 인위적으로 만든 큰 구멍이 두 개 남아있었다. 규모가 어마어마해서 당장이라도 주상절리가 덮칠 것만 같은 기분이 들었다. 가이드의 설명을 듣다가 이곳에서 지자기 역전 현상을 세계 최초로 확인했다는 흥미로운 사실을 들었다. 지자기 역전 현상이란 지구 자기장의 방향이 반대로 뒤바뀌는 현상이다. 문과적 사고로는 이해하기 쉽지 않았

지만 지질학적으로 중요한 의미가 있는 곳이라는 점은 알 수 있었다.

겐부도에서 조금 더 들어가니 세이류도靑龍洞가 나왔다. 이곳은 겐부도와 규모는 비슷하지만, 수직 기둥이 돋보여 현무동과는 또 다른 웅장함을 자랑했다. 다각형 기둥을 하나하나 살펴보면 마치 사람이 깎아낸 듯 정교하지만 전체적인 규모는 분명 자연의 힘이었다. 예전에 제주도에서 본 주상절리는 바다에 면해 있지만 이곳은 산이라서 또 다른 느낌이었다. 이곳의 기둥은 풍화나 중력 같은 자연적인 요인으로 인해 부서지거나 분리되기도 하지만 산에 서식하는 야생 동물이 발을 헛디뎌 굴러떨어질 때 그 충격으로 깨지는 경우도 있다고 한다. 규모 때문에 펜스 설치 등은 어려워 보였다. 동물들이 눈을 크게 뜨고 다녀서 목숨도 지키고 세이류도의 기둥도 오래 보존되길 바란다.

투어를 마치고 가이드와 인사를 나누는데 멀리서 열차 소리가 들렸다. 겐부도공원 앞의 마루야마강을 바라보니 강 너머의 철길에 열차가 지나가고 있었다. 논과 강이 보이는 평화로운 풍경을 잠시 감상하고 겐부도공원을 빠져나왔다.

다음 목적지로 이동하기 전에 주차장에 위치한 레스토랑 & 카페 겐부도에서 점심을 먹었다. 마루야마강 바로 옆의 전망 좋은 자리에 앉아 미니 런치 플레이트에 커피를 주문했다. 미니 런치 플레이트에는 타지마 소고기로 만든 햄버그스테이크와 샐러드, 주먹밥, 계절 과일, 그리고 우동이 모두 작은 크기로 나왔다. 양이 적을 것 같았지만 다 먹고 나니 기분 좋게 배가 찼다.

키노사키온천 城崎温泉

키노사키온천은 겐부도에서 차로 약 10분 거리에 위치한 1300년의 역사를 자랑하는 온천 마을로 고즈넉한 마을의 정취 때문에 오래전부터 방문하고 싶었던 곳이었다. 키노사키온천역에 도착하니 온천 마을 특유의 안락함이 느껴져 설렘을 안고 상점가로 발걸음을 옮겼다. 일본 전통 건축물과 현대적인 간판이 조화롭게 어우러진 거리에는 기념품점과 카페, 음식점들이 옹기종기 모여 있어 여유와 활기가 공존했다. 상점가를 걷다 교토의 탄고저지목장丹後ジャージー牧場 우유로 만든 젤라토를 판매하는 가게에 들러 매장 안쪽에서 작은 정원을 바라보며 모나카 아이스크림을 맛보았다. 진한 우유 맛의 아이스크림이 더위를 식혀주었다.

상점가를 지나 작은 강변에 다다르니 버드나무가 늘어진 풍경이 보이고 료칸이 늘어서 있었다. 비교적 사람이 적은 여름이라 고요함 속에서 녹음을 느끼며 강변을 거닐다 보니 나막신 소리가 들려왔다. 소리를 향해 시선을 옮기니 료칸에서 제공하는 유카타를 입고 온천을 순례하는 사람들의 모습이 보였다. 고요한 온천 마을에서 유카타를 입고 느긋하게 산책과 온천을 즐기는 모습을 보니 꼭 과거에 있는 듯한 기분이 들었다.

　족욕탕에 잠깐 앉았다가 조금만 더 걸으니 온센지溫泉寺가 모습을 드러냈다. 717년 한 승려가 천 일 동안 기도를 올려 온천이 솟아나게 했다는 이야기가 전해지는 이곳은 키노사키온천의 역사적 기원이 되는 절이다. 바로 근처에서 로프웨이를 타고 산으로 올라 경치를 조망하기도 하지만 우리는 다음 일정을 위해 오르지 않았다.

돌아가는 길에는 올 때 눈여겨봐 둔 가게에서 게 초밥을 구매했다. 고즈넉한 분위기가 자꾸 눈에 밟혀 전병 위에 가지런히 놓인 게 초밥을 들고 여기저기서 사진을 찍었다. 해가 질 녘에는 또 다른 매력적인 풍경이 펼쳐질 것 같아 발걸음이 쉽사리 떨어지지 않았다. 다음에는 꼭 하룻밤 묵으며 이 아름다운 온천 마을을 더 깊이 만끽하고 싶다는 마음을 안고 발길을 돌렸다.

히요리야마해안 日和山海岸

동해를 볼 수 있는 히요리야마 해안까지는 차로 10분밖에 걸리지 않았다. 일본에서 동해를 보는 건 처음이라 바다와 가까워질수록 설렘도 커졌다. 섬이 많아 아기자기한 경관의 세토내해와 다르게 광활하고 푸른 동해를 보니 가슴이 탁 트였다. 리아스식 해안에서는 절벽과 기암괴석이 장관을 이루었고 '명승 히요리야마해안'이라고 적힌 표석과 소나무가 어우러져 절경을 뽐냈다. 내가 방문했을 때는 썰물이었는지 해안가 근처의 크고 작은 바위에서 낚시를 즐기는 이들의 모습도 볼 수 있었다. 맑은 날씨 덕분에 우측으로는 교토의 탄고반도까지 조망할 수 있었다.

해안을 따라 산책하는데 절을 닮은 형태의 여러 건물이 세워져 있는 작은 섬이 눈에 들어왔다. 표지판을 읽어보니 그곳은 용궁성이라

고도 불리는 노치가시마後ヶ島라고 한다. 엄마와 유리 씨께 여쭤보니 우라시마 타로 신화와 관련이 있는 곳이라고 하셨다. 우라시마 타로 이야기는 다음과 같은 줄거리의 오래된 용궁 신화이다. 주인공인 우라시마 타로는 아이들에게 괴롭힘당하는 어린 거북이를 구해준 후 용궁에서 잠시 지내다가 고향이 그리워져 금기의 상자를 가지고 육지로 돌아온다. 그러나 이미 300년이라는 세월이 흐른 뒤였고 이를 이상하게 여겨 상자를 열어 본 그는 순식간에 늙어 버린다. 이 이야기는 시간의 상대성과 약속의 중요성을 담고 있는데 이 노치가시마가 바로 우라시마 타로가 운명의 상자를 열었던 장소로 전해진다고 한다. 우라시마 타로 이야기를 떠올리며 해안을 따라 걷다 보니 아쿠아리움인 키노사키마린월드城崎マリンワールド가 있었다. 유리 씨는 몇 년 전에 이곳에 방문했지만 이렇게 가까운 곳에서 멋진 동해를 감상할

수 있는지 몰랐다며 깜짝 놀라셨다. 비록 20분 정도의 짧은 산책이었지만 동해의 기운을 충분히 느낄 수 있는 시간이었다.

이즈시出石 마을, 신코로辰鼓楼와 사라소바

해가 지기 전에 신코로라는 시계탑을 보기 위해 서둘러 이즈시로 이동했다. 약 13m 높이의 신코로는 5m 돌담 위에 세워져 있어 가까이서 보니 목이 조금 아팠다. 원래는 시간을 알리는 북을 울리는 누각이었기 때문에 지금도 매일 오후 1시면 탑 최상부에 설치되어 있는 북이 크게 울린다고 한다. 1881년에 세워진 이 시계탑은 일본에서 두 번째로 오래된 일본식 시계탑이다. 얼마 전까지만 해도 최고령 시계탑이었지만 홋카이도 삿포로에 있는 시계탑이 1878년에 만들어졌다는 자료가 발견되어 그 타이틀을 내주고 말았다.

시계탑을 보고 나니 비로소 마을의 모습이 눈에 들어왔다. 저녁 6시가 다가와 대부분의 상점이 문을 닫았지만 '작은 교토'라는 별칭처럼 옛 정취가 고스란히 남아있는 고풍스러운 분위기만은 느낄 수 있었.

이즈시의 또 다른 명물인 사라소바를 맛보기 위해 어둑해지는 상점가를 걸었다. 저녁 장사는 하지 않아서 이미 문을

달은 가게가 많았다. 골목 사이로 어슴푸레 비치는 불빛을 향해 걸어가니 사이쿄시彩蕎子라고 적힌 소바가게가 있어, 반가운 마음으로 들어갔다. 나는 파와 와사비가 포함된 세 접시 세트를 주문하고 엄마와 유리 씨는 간 마와 날달걀까지 포함된 다섯 접시 세트를 주문했다. 곧 한입 크기의 소바가 담긴 작은 접시들이 테이블을 가득 채웠다. 이즈시 지역의 백자 도자기인 이즈시야키로 만든 접시와 쓰유, 소바유가 담긴 그릇이 정갈함을 더했다. 첫 접시는 소바 본연의 맛을 즐기고 이후 취향대로 토핑을 넣어 먹었다. 메밀의 풍미가 가득한 소바는 순식간에 입속으로 사라졌고 남은 쓰유에 따뜻한 소바유를 부어 마시며 식사를 마무리했다.

    식사를 마치고 나니 짙은 어둠이 내려앉은 거리에는 어스름한 가로등 불빛만 드문드문 남아있었다. 강한 조명을 받은 신코로의 으스스한 모습을 뒤로하고 주차장으로 향했다. 돌아가는 길에 엄마는 또 어두운 밤길을 3시간이나 운전하셨고 밤 10시가 넘어서야 집에 도착했다. 매번 신세만 지는 것 같아 감사하고 죄송한 마음이다.

21일 차 9월 20일 (금요일)

계절을 담아내는 꽃꽂이 문화

일본 문화 체험 ② 꽃꽂이

꽃꽂이 체험

지난주에 이어 이번 주에도 아시야 시립 시오아시야 교류센터에서 일본 문화 체험이 예정되어 있다. 버스 시간이 애매해 이번에도 30분 일찍 도착했고 지난주처럼 1층 데스크에서 이름을 말한 후 2,000엔의 수업료를 내고 교실로 향했다. 꽃값이 포함되어 서예보다는 조금 비싼 편이었다.

교실에 도착하니 선생님께서 한창 수업 준비 중이셨다. 나도 돕겠다고 하니 수반에 침봉을 놓고 물을 채우는 일을 맡겨주셨다. 꽃과 가지를 고정하기 위한 침봉에는 날카로운 금속 핀이 박혀 있으니 조심해서 다루라고 하셨다. 준비하는 동안 지난주 서예 수업에서 만났던 한국인 신 씨가 와서 반갑게 인사를 나누었고 몸은 괜찮아졌는지 안부를 물어봐 주셨다. 감사의 인사를 건네며 이야기를 나누는 중에 다른 일본인 한 분과 유 씨까지 모두 모여 수업에 들어갔다.

오늘은 수평과 사선의 조화를 중시하는 '횡사형'을 만든다고 하시며 바로 실습에 들어갔다. 꽃병이 아닌 평평한 수반을 사용하는 이유도 이 때문이었다. 계절에 맞춰 조팝나무, 하얀 퐁퐁국화, 보랏빛 용담을 재료로 사용했다. 꽃은 입체감과 공간감을 강조하기 위해 천지인(天地人)의 원리에 따라 배치했다. 가장 높은 천(天)에는 조팝나무를 중간 높이인 지(地)에는 퐁퐁국화를, 그리고 가장 낮은 위치인 인(人)에는 용담을 배치했다. 퐁퐁국화와 용담은 가지가 부드러워 바로 꽂을 수 있지만 조팝나무는 가지가 억세서 전용 가위로 물을 먹는 아래쪽 가지를 약간 손본 후 힘주어 꽂아야 했다. 용담은 조화를 생각해서 길이를 선정하라고 하셨는데 꽃꽂이에서 말하는 '조화'는 요리할 때 자주 쓰는 '적당량'처럼 알쏭달쏭하게 느껴졌다. 칠판에 각도나 길이를 뜻하는 듯한 설명이 적혀있었지만 아무 언급 없이 바로 실습에 들어가 뜻을 알 수 없어서 그때그때 선생님의 조언을 받을 수밖에 없었다.

같은 재료로 만들어도 각도와 길이가 조금씩 달라 저마다 다른 느낌의 작품이 완성되었다. 실습과 정리까지 총 2시간이 걸렸는데 꽃을 다듬고 무거운 도구를 다루느라 예상외로 체력이 많이 소모되었다. 작품을 완성한 후에는 신문지에 꽃을 포장해서 가져갈 수 있었다.

횡사형은 자연스러운 비대칭의 구도에 유의해야 해서 꽃꽂이를 처음 접하는 나에게는 모든 게 복잡하고 어렵게 느껴졌다. 허둥지둥 어설픈 체험이었지만 꽃꽂이는 단순히 꽃을 꽂는 것이 아닌 자연미와 인간의 감정을 조화롭게 표현하는 예술이라는 점만은 기억하기로 했다.

수업이 끝난 후 신 씨가 나와 같은 방향이라며 차로 데려다주시겠다고 하셨다. 죄송해서 망설이다가 더위와 꽃 때문에 이동이 불편할 것 같아 감사히 도움을 받았다. 차 안에서 홈스테이 이야기를 나누다 보니 금세 집에 도착했고 다음 주 다도 수업에서 다시 만나기로 인사하고 헤어졌다.

영화 감상

10년 전 일본에서 영화를 관람했을 때는 관람료가 한국보다 훨씬

높았는데 최근 몇 년 사이 한국의 영화 관람료도 크게 상승해 일본과 비슷한 수준에 이르렀다. 고베에 머무는 동안 볼 수 있는 영화를 찾아보다가 BL 만화 『기븐ギヴン』의 영화 마지막 편인 「기븐 -바다로-」가 개봉한다는 소식을 들었다. 키즈 나츠키キヅナツキ의 원작을 바탕으로 애니메이션과 영화로도 제작된 이 작품은 밴드를 하는 주인공들의 음악에 대한 열정과 서로의 감정을 섬세하게 그려내서 일본뿐 아니라 한국에서도 큰 사랑을 받고 있다.

나는 만화책도 번역하고 있어서 익히 알고 있던 작품이라 개봉 소식에 관심이 갔다. 한국에서는 19금으로 분류되었지만 일본에서는 15세 관람가로 노골적인 장면은 거의 없고, 뛰어난 OST로 더욱 유명한 작품이라 영화관의 음향기기로 OST를 감상하고 싶었다. 일본에서 지내는 김에 개봉 첫날 관람하기로 하고 쇼핑도 겸할 수 있는 한큐 니시노미야 가든즈에 있는 토호 시네마로 향했다.

장르 특성상 2,600엔이라는 다소 높은 가격에 티켓을 예매했지만 개봉 첫날 무대인사 중계와 특별 영상이 포함되어 있다고 해서 기대되었다. 영화 시간보다 일찍 쇼핑몰에 도착해서 내일 유리 씨 댁에 방문할 때 가져가기 위한 선물을 골랐다.

저녁으로는 소 혀 전문점에서 다양한 부위를 즐길 수 있는 레이디스 세트를 주문해서 먹었는데 쫄깃한 소 혀는 물론이고 감칠맛 나는 소꼬리 국이 특히 인상적이었다.

쇼핑몰에서 시간을 보내다 영화 시작 20분 전 영화관에 도착하니 굿즈 판매로 인산인해였다. 한국과는 다른 문화라 미처 예상치 못했던 상황이었다. 입장할 때 티켓을 확인한 뒤 리플릿과 스티커를 한 장씩 받았다. 자리에 앉아 살펴봐도 왜 주는 건지 알 수 없어서 옆 사람에게 물어봤다. 그랬더니 「기븐」 영화 관람객에게 매주 다른 리플릿을 특전으로 제공하고 총 4종이 있다고 친절하게 설명해 주었다. 그제야 리플릿에 적힌 숫자 '1'이 눈에 들어왔다. 여러 번 보게 만들기 위한 마케팅이로군.

상영 전 특별 영상은 성우들의 인터뷰였다. 오디션 비하인드 스토리부터 작품을 바라보는 각자의 시선까지, 성우들이 들려준 진솔한 이야기가 영화에 대한 기대감을 한층 높였다. 영화는 캐릭터들의 성장을 자연스럽게 담아내며 마무리되었다. 극적인 장면들보다 일상적인 순간들이 더 깊은 여운을 남겼고 영화관의 음향 시스템 덕분에 귀도 충분히 호강했다.

영화가 끝나고 5분 후에 도쿄의 한 상영관에서 진행되는 무대인사가 서른 개 관에 실시간으로 중계되었다. 예매할 때는 녹화 영상을 보여줄 거라 생각했는데 실시간이라고 해서 깜짝 놀랐다. 일곱 명의 성우가 작품 이야기를 나누는 모습이 마치 현장에 있는 것처럼 생생하게 느껴졌다. 약 30분간의 무대인사는 영화의 감동을 자연스럽게 정리할 수 있는 시간이 되었고 특별한 경험을 안고 영화관을 나서게 해 주었다.

22일 차 9월 21일 (토요일)

타니자키 준이치로의 흔적을 찾아서 ③

타니자키 준이치로 기념관

고베에 와서 타니자키의 흔적을 찾아다녔는데 오늘은 드디어 타니자키 준이치로 기념관을 방문하는 날이다. 이번에도 지난번 이쇼안에서 강연했던 타츠미 선생님의 강연이 있어서 예약해 두었고 엄마와 유리 씨, 타케 씨와 함께했다. 이번 강연은 대하드라마 「빛나는 그대에게」와 『겐지 이야기』를 다룬다. 입구에서 강연 참석자라고 말하니 『겐지 이야기』의 삽화가 그려진 기념엽서를 선물로 줬다.

일찍 도착해 강의 전에 문학관부터 둘러보았다. 타니자키 준이치로를 기리기 위해 설립된 이곳에는 작가의 작품과 생애를 조명하는 다양한 자료와 유품이 전시되어 있다. 특히 자필 원고가 가장 인상적이었는데 여러 번 퇴고한 흔적이 그대로 남아있어 작품에 대한 깊은 고뇌가 느껴졌다. 거장에게도 퇴고는 힘든 과정인가 보다. 내부와 연결된 정원은 가볍게 산책할 수 있는 적당한 규모였다. 연못에서 큰 잉어들이 활기차게 움직이고 있었는데 일본에서 본 잉어 중 가장 커서 무서웠다. 특별전에서는 『겐지 이야기』의 각 장의 삽화에 짧은 줄거리를 덧붙여 전시하고 있었다. 헤이안 시대의 다채로운 의상과 계절감을 잘 나타낸 삽화를 보니 자연스럽게 줄거리가 떠올랐다.

강연은 『겐지 이야기』 삽화 전시실에서 진행되었다. 내용은 「빛나는 그대에게」에서 보이는 『겐지 이야기』의 오마주를 중심으로 서적 내용에 허구를 교묘하게 섞은 각본가의 트릭에 관한 이야기가 주를 이루었다. 평소 드라마를 유심히 보며 서적과 드라마의 유사점을 발견하며 재미를 느꼈기에 강의는 상당히 유익했다. 특히 15화의 이시야마데라 에피소드는 『겐지 이야기』의 우츠세미空蟬 장을 절묘하게

재해석해서 반응이 좋았다. 이 에피소드는 마히로와 사와가 함께 이시야마데라를 참배하러 간 날 후지와라노 미치츠나도 이시야마데라를 방문하며 생긴다. 미치츠나는 마히로에게 호감을 느껴 밤에 몰래 찾아가지만 어둠 속에서 사와의 이불속에 들어가 버리는 실수를 저지른다. 그런데 사와는 미치츠나를 조금 마음에 두고 있었기에 실수라는 것을 알고 크게 충격받는다. 이는 원작에서는 히카루 겐지가 우츠세미라는 여성을 그녀의 친척인 노키바노오기軒端の荻와 착각하는 이야기를 오마주한 것이다. 원작의 맥락을 유지하면서 창의적으로 재해석한 데다 유머까지 가미되어 드라마를 보는 사람들의 기억에 오래 남게 했다.

가벼운 분위기였지만 강연은 충실했다. 이번에도 타츠미 선생님의 해박한 지식과 흥미로운 해설 덕분에 『겐지 이야기』의 문학 세계와 드라마 「빛나는 그대에게」에 대해 더욱 깊이 이해할 수 있었다.

일본에서의 마지막 요가

목요일에 하지 못한 요가를 하기 위해 오늘은 타케 씨도 함께 하마카제집회소浜風集会所로 향했다. 이곳 역시 시민문화회관으로 목요일에 수업하는 곳보다 건물은 작았지만 교실은 더 넓고 거울도 갖추어져 있어 수업하기에 더 좋은 환경이었다.

수업 내용은 이전과 비슷했으나 비교적 젊은 수강생으로 구성되어서인지 난도가 더 높게 느껴졌다. 이날의 피크 포즈는 극락조 자세라고도 불리는 스바르가 드비자아사나였다. 꽤 어려운 동작이지만 한국에서 수련했던 경험을 살려 어깨를 열고 중심을 잡아가며 다리를 들어 올렸다. 비록 무릎은 완전히 펴지지 않았지만 호흡에 집중하며 자세를 유지했다.

3주간의 수련을 통해 낯설게 느껴졌던 방식들이 익숙해지자마자 헤어짐의 시간이 찾아왔다. 수업이 끝난 후 선생님께 그동안 해 주신 지도에 대한 감사 인사를 전했고 선생님도 한국인과 요가할 수 있어서 기뻤다고 따뜻하게 인사해 주셨다. 고베에서 경험한 요가는 특별한 추억으로 남았다.

유리 씨의 초대, 홈 파티

고베에 머무는 동안 엄마와 함께하는 여행이나 강연 등에 유리 씨가 종종 동행해서 함께 시간을 보냈는데, 유리 씨는 내가 있어서 즐거운 경험을 했다며 고마움의 의미를 담아 집에 초대해 주셨다. 오후 일정을 함께 보내고 저녁 시간이 되어 함께 유리 씨의 집으로 향했다. 유리 씨는 정원이 아름다운 단독주택에 살고 있었다. 1층에는 침실이, 2층에 거실이 있는 구조였기에 1층 현관에 들어서며 신발을 정리한 후 "오자마시마스(お邪魔します/실례합니다)"라고 인사하며 2층으로 올라갔다.

유리 씨는 2층 거실에서 우리에게 자리를 안내하며 화이트 와인을 웰컴 드링크로 내주셨다. 그리고 오전에 미리 준비해 둔 음식을 차리는 동안 편하게 반려 고양이와 놀고 있으라고 하셨다. 낯선 사람들을 잔뜩 경계하는 고양이와 가볍게 인사한 뒤 유리 씨께 선물을 건네며 초대에 대한 감사의 마음을 전했다. 고베에 와서 인사드릴 때 이미 한국에서 준비해 온 차와 김 등을 선물로 드렸기에 이번에는 쌍둥이 딸과 함께 쓰기 좋은 비누를 준비했다. 유리 씨는 패키지의 향을 맡으며 기쁨을 표현해 주셨다.

식탁에는 풍성한 샐러드와 로스트비프, 초밥, 과일이 풍성하게 차려졌다. 특히 유리 씨가 직접 만든 로스트비프는 겉은 단단하고 속은 촉촉한 특징을 잘 살려 전문점보다 훨씬 맛있었다. 음식을 즐기며 강연 이야기부터 내가 고베에서 보낸 3주간의 경험까지 다양한 대화를 나누었다. 디저트를 즐기는 중에 쌍둥이 중 큰딸인 아야카 씨도 합류했다. 아야카 씨와는 몇 해 전에 엄마 집에 머물 때도 한 번 만난 적 있어서 반갑게 인사를 나누었다. 동생은 서울에서 아이돌 투어 중이라 이번에도 인사할 수 없었다.

녹차와 피낭시에, 과자, 젤라토까지 푸짐한 디저트를 대접받으며 늦게까지 즐거운 시간을 보냈다. 이미 배는 불렀지만 정성 어린 대접에 감사한 마음으로 끝까지 맛있게 먹고 10시가 넘어서야 자리에서 일어났다. 가정집에 초대받는 건 외국인에게 상당히 특별한 경험이다. 유리 씨의 따뜻한 마음 덕분에 고베에서의 추억이 더욱 풍성해졌다.

■ 일본 가정집 방문 예절

일본의 가정집에 초대받았다면 꼭 지켜야 할 기본적인 예절을 알아보자.

1. 약속 시간을 기준으로 5분 전후로 도착하기. 너무 이른 도착은 주인에게 부담이 될 수 있다.

2. 집에 들어갈 때는 "오자마시마스(お邪魔します/실례합니다)"라고 인사하기. 신발은 앞코가 문을 향하도록 가지런히 벗어두고 맨발을 피하고 양말이나 스타킹을 착용해야 한다.

3. 선물 준비하기. 선물은 3,000엔 정도의 과자, 과일, 차, 케이크 등이 적당하다. 선물을 건넬 때 "츠마라나이모노데스가, 도조(つまらないものですが、どうぞ/별거 아니지만 받아 주세요)"와 같은 겸손한 표현을 덧붙이면 좋다.

4. 안내받은 자리에 앉기. 자리를 안내해 줄 때까지 기다려야 하고 함부로 아무 데나 앉으면 안 된다.

5. 기타 유의할 점으로는 소개하지 않는 공간에 대해서는 호기심을 자제하기, 화장실 사용 전 허락 받기, 허락 없이 다른 사람을 동반하지 않기, 나올 때는 "오자마시마시타(お邪魔しました/실례했습니다)"라는 인사말 전하기 등이 있다.

23일 차 9월 22일 (일요일)

천만 불짜리 야경

은탕
키쿠세이다이

일찍 기상해서 일하는데 창밖으로 거센 빗소리가 들렸다. 원래 일정을 미뤄야겠다고 생각하며 거실에 나가니 평소와 달리 모두 부엌에 모여 머리를 맞대고 있었다. 무슨 일인지 물어보니 어제 아이들과 어망 체험하러 갔다가 받아온 문어 손질 방법을 의논하고 있다고 했다.

검은 봉지에 싸여 있는 문어를 보며 내가 하겠다고 나서자 모두 반갑게 자리를 내주었다. 어려서부터 문어 손질하는 모습을 자주 봤다고 말하며 밀가루와 굵은소금을 준비해달라고 했다. 봉지에서 문어를 꺼내 흐르는 물에 씻은 뒤 머리와 다리를 분리하고 눈, 입, 내장을 제거한 후 볼에 문어를 담고 밀가루를 듬뿍 뿌려 점액질이 없어질 때까지 바락바락 문질렀다. 특히 다리는 빨판에 남아 있을지도 모르는 진흙이나 기생충을 제거하기 위해 강하게 문질렀다. 점액질을 제거한 후 밀가루를 씻어내고 소금으로 한 번 더 씻어냈다. 가족들은 내가 문어를 손질하는 모습을 보며 사진과 동영상을 찍었고 나는 응원에 힘입어 우쭐한 마음으로 깨끗한 물에 문어를 담가 흔들며 부유물 여부를 꼼꼼히 확인했다.

반은 회로, 반은 숙회로 먹자는 요청에 따라 두 접시에 차려냈다. 숙회로 즐기기 위해 얼음물에 식히는 동안 회로 먹을 문어를 썰어 그릇에 담았다. 한국식으로 먹는 방법을 묻기에 초고추장이나 소금 넣은 참기름이라 답했더니 참기름장을 준비해 왔다.

식탁에 둘러앉아 맛본 문어는 신선하고 쫄깃했다. 첫째 날 이후로 늘 차려준 음식만 먹었는데 이번에는 작게나마 가족에게 보탬이 될 수 있어 뿌듯했다. 문어 덕분에 즐거운 오전을 보냈다.

다시 찾은 아리마 온천 지역

오후에는 지난번에 짧게 둘러봐서 아쉬움이 남은 아리마 지역으로 향했다. 오후가 되자 하늘은 여전히 우중충했지만 비는 그쳤다. 저녁에는 갠다는 일기예보를 믿고 집을 나와 롯코산을 바라보니 산등성이에 구름이 잔뜩 끼어 있었다.

엄마는 드라이브를 즐기며 아리마로 가자고 하시며 일부러 유료 도로를 선택하는 등 다양한 루트로 롯코산을 오르며 경치를 즐길 수 있게 해 주셨다. 이번에 이용한 로유드라이브웨이芦有ドライブウェイ는 아시야 시내와 아리마 온천을 연결하는 약 10km 정도의 유료 관광 도로다. 구불구불한 도로를 달리다 도로 중간에 있는 히가시롯코전망대東六甲展望台에 들러 주변 경관을 감상했다. 롯코산 동쪽에 위치해 오사카와 가까워서인지 구름 낀 흐린 날씨에도 우메다의 고층 건물이 아주 잘 보였다. 맑은 날의 풍경을 자주 봐서인지 안개에 싸인 전망도 아쉽지 않았다.

비가 오락가락하는 궂은 날씨에도 아리마 온천 지역은 평일과 달리 꽤 북적였다. 상점가를 산책하며 점심 먹을 곳을 찾던 우리는 상대적으로 한산해 보이는 양식당 그릴 롯코Grill Rokko에 들어갔다. 필수로 주문해야 하는 음료로 아리마 사이다를 고르고 메뉴를 살펴보다가 1일 10그릇 한정 메뉴인 데미오므라이스를 발견했다. 오므라이스 맛 비교 미션을 수행하는 중이었기에 반가운 마음으로 주문했고 엄마는 햄버그스테이크가 올라간 두 가지 맛의 카레를 선택했다. 오순도순 이야기를 나누는 중에 음식이 나왔다. 이곳의 오므라이스는 거의 다 익힌 달걀로 밥을 완전히 감싼 쇼와풍이라 더욱 기뻤다. 그리고 메뉴 이름처럼 케첩 대신 데미그라스 소스가 접시를 가득 채우고 있었다. 세 번째 맛보는 쇼와풍 오므라이스지만 모두 맛과 개성이 달라 재미있었다.

식사 후 소화를 위해 탄산원천공원炭酸泉源公園으로 향했다. 평소에는 원형 구조물에서 천연 탄산수가 솟아나는 모습을 볼 수 있는데 왠지 오늘은 조용했다. 아쉬운 마음을 달래며 옆에 달린 수도꼭지를 열어 탄산수를 맛보았다. 예상했던 톡 쏘는 탄산 느낌은 없지만 살짝 짜고 쌉싸름한 맛이 입안에 남았다. 다른 사람들도 탄산수를 맛보며 고개를 갸우뚱거리는 걸 보니 나와 비슷하게 느끼는 것 같았다.

간단하게 소화를 시키고 은탕으로 향했다. 은탕은 알고 보니 식사했던 식당 바로 옆에 있었다. 산책하다 본 금탕 앞에는 사람이 가득했는데 은탕은 한산한 편이었다. 티켓을 구매하고 여탕으로 들어가니 금탕처럼 일반적인 동네 목욕탕 느낌이었다. 금탕과 다르게 은탕 하나만 있었지만 대신 사우나가 있었다. 몸을 씻은 후 사우나에 들어가 잠깐 앉았다가 은탕에 몸을 담갔다. 은탕은 라듐이 소량 포함된 투명한 탄산수를 사용해서 혈액 순환이 촉진되고 신진대사가 활성화되어 고혈압 완화와 면역력 강화에 도움을 준다고 한다. 서늘한 날씨 덕분에 온천욕이 더욱 상쾌하게 느껴졌다. 다만 남탕과 높지 않은 벽으로 구분되어 있어 간간이 남자 목소리가 들려 괜히 불안한 마음이 들었는데 간혹 여탕에 있는 친구의 이름을 고래고래 부르는 목소리가 쩌렁쩌렁 울리기도 했다. 나는 속으로 '제발 그러지 마…'라고 생각하면서도 이름의 주인공이 누군지 궁금한 마음에 살짝 눈알을 굴렸지만 반응하는 사람은 아무도 없었다.

금탕이 묵직한 느낌이었다면 은탕은 부드럽고 촉촉했다. 개인적으로는 금탕보다 은탕의 온천수가 더 잘 맞았지만 금빛이 신기해서인지 금탕이 훨씬 인기가 많았다. 실제로 고베에 오랜 기간 거주한 엄마도 매번 금탕에만 가서 은탕에는 처음 온다고 말씀하셨다.

귀국 후에야 일본 온천 후 마시는 유리병 우유를 깜빡했다는 것을 깨달았다. 고베에서 머무는 내내 잊었던 이 작은 소망은 다음번 온천 방문을 위한 좋은 구실로 삼기로 했다.

마야산摩耶山의 전망대, 키쿠세이다이掬星台

온천욕을 마치고 나오니 고요한 어둠이 내려앉아 오늘의 하이라이트인 야경을 보기 위해 마야산으로 향했다. 롯코산과 이어지는 마야산을 향해 차를 타고 가는 길에 나무 사이로 드문드문 야경이 보였다. 전망대에서 한 번에 감동을 느끼고 싶어서 되도록 안 보려 피했지만 언뜻 보기에도 아름다운 경치에 자꾸만 눈이 돌아가는 걸 막을 수 없었다.

키쿠세이다이는 차로도 갈 수 있지만 마야케이블과 마야로프웨이를 통해 바로 전망대를 오가는 방법도 있다. 우리는 차를 이용했기에 주차장에서 15분 정도 걸어갔다. 비는 그쳤지만 흐려서 기온이 뚝 떨어진 데다 산속이라서 겉옷을 입어도 꽤 추웠다.

전망대 입구에 도착하니 바다를 향해 나란히 서 있는 사람들이 눈에 들어왔다. 입구에서는 야경이 보이지 않아 별을 수놓은 듯 빛나는 바닥의 보행로를 따라 조금 더 들어갔더니 갑자기 눈앞에 어마어마한 경관이 펼쳐졌다. 어두운 하늘과 새까만 바다가 어우러져 마치 끝없는 우주처럼 느껴졌다. 시내의 다이내믹한 불빛과 오사카만의 조명은 보석이 흩뿌려진 것 같았다. 롯코산보다 높이는 낮아도 더 넓은 파노라마 뷰를 즐길 수 있어 화창한 낮에는 시코쿠까지 조망할 수 있을 것 같았다.

롯코 가든 테라스에서는 세련된 분위기에서 조망할 수 있다면 키쿠세이다이는 오직 야경에만 집중할 수 있어서 더 로맨틱하게 느껴졌다. 키쿠세이다이는 홋카이도의 하코다테산函館山, 나가사키의 이

나사산稲佐山과 함께 일본 3대 야경 명소로 손꼽히고 특히 이곳은 '천만 불짜리 야경'이라고 불린다. 날씨가 좋은 날에 노을과 함께 바다를 함께 조망하다가 야경까지 즐기면 완벽한 데이트 코스가 될 것 같다.

  키쿠세이다이의 이름은 '별을 움켜쥘 수 있을 정도로 별이 가깝게 보이는 곳'이라는 의미이다. 전망대가 왜 이렇게 어둡나 했는데 맑은 날에 별을 관찰하기 위해서인가 보다. 야경이 워낙 압도적이라 사람들은 처음 마주할 때만 탄성을 잠깐 내뱉었고 곧 조용히 야경에 취했다. 엄마 또한 익히 봐 온 야경임에도 볼 때마다 멋지다고 극찬하시며 환상적인 야경에 빠져드는 나를 보고 흐린 날이지만 데려오길 잘했다고 만족하셨다. 엄마와 나는 추위도 잊고 몽환적이고 신비로운 야경에 빠져 들어가듯 한참을 서 있었다.

24일 차 9월 23일 (월요일)

하늘과 맞닿은 신비로운 모래톱

아마노하시다테
이네 마을
우라시마 신사

어느덧 홈스테이 3주가 지나고 호텔로 이동하는 날이 왔다. 그 전에 엄마와 사키 언니, 그리고 아이들과 함께 교토 북부를 여행하기로 했다. 이곳은 태풍과 몸살로 두 번이나 미뤄진 곳이라 이번 여행에서 못 갈 수도 있겠다고 생각했는데 다행히 방문할 수 있게 되었다. 일찍부터 분주하게 움직이며 차 트렁크에 캐리어를 실었다.

북쪽에서 조망하는 아마노하시다테天橋立, 카사마츠공원傘松公園

아마노하시다테는 교토 미야즈만宮津湾에 위치한 길이 약 3.6km의 사주(砂洲)다. 오에산大江山에서 흘러내리는 노다강野田川과 동해가 만나 자연적으로 형성되었고 히로시마의 미야지마宮島와 센다이의 마츠시마松島와 함께 3대 절경으로 손꼽힌다. 전에 미야지마를 방문했을 때 그 아름다운 풍경에 매료되어 다른 절경들도 꼭 보고 싶었는데 오늘 그 소망을 이루게 되었다.

우리는 먼저 북쪽 전망대인 카사마츠공원으로 향했다. 목적지에 가까워질수록 하늘이 흐려지더니 주차를 마치자마자 비가 쏟아졌다. 카사마츠공원은 케이블카 혹은 리프트를 타고 오르는데 비 때문에 지붕이 없는 리프트는 중단되었다. 모두 함께 케이블카를 타고 전망대에 도착하니 다행히 비가 그쳐서 편하게 둘러볼 수 있었다. 전망대에서 바라본 풍경은 장관이었다. 미야즈만과 아소해阿蘇海를 가르는 아마노하시다테는 수천 그루의 소나무가 우거져 있어 모래는 빼꼼 보이는 정도였지만 맞은편 산의 능선에 내려앉은 구름과 안개가 신비로운 분위기를 자아냈다. 습기를 머금어 묵직한 공기를 느끼며 눈

으로 아마노하시다테를 건넜다.

이곳에서는 마타노조키股の ぞき라는 독특한 방법으로 풍경을 감상하는데, 한국어로는 '다리 사이로 엿보기'라는 뜻이다. 이렇게 보면 하늘과 바다의 경계가 사라지는 신기한 경험을 할 수 있고 아마노하시다테가 용이 승천하는 모습처럼 보인다고 한다. 약간 기울어진 한 일 자(一)와 닮은 단순한 모양이지만 똑바로 보든 거꾸로 보든 훌륭한 장관이었다.

전망대에서 내려가는 길에 다시 비가 내리기 시작해서 비를 피할 겸 먼저 식사하고 이동하기로 했다. 식당을 찾아다니다 카사마츠노 사토라는 식당에 들어가 이곳의 명물인 바지락 덮밥 정식을 주문했다. 밥알이 보이지 않을 정도로 바지락이 듬뿍 올라가 있었다. 쫄깃한 바지락과 간이 배어든 밥이 단순하면서두 맛있었디. 식김이 새미있었는지 아이들도 웃으며 즐겁게 식사를 마쳤다.

이네伊根 마을

아마노하시다테 인근의 이네 마을은 230여 채의 후나야가 늘어선 독특한 어촌 마을이다. 후나야는 1층을 배를 정박하는 창고로 2층은 주거 공간으로 사용하는 특별한 건축물을 뜻하는데 건축물과 바다의 평화로운 풍경 때문에 최근 관광객이 급증하고 있다.

바다를 조금 더 가까이에서 보고 싶어서 후나야 1층을 개조해서 만든 미야비라는 카페에 갔다. 우리는 간장 소스를 바른 경단과 녹차가 포함된 세트를 주문하고 바다를 바라보았다. 비가 오락가락했지만 잠깐 해가 비쳐 반짝이는 동해의 지류를 감상할 수 있었고 나는 바다에 앉아 윤슬과 투명한 바닷속의 돌을 바라보며 잔잔한 움직임에 귀 기울였다.

이어서 후나야 1층을 견학할 수 있는 코요마루幸洋丸에 들렀다. 배와 바닷물이 드나드는 필로티 구조의 공간에는 배와 어구가 전시되어 있어 흥미로웠다. 후나야의 윤곽을 액자라고 상상하니 정면의 아오시마青島가 한 폭의 그림 같았다.

마을 전체를 둘러보는 데는 1시간 정도 걸렸다. 해산물을 말리고 정원을 가꾸고 금붕어를 키우는 등 곳곳에 주민들의 소박한 일상이

묻어났다. 화분에 물을 주시던 할머니는 신이치와 세이지를 보며 따뜻하게 웃으시며 키우고 계시는 작은 나무에서 대추를 따주셨다. 일본에서는 생대추를 보기 힘들어서 엄마도 신기해하셨다. 할머니는 늘어나는 관광객에 불편하실 텐데도 마을이 유명해져서 기쁘다며 방문객들을 따뜻하게 맞아주셨다. 할머니의 친절한 미소와 관광객을 존중하는 마음은 마을의 풍경처럼 편안함과 따뜻함을 전해주었고 그런 순간들이 이 마을을 더욱 특별하게 만들었다.

우라시마 신사 浦嶋神社

이번에는 이네 마을에서 차로 10분 정도의 거리에 위치한 우라시마 신사로 향했다. 우라시마 신사는 히요리야마 해안에서 용궁성을 보며 언급했던 우라시마 타로 이야기의 발상지로 알려진 곳이다. 어제 아침에 문어를 먹으면서 우라시마 타로가 등장하는 동화책을 읽었기에 아이들도 궁금해했다. 신사는 논이 가득한 아주 한적한 곳에 자리하고 있었다. 주차장으로 들어서는데 저 멀리 논둑에서 무언가 뛰어가는 게 눈에 들어왔다. 뛰는 모습이 강아지나 고양이가 아니었다. 뚫어지게 쳐다봤더니 원숭이였다. 너무 놀라 원숭이라고 알리며 방향을 가리키자마자 원숭이는 어느 집으로 쏙 들어가 버렸다. 나는 일본에서 처음 야생 원숭이를 봐서 흥분을 가라앉히지 못했고 아이들도 혈안이 되어 찾아다녔지만 결국 이곳에서는 다시 야생 원숭이를 볼 수 없었다.

원숭이 찾기는 포기하고 신사 앞에 있는 우라시마공원으로 발길을

돌렸다. 비에 젖어 촉촉한 잔디가 깔끔하게 정돈되어 있었고 공원에는 우라시마 타로 이야기에 등장하는 다양한 조형물들이 있었다. 공원을 둘러보고 돌로 만든 토리이를 지나 우라시마 신사로 들어섰다. 경내에는 우리밖에 없었지만 전설의 발상지로 알려진 만큼 오랜 시간을 품고 있어 엄숙한 분위기가 감돌았다. 왼편에는 작은 연못이 있어 가볍게 산책하기 좋았다.

남쪽에서 조망하는 아마노하시다테, 아마노하시다테 뷰 랜드

신사에서 나오니 구름이 걷히고 해가 나 있었다. 이대로 집에 돌아가기에는 아쉬워서 아마노하시다테의 남쪽 전망대도 가 보기로 했다. 아마노하시다테 뷰 랜드는 모노레일이나 리프트로 올라갈 수 있는데 이번에는 혼자 리프트를 타고 올라갔다. 리프트는 흔히 스키장에 가면 있는 형태지만 1인용이라는 차이가 있다. 안전장치가 부족해 불안했지만 약간 흔들리는 느낌이 오히려 좋았다.

   남쪽 전망대에서는 먹구름이 거의 걷혀 깔끔한 모습의 아마노하시다테를 조망할 수 있었다. 아마노하시다테의 형태가 북쪽과 다르게 구불구불했고 모래도 꽤 보여서 전혀 다른 모습인 데다 미야즈만에서 더 뻗어 나가 동해와 만나는 부분까지 조망할 수 있었다. 여기에서도 마타노조키를 시도하는 사람이 많았는데 남쪽에서는 거꾸로 보면 바다가 하늘처럼 느껴져 아마노하시다테가 하늘을 날아다니는 용처럼 보인다고 한다. 기울어진 한 일 자에 비하면 낫지만 용이라고 주장하기에는 무리가 있었다. 억지로 용에 빗대려 하지 않아도 충분히 멋진 광경이었다.

   사람들이 사주를 걷는 모습을 보며 다음에는 아마노하시다테를 걸어보고 싶다고 생각했다. 새로운 경치에 빠져들어 한창 조망하는데 멀리서 무지개가 보였다. 오늘도 무지개를 만나다니! 일본에 온 지 3주 정도 되었는데 벌써 세 번째 보는 무지개였다. 무지개는 점점 더 선명해지며 가까워졌고 두 번째 무지개까지 보이더니 결국 완전한 반원을 이뤄 끝과 끝도 볼 수 있었다. 마치 무지개의 탄생부터 완성까지 지켜보는 듯한 느낌이었다. 깨끗한 날씨와 푸른 바다, 짙은 녹음의 산에

선명한 무지개까지 더해지니 더욱 시선을 뗄 수 없었다.

　내려갈 때도 혼자 리프트를 탔다. 모노레일을 탄 가족과 함께 출발해서 내려가는 길에 서로 손을 흔들었다. 맑게 빛나는 바다와 흐릿해지는 무지개를 보며 아마노하시다테와 다시 만날 날을 기약했다.

　5시가 되자 금세 해가 넘어가기 시작해서 얼른 저녁을 먹으러 향했다. 근처에는 저녁을 먹을 수 있는 식당이 없어서 차로 이동하다가 다이몬이라는 우동 전문점을 발견했다. 나는 오리고기 우동 정식을 주문했고 오리고기가 토핑된 따뜻한 우동에 밥, 반찬, 디저트로 가득 채운 풍성한 쟁반이 내 앞에 놓였다. 따끈한 우동 국물을 한 입 먹으니 다시마의 자연스러운 감칠맛이 느껴졌고 오리고기는 굉장히 담백했다. 면은 쫄깃하고 탱탱하면서도 다른 곳에서 먹었던 우동보다 표면이 훨씬 매끈매끈했다. 밥은 흰쌀밥이 아닌 닭고기, 유부, 우엉 등의

재료를 넣어 만든 카야쿠밥かやくご飯이었다. 우동과 카야쿠밥 사이에는 유부로 만든 반찬이 놓여 있었는데 짭조름하고 부드러운 맛에 눈이 번쩍 뜨일 정도였다. 담백한 우동과 카야쿠밥은 아주 잘 어울렸다. 마지막으로 달콤한 푸딩까지 먹고 나니 배가 가득 차서 돌아가는 길에 조수석에 앉아 졸지 않을까 걱정되었다.

한국에 야생 호랑이가 서식한다고?

우동을 다 먹었을 때는 7시 정도지만 가로등이 적은 소도시에서는 한밤중 같은 분위기였고 고베로 향하는 도로는 한산했다. 그런데 출발하고 얼마 지나지 않아 차들이 서행하기 시작했다. 사고가 났나 걱정하며 두리번거리는데 갓길에 야생 원숭이 가족이 나와 있었다. 새끼 원숭이는 성체 원숭이 등에 타고 있고 또 다른 성체 원숭이는 차를 보며 잔뜩 화를 내고 있었다. 지나가려는데 방해받아서인지 차량 불빛에 눈이 부신 탓인지는 몰라도 위험해 보여서 얼른 바로 뒤에 있는 산에 올라갔으면 했다. 우라시마 신사 앞에서 원숭이를 보았을 때 내 눈을 의심할 정도로 놀랐는데 이렇게 가까이에서 다시 야생 원숭이를 만나니 속이 후련했다. 야생 원숭이를 신기해하는 나를 보고 사키 언니는 한국의 산에는 호랑이가 많아서 원숭이가 없냐는 질문을 해서 나를 깜짝 놀라게 했다. 과거 한국에 호랑이가 많았던 건 사실이지만 지금은 동물원에서만 볼 수 있다고 설명하자 도리어 놀라워했다. 엄마는 88 서울 올림픽의 마스코트인 호돌이를 언급하며 한국에는 분명 야생 호랑이가 있을 거라고 확신하셨다. 한국의 산에는 고라니나 멧돼지가 많다고 설명하며 한국인들은 일본의 산에 야생 곰이 서식한다는 사실에 놀란다고 전했다. 실제로 일본에는 야생 곰의 개체수가 많아 곰 주의 표지판을 심심찮게 찾아볼 수 있고 매년 곰 피해 사례가 뉴스에 보도된다. 일본에는 고라니가 서식하지 않아 궁금해하기에 사진을 보여주고 나서 특이한 울음소리를 들려주니 모두 기겁했다.

  이후 다른 일본인들과 대화해보니 대부분 한국에 야생 호랑이가 산다고 생각하고 있었다. 야생 호랑이 복원은 현실적으로 어렵겠지만 용맹의 상징인 호랑이가 한국에 살고 있다고 생각하는 점이 흥미로웠다.

호텔로 독립

산노미야역 호텔 앞에서 캐리어를 내리고 엄마와 사키 언니와 짧은 인사를 나누었다. 사키언니는 "이렇게 가까이에 있을 거면 우리 집에 계속 있어도 되는데…"라고 말해 주어 미안하고 고마웠다. 아이들은 코까지 골며 깊이 잠들어 있어서 마지막 인사는 며칠 뒤 집에서 하기로 하고 씩씩하게 호텔로 향했다.

앞으로 열흘간 머물 곳은 소테츠 프레사 인 고베 산노미야相鉄フレッサイン神戸三宮이다. 1층에서 셀프 체크인하고 엘리베이터 옆에 있는 어메니티를 챙겼다. 보통의 비즈니스호텔과 달리 기본적인 세면도구 외에도 보디 스펀지, 기초 화장품, 선크림, 헤어 팩, 입욕제 등 다양한 비품이 무료로 제공되어 편리했다.

배정받은 11층 방에 들어서자마자 작업할 때 사용할 테이블과 의자 상태를 확인했다. 모두 흔들림 없이 튼튼했고 테이블은 작았지만 사각형이라 안심했다. 원형보다 작업할 때 훨씬 편해서 혹시 원형일지 걱정했기 때문이다. 나는 잠자리에 크게 구애받지 않는 편이라 다른 건 신경 쓰지 않았다. 방은 좁았지만 높은 층이라 민트 고베와 한큐 산노미야역이 내려다보였다. 바로 옆에는 버스터미널이 있어 대형 버스들이 오가는 모습이 보였고 차고 위로는 한신 철도가 놓여 있어 기차가 자주 지나다녔다. 잠자리는 불편하지 않지만 혼자 있는 게 어색해서 "오야스미나사이(おやすみなさい/안녕히 주무세요)"라고 작게 중얼거린 후 잠이 들었다.

25일 차 9월 24일 (화요일)

자연과 인공의 완벽한 조화

코라쿠엔
코시키즈카고분

오늘은 오랜 인연인 교수님 부부를 뵈러 오카야마로 향하는 날이다. 이나다 교수님과 키노시타 교수님은 각각 오카야마대학과 쿠마모토대학에서 고고학을 연구하다 정년퇴직한 후, 현재 오카야마에서 함께 노후를 보내고 계신다. 2016년 여름에 학회 차 한국에 오신 교수님 부부와 함께 4박 5일간 여러 박물관과 고분에 통역으로 동행하며 인연을 맺게 되었다. 한 달 살기가 결정되었을 때부터 연락드리고 싶었으나 국제전화라 연결이 어렵고 메일 주소도 변경되어 고베 도착 후 엄마 집 전화로 연락드려 약속을 잡았다.

고베에서 오카야마까지는 신코베역에서 신칸센을 타면 32분 정도 소요되고 요금은 5,170엔이라 가장 효율적이다. 버스를 이용하면 2시간 35분 정도 소요되고 요금은 편도 2,900엔, 왕복 3,900엔으로 신칸센에 비해 경제적이지만 하루에 세 편밖에 없어서 시간 제약이 있다. 또 칸사이 와이드 패스를 구매하면 5일간 12,000엔에 칸사이 지역 곳곳을 JR로 관광할 수 있고 특히 신오사카부터 신코베, 오카야마까지의 신칸센도 이용할 수 있어서 오카야마가 일정에 있다면 구매를 고려해 볼만하다. 참고로 칸사이 와이드 패스로 비와호가 있는 오츠역, 키노사키온천, 아마노하시다테 등도 다녀올 수 있어 활용 범위가 상당히 넓다. 나는 5일 내 멀리 나갈 예정이 없어서 이번에는 패스를 이용하지 않았다.

코라쿠엔 後楽園

오랜만에 온 오카야마역은 일부 공사 중이지만 규모가 큰 만큼 사

람도 많았다. 교수님을 뵙기 전에 코라쿠엔에 들르고 싶어서 노면 전차에 몸을 실었다. 클래식한 감성에 덜컹거리는 소리까지 더해지니 전차가 나를 과거로 데리고 가는 듯한 느낌이 들었다. 노면 전차에서 하차한 후 아사히강旭川을 따라 코라쿠엔 입구로 향했다. 하늘은 반으로 가른 듯 아사히강을 기준으로 코라쿠엔 쪽은 푸르고 오카야마성 쪽은 흐렸다. 덕분에 맞은편에 보이는 흐린 배경의 검은 오카야마성이 수묵화처럼 느껴졌다.

일본 3대 정원 중 하나로 손꼽히는 코라쿠엔은 1700년 오카야마의 번주 이케다 츠나마사池田綱政가 완성한 임천회유식 정원이다. 몇 년 전 처음 방문했을 때는 구석구석 공부하듯 둘러보느라 지쳤던 기억이 떠올랐다. 하지만 코라쿠엔에 대한 단편적인 기억과 아름다웠다는 다소 심심한 감상만 남아있어서 이번에는 지도를 보지 않고 발길 닿는 대로 둘러보기로 했다.

설레는 마음을 안고 남문으로 들어서자 넓은 잔디밭이 펼쳐졌다. 나는 잔디밭을 가로질러 홀린 듯 유이신잔唯心山에 올라 먼저 정원을 한눈에 담았다. 이 석가산은 6m 높이라 산이라는 단어를 붙이기에는 민망할 수 있지만 드넓은 정원에서 가장 높은 곳이라 조망에 부족함이 없다. 여름의 푸름과 우아함이 만들어 낸 고즈넉한 풍경은 꽃과 단풍의 빈자리를 채우고 있었다. 정원을 더 자세히 보기 위해 유이신

잔에서 내려와 중앙에 있는 연못에 다가갔다. 연못에는 쾌청한 하늘과 회색 구름이 공존하는 독특한 하늘이 그대로 비치고 알록달록한 잉어들이 유영하고 있었다. 잉어가 그린 잔잔한 파문을 따라 고요한 정원에 생동감이 퍼졌다. 근처 차밭을 걷다 보니 또 다른 작은 연못이 나왔고 폭포 소리가 들렸다. 이상하게 폭포가 보이지 않았지만 애써 찾으려 하지 않고 어디 숨어 있겠거니 생각했다. 잔디와 차밭은 자로 잰 듯 똑같은 높이로 관리되어 인공미와 규칙성이 느껴졌다.

이번에는 다시 정원을 가로질러 유이신잔과 중앙 연못을 지나 두루미 사육장으로 향했다. 두루미는 행운, 장수, 부부애를 상징하는 동물이라 오래전부터 이곳에서 사육하고 있다. 150cm에 달하는 큰 체구지만 붉은 정수리 덕분에 귀엽게 느껴지는 두루미들의 활기찬 움직임을 본 후 반대편으로 이동해 화려하게 만개한 연꽃 연못을 둘러보고 정원을 나섰다.

두 번째 방문을 마치고 몇 년 전의 첫 방문을 회상해 보니 한겨울이었음에도 눈 내린 서정적인 풍경이 전혀 기억에 없다. 아무래도 그때는 미쉐린 그린 가이드 재팬 3스타라는 명성에만 치중했던 것 같다. 이번에는 동선은 엉망이지만 여유를 가지고 눈길 가는 대로 걸었더니 전체적인 아름다움과 함께 사소한 곳에서 깊은 정취를 느껴 정원을 더욱 섬세하게 읽어낼 수 있었다. 오늘 코라쿠엔에서 본 잉어는 일본의 어느 정원에 가도 볼 수 있겠지만 결코 코라쿠엔에서 느낀 생동감을 다시 느낄 수 없을 것이다. 다음에 방문할 때 또 다른 모습의 정원을 보고 느낄 수 있을 거라 생각하니 코라쿠엔을 나서는 발걸음이 아쉽지 않았다.

특별한 인연

약속 시간에 맞춰 오카야마역 신칸센 입구에서 이나다 교수님과 재회했다. 고베에서 키노시타 교수님과 통화했을 때 이나다 교수님은 홋카이도에서 발굴 작업하고 계신다고 들어서 깜짝 놀랐던 기억이 떠올랐다. 퇴직 후에도 연구자로서 활발한 연구 활동을 이어가시는 교수님의 건강한 모습을 직접 보니 더없이 반가웠다. 인사를 나눈 후 교수님 차를 타고 오카야마역 근처 주택가의 댁으로 향했다. 예쁘게 가꾸어진 아기자기한 정원에서 교수님의 세심한 손길이 느껴졌다. "오자마시마스(お邪魔します/실례합니다)"라고 말하며 현관에 들어서자 키노시타 교수님께서 반갑게 맞아주셨다. 키노시타 교수님도

여전히 건강하고 아름다우셨다. 준비해 간 한국 차, 그리고 고베에 머물며 준비한 앙리 샤르팡티에의 피낭시에를 드렸다. 키노시타 교수님께서는 앙리 샤르팡티에를 알고 계셔서 준비하길 잘했다고 생각했다.

키노시타 교수님께서 점심 식사를 준비하시는 동안 이나다 교수님과 한국어를 공부했다. 평소 일본어로만 대화해서 몰랐는데 교수님의 한국어 실력이 놀라울 정도로 뛰어났다. 고급 문법을 질문하실 때면 가끔 막히기도 했지만 성심성의껏 답변해 드리다 보니 어느새 식사 시간이 되었다.

식사는 파프리카가 토핑된 카레였다. 알레르기와 못 먹는 음식에 대해 미리 얘기 나눌 때, '설마 메뉴가 카레겠어? 설마 파프리카나 피망이 있겠어?'라고 생각하며 날달걀만 언급했던 기억을 떠올리며 준비된 메뉴를 보고 혼자 속으로 웃었다. 키위와 토마토를 곁들인 그린 샐러드와 오쿠라 반찬도 함께 차려졌다. 고베에서 지내며 파프리카에 익숙해진 덕분에 모든 음식을 맛있게 먹을 수 있었고 깊고 달콤한 카레도 입에 딱 맞아 호텔에 싸 가고 싶다는 생각까지 들었다.

식사하며 나눈 대화에서 내 대학원 졸업과 결혼 소식, 교수님의 퇴직 소식을 나누었다. 고베 홈스테이 이야기도 나누었는데 교수님들

께서는 그런 특별한 인연은 흔치 않다며 놀라워하셨다. 식사 후에는 말차와 화과자로 디저트를 즐겼고 교수님께서는 앞으로의 연구와 집필을 응원하며 귀한 옻칠 찻숟가락을 선물해 주셨다.

헤어질 때 교수님께서 "다음에는 남편이랑 함께 놀러 오세요"라는 따뜻한 말씀으로 배웅해 주셨다. 서로를 존중하는 교수님 부부의 모습을 보니 코라쿠엔에서 본 두루미가 떠올랐다.

코시키즈카고분 五色塚古墳

이나다 교수님께서 오카야마역까지 태워다 주신 덕분에 역까지 편하게 도착했다. 아직 2시가 안 된 시간이라 오카야마를 더 둘러보려다 교수님께서 추천해 주신 코시키즈카고분에 가기로 했다. 지도를 보고 니시아카시역까지는 신칸센으로 이동한 뒤 재래선으로 갈아타서 마이코역으로 가기로 계획을 세웠다. 신칸센 시간까지 여유가 있어 기념품 가게에서 쫀득하고 수수한 맛의 키비단고를 구매했다.

마이코역 앞에 있는 마이코 공원을 가로질러 15분쯤 걸으니 주택가 사이로 거대한 고분이 모습을 드러냈다. 코시키즈카고분은 앞쪽은 네모나고 뒤쪽은 둥근 형태라서 위에서 보면 열쇠 구멍 모양을 한 전방후원분(前方後円墳)이다. 전체 길이는 약 194m, 높이는 약 18m로 5세기 말에서 6세기 초에 축조된 것으로 추정된다. 또 해상 교통의 요충지인 아카시 해협이 내려다보이는 위치에 있어 당시 해상 교통과 관련된 유력자의 무덤으로 여겨진다.

고분에 올라가 보니 아카시 해협 대교와 아와지섬의 아름다운 경관이 한눈에 들어왔다. 봉분 주위에는 봉분의 붕괴를 방지하기 위해 하니와埴輪라 불리는 원통형 토기가 장식되어 있었다. 토기 몸통에 만든 구멍을 보니 기능성보다는 장식용이나 상징성을 위한 목적으로 보였다.

고분 자체는 오르기만 하면 끝이라 금방 둘러볼 수 있었지만 웅장한 위용과 아름다운 풍경 때문에 쉽게 발걸음이 떨어지지 않았다. 한적한 주택가에 위치해서 많은 사람이 찾지 않을 것 같았지만 멋진 전망 덕분인지 여러 사람이 계속해서 오갔다.

26일 차 9월 25일 (수요일)

근대로 타임 슬립

옛 거류지
히가시유원지
고베 어린이책의 숲

프리랜서 번역가가 갖춰야 할 필수 능력

번역가라고 해서 번역 실력만 갖추면 된다고 생각하면 큰 오산이다. 프리랜서 번역가로 성공하기 위해서는 다른 필수적인 능력들도 함께 갖춰야 한다. 우선 커뮤니케이션 능력이 매우 중요하다. 대부분의 업무가 이메일을 통해 이루어지기 때문에 오히려 더 세심한 의사소통이 필요하다. 업무 조율, 수정 요청, 감수자나 편집자와의 소통 과정에서 정중하고 명확한 의사 전달이 필수이고 특히 고객과 직접 소통할 때는 이러한 능력이 더욱 중요하다. 그래서 커뮤니케이션 능력이 필요 없을 거라 생각하고 일을 시작한다면 당황할 수 있다.

컴퓨터 활용 능력도 번역가가 반드시 갖추어야 할 역량이다. 종이와 펜을 들고 번역하지 않고 컴퓨터를 사용해서 번역하기 때문에 컴맹이면 곤란하다. 분야에 따라 다르겠지만 한글, 워드, 엑셀, PPT, PDF는 기본이고 포토샵, CAT 툴, ATS 등 다양한 프로그램을 다루게 된다. 종류가 많다고 생각할 수도 있지만 실제로 일을 시작해 보면 일을 선택해서 받기 어렵기 때문에 다양한 프로그램을 다뤄야 하는 일이 빈번하게 생긴다. 또한 정확한 정보 검색 능력도 필요하다. 번역 과정에서 표기법을 확인하거나 생소한 분야의 지식이 필요할 때, 신뢰할 수 있는 정보를 찾아내고 잘못된 정보를 걸러낼 수 있어야 한다.

번역가는 단순히 언어를 옮기는 것 이상의 복합적인 능력이 필요한 직업이다. 앞서 언급한 능력들은 하루아침에 생기지 않기 때문에 꾸준한 학습과 실전 경험을 통해 차근차근 발전시키면 순조롭게 번역가의 길을 걸을 수 있을 것이다.

옛 거류지 탐방

  점심 약속 전, 과거의 흔적을 찾아 고베시립박물관으로 향했다. 높고 큰 원기둥이 인상적인 이 건물은 1935년에 지어진 옛 요코하마정금은행(현 미츠비시 UFJ 은행) 고베 지점을 개보수해서 박물관으로 만들었다. 1층 상설 전시의 고베 역사 전시실에서는 바다와 항구를 통한 문화 교류의 역사를 한눈에 볼 수 있는데 근대에 발전한 도시인 만큼 개발 과정이 상세하게 전시되어 있었다. 상설 전시를 간단하게 둘러본 후 로비의 옛 거류지 역사 안내도에 표시된 외국인 거주 지역의 역사적 흔적을 따라 주변을 탐방해 보기로 했다.

  박물관을 나와 오른쪽 모퉁이를 돌자 15번 관이 눈에 들어왔다. 1880년에 미국 영사관으로 지어진 이 건물은 현재 레스토랑과 카페로 운영되고 있었는데 뒤에 보이는 현대식 유리 빌딩과 대비되어 격식 있는 분위기가 더욱 돋보였다. 건물 주변에는 1872년에 만들어진 벽돌 하수도관이 원형 그대로 보존되어 있었고 놀랍게도 당시 만든 하수도 중 일부는 지금도 빗물 배수관으로 사용되고 있었다. 15번 관 옆에는 당시 126구획으로 나뉜 거류지의 흔적인 15번과 16번 구획의 경계 기둥도 있었다. 이어서 들른 38번 관은 1929년 르네상스 양식으로 지어진 건물로 과거 씨티은행 등이 사용했으나 현재는 다이마루 백화점의 명품관으로 사용하고 있어 내부에 들어가 관람하기는 부담스러워 외부만 보았다.

  이국적이면서도 정돈된 옛 거류지에서는 고전적인 서양식 건물과 현대 건축물이 만들어내는 이중성과 조화를 동시에 느낄 수 있었다.

처음에는 카페나 명품매장으로 활용되는 것이 아쉽게 느껴졌지만, 이 거리의 활기를 보니 건물을 원래의 용도와 다르지만 다른 용도로라도 적극적으로 활용하는 것도 의미 있는 보존 방식이라는 생각이 들었다.

대학원 선배와의 만남

옛 거류지를 둘러보다가 약속 시간이 다가와 다이마루백화점 입구로 향했다. 대학원 시절 같은 수업을 들었던 C 선배와는 학교 밖에서 만난 적이 없어서 연락을 망설이다가 반대 입장이면 기꺼이 후배를 만날 것 같아서 연락했더니 다행히 시간을 내주셨다.

C 선배는 졸업 후 일본으로 건너가 학업을 마치고 아와지섬에 정착했다고 한다. 고베에서 만난다는 설렘에 반가움과 어색함이 묻어나는 인사를 나눈 후 C 선배의 추천으로 산플라자 지하 1층의 돈가스 전문점 킨톤きんとん에 갔다. 점심시간이 막 지나가는 시점이라 기다림 없이 자리에 앉을 수 있었다. 주변 손님들의 만족스러운 표정을 보고 맛집이라는 확신이 들어 프리미엄 3종 정식을 주문했다. 안심과 가지 민스, 새우가 포함되어 다양한 재료를 한 번에 맛볼 수 있었다. 안심은 육질과 부드러움을 동시에 살린 섬세한 맛이 인상적이었고 처음부터 끝까지 느껴지는 담백한 고기 맛이 놀라웠다. 바삭한 튀김옷은 완전한 조연이었다. 한국에서 일식 돈가스 맛집들을 많이 가봐서 큰 기대는 하지 않아서 더 놀란 것 같다. 가지 민스는 입속에서 부드럽게 부서지는 식감이 맛을 더 특별하게 만들었고 적당한 두께의 튀김옷을 입은 새우살은 달콤함이 돋보였다. 대학원 생활을 추억

하며 먹으니 더욱 맛있게 느껴졌다.

식사 후 들른 근처 스타벅스에서는 한국에 없는 시즌 음료인 군고구마 캐러멜 프라푸치노를 주문했다. 군고

구마와 캐러멜의 조화는 예상했던 맛이었지만 생각보다 훨씬 달았다. 카페에서 C 선배의 직장 생활 이야기를 들으며 일본 직장 문화의 답답함과 합리성을 동시에 느낄 수 있었다. 팀워크를 중시하면서도 개인의 능력으로 협력의 돌파구를 찾아내는 C 선배의 모습이 인상적이었다. 시간 가는 줄 모르고 한참 대학원 시절을 추억하다가 자리에서 일어났다. 늘 건강하고 앞으로 더욱 자신만의 능력을 발휘하길, C 선배의 앞날을 응원한다.

히가시유원지東遊園地와 고베 어린이책의 숲こども本の森神戸

C 선배와 헤어진 후 히가시유원지를 찾았다. 일본 최초의 서양식 운동 공원인 이곳은 고베의 외국인 거류지 동쪽에 위치해서 '히가시(東/동쪽)'라는 이름이 붙었다. 서양인들은 이곳에서 야구, 축구, 럭비 등 서양 스포츠를 즐겼고 이를 통해 이러한 스포츠 문화가 일본 전역으로 퍼져나갔다. 현재는 크고 작은 두 개의 잔디 광장에 조각상과 분수대가 자리 잡고 있어 시민들의 휴식과 문화 교류의 장소로 사랑받고 있다.

무더운 여름이라 공원 입구에 있는 분수대의 물소리만으로도 시원함이 전해졌다. 맨발로 첨벙첨벙 물장구치는 아이들의 소리와 불규칙하게 솟구치는 분수의 물줄기는 마치 재즈 음악 같은 리듬을 만들어냈다. 원형 잔디 광장을 걷다 보니 강아지 집처럼 생긴 공간에 로봇 청소기를 닮은 물체가 있어서 가까이 다가가 보니 자동 잔디 깎기 로봇이었다. 넓은 잔디 공원 관리의 비결은 로봇이었군.

잔디 공원을 따라 이동하다 보니 고베 어린이책의 숲이 나왔다. 안도 타다오가 설계한 이 도서관은 철근 콘크리트로 마감한 2층 건물로 모던하고 심플한 디자인이라 도서관 앞의 아기자기한 정원과 멋스럽게 어우러졌다. 동시에 효고현립미술관에서 봤던 노출 콘크리트가 시크하고 웅장하면서도 조화로웠던 기억이 떠올랐다. 두 곳의 용도와 분위기가 전혀 달라서 어쩌면 콘크리트는 어디에나 잘 어울리는 게 아닐까 하는 생각이 들었다. 도서관 앞 원형 잔디밭 중앙에는 고베 꽃 시계가 자리 잡고 있었는데 봄이 되면 알록달록한 꽃으로 채워진다고 한다.

도서관에 들어서자 천장까지 닿는 거대한 책장이 시선을 사로잡았다. 따뜻한 색감의 목재 책장이 콘크리트와 만나니 부드러운 느낌이 도드라졌다. 이 정도 되니 콘크리트는 어디에나 잘 어울린다는 생각에 확신이 생겼다. 안쪽으로 들어가니 안도 타다오의 상징인 푸른 사과가 책장 위에 놓여 있고 왼쪽의 큰 유리창으로 자연광이 스며들었다. 도서관의 책 분류를 도서관 이름을 따 '예술의 숲', '이야기의 숲', '생각의 숲' 등으로 통일한 점이 인상적이었다. 2층에 올라서니 더욱 개방감이 느껴졌다.

이곳은 일반적인 도서관과 다르게 책 대출이 불가능하고 도서관 내부 혹은 앞의 공원에서만 읽을 수 있다. 또 아이들이 책을 고르기 쉽도록 표지가 보이도록 전시하고 있다. 나도 우스꽝스러운 표지에 홀려 『일본 요괴 백과』를 읽다가 폐관 시간이 다가와 도서관을 나섰다.

27일 차 9월 26일 (목요일)

동물과 교감하는 사파리 모험

히메지 센트럴 파크
엔교지

히메지 센트럴 파크 姫路セントラルパーク

오늘은 학수고대하던 히메지 지역에 가는 날이다. 원래 지난 일요일에 가기로 했는데 오전의 폭우로 일정을 바꾸게 되었다. 히메지는 국보 히메지성으로 가장 유명하지만 이번에는 다른 곳에 방문한다. 오늘 갈 곳은 차가 있으면 색다른 경험을 할 수 있는 곳이라 엄마가 동행해 주시기로 했다. 결국 9월의 목요일을 내가 다 차지해서 죄송한 마음에 미리 입장권을 예매해 두었다. 엄마가 호텔에 나를 데리러 오셨고 함께 히메지 센트럴 파크로 향했다.

히메지 센트럴 파크는 사파리 파크와 놀이공원을 결합한 종합 테마파크다. 1984년에 개장한 만큼 세월의 흔적이 느껴지는 데다 오사카의 유니버셜 스튜디오에 밀려 힘을 못 쓰고 있지만 직접 방문해 보니 뚜렷한 특색과 매력이 있는 곳이었다. 사실 고베에 오기 전까지는 모르다가 사키 언니가 아이들과 다녀온 사진을 보고 반해서 급히 일정에 넣었다. 이번에는 사파리 파크만 방문하기로 했지만 여름에는 수영장을 겨울에는 아이스 스케이트장을 운영해서 아이들이 즐길 거리도 풍부한 곳이다.

자동차로 1시간 정도 달려 히메지 센트럴 파크에 도착했다. 이곳은 자가용 혹은 사파리 버스로 동물들을 가까이에서 관찰할 수 있는 드라이브 스루 사파리와 걸어서 동물들을 볼 수 있는 워킹 사파리로 나뉜다. 우선 워킹 사파리부터 체험하기 위해 차를 주차하고 입구로 들어갔다.

워킹 사파리에서는 다양한 동물들과 가까이서 만날 수 있었다. 큰 곰부터 시작해 홍학, 펠리컨, 그리고 캥거루와 왈라비까지 여러 동물을 만났다. 특히 카피바라와 왈라비는 매우 온순해서 직접 만지고 교감할 수 있었다. 백호랑이와 백사자도 인상적이었는데 백사자의 분홍빛 입술이 특히 기억에 남는다.

  가장 기대했던 구역은 사바나 테라스였다. 사실 히메지 센트럴 파크에 방문한 건 신이치가 기린에게 직접 먹이를 주는 사진을 보고 반해서이다. 내가 가장 좋아하는 동물은 기린이다. 긴 목의 은은한 갈기와 왕관 같은 뿔, 그리고 우아한 자태와 대비되는 위풍당당한 체격과 매혹적인 얼룩무늬가 예술 작품처럼 느껴지기 때문이다. 사바나에 들어서니 멋진 기린 네 마리가 커다란 나무 밑에 서 있었다. 기린이 나뭇가지의 잎을 키가 닿는 만큼 뜯어 먹는 바람에 마치 자를 대고 자른 듯 아래쪽 가지의 높이가 똑같아서 재미있었다. 먹이 주기 체

험을 위해 300엔을 내고 새끼손가락보다 얇게 썬 당근이 3개 담긴 종이컵 하나를 집어 들었다. 당근을 손에 들고 흔들며 작은 목소리로 기린을 부르자 한 마리가 다가왔다. 결코 작은 키는 아니지만 무리 중에 가장 작아서 울타리 위까지 입이 닿지 않아 울타리 사이로 당근을 넣어줬더니 긴 혀가 손가락을 핥으며 당근을 쏙 가져갔다. 생각지도 못하게 기린에게 먹이를 주고 싶다는 오랜 소원을 고베에서 이루었다. 다른 기린도 가까이에서 보고 싶었지만 배가 부른지 다가오지 않았다.

  금세 기린 먹이 주기 체험이 끝나고 엄마는 레서 판다에게 먹이를 주고 싶다고 하셔서 레서 판다가 있는 곳으로 이동했다. 기린처럼 직접 손으로 먹여주는 게 아니라 사과 조각을 기다란 막대에 끼워 레서 판다에게 전달하는 방식이었다. 나도 체험해 보니 길이가 감이 잡

히지 않아 헤매는 사이에 레서 판다가 두 발로 벌떡벌떡 일어났고 꼭 낚시하는 것처럼 사과를 받아먹었다. 엄마가 레서 판다에게 먹이를 주며 아이처럼 좋아하는 모습을 보니 내가 기린에게 먹이 줄 때도 같은 모습이었을 것 같다는 생각이 들었다.

이후 백사자에게도 먹이를 주었다. "자꾸 동물들에게 먹이를 주면 돈을 엄청나게 뜯기니까 조심해"라고 조언한 사키 언니의 말은 이미 잊어버린 지 오래다. 사자에게는 닭고기나 소고기를 먹인다고 하는데 오늘 줄 간식은 소고기였다. 레서 판다보다 훨씬 가까운 거리에서 맹수에게 먹이를 준다고 생각하니 긴장됐지만 꼬챙이에 끼운 소고기를 받아먹는 암사자를 보니 귀엽게 느껴졌다. 약간 떨어진 뒤쪽에서는 수사자가 눈을 감고 엎드려 있기에 수사자는 안 먹는지 물어보았다. 사육사는 "암사자인 나나가 다 먹고 나면 수사자가 와서 먹어요.

오늘은 나나가 오래 안 비키네요"라고 말했다. 먹이통을 보니 남은 소고기가 몇 조각 없었다. 암사자와 수사자의 금슬을 칭찬하며 일어났다.

  드라이브 스루 사파리에서는 차를 타고 가까이에서 동물들을 만났다. 치타, 호랑이, 사자 같은 맹수부터 다양한 종류의 사슴과 염소, 그리고 아메리카들소와 코뿔소까지 볼 수 있었다. 뿔이 파마한 것처럼 말려 있는 사슴을 닮은 동물을 발견하고 "미용실 갔다 왔나 봐요"라고 말하니 엄마가 재미있다고 웃어 주셨다. 장난치듯 꽤 빠른 속도로 뛰어다니는 코뿔소들의 모습을 보며 제발 우리 차를 치지 않길 기도하기도 했다. 드라이브 스루 사파리는 한 번이 아닌 무한으로 돌 수 있지만 우리는 한 번으로 만족하고 다음 일정을 향해 이동하기로 했다.

히메지 센트럴 파크의 사파리는 한국에서 경험할 수 없는 형태라 신선하고 매력적이었다. 다만 평일임을 감안해도 관람객이 매우 적었는데 이는 아마 위치와 요금 때문일 것이다. 히메지시라는 위치가 애매하고 이곳까지는 대중교통으로 방문하기도 까다롭다. 요금은 시즌별로 다르지만 4,000엔 전후로 저렴하지 않고 주차 요금도 별도로 1,200엔이 든다. 여기에 먹이 주기 체험까지 하면 금액이 또 추가된다. 많은 사람이 찾을 수 있도록 무료 체험을 늘리거나 셔틀버스를 운영하는 등의 방안을 고민해서 이곳이 오래 유지되면 좋겠다.

엔교지 圓教寺

이번에는 히메지 센트럴 파크에서 가까운 엔교지를 방문하기로 했다. 쇼샤산 정상에 자리 잡은 이곳은 966년 쇼쿠 쇼닌性空上人이 창건한 천태종 사찰이다. 로프웨이를 타고 4분 만에 정상에 도착한 후 엔교지까지는 유료 송영 버스를 타고 이동했다.

엔교지에 도착해서 요기를 위해 하즈키찻집에 들렀다. 간단하게 오뎅을 주문하고 경내 안내도를 살펴보았다. 넓은 경내를 전부 둘러보기에는 시간이 부족해서 본당인 마니덴摩尼殿을 본 후 미츠노도三之堂에서 사경写経 체험만 하기로 했다. 생강가루로 건강함을 더한 오

덴을 먹다가 쿠즈자쿠라くず桜가 눈에 띄어 디저트로 먹으려 추가로 주문했다. 쿠즈자쿠라는 칡가루 반죽에 팥앙금을 넣고 벚나무잎으로 감싼 화과자다. 은은한 벚나무 향과 쫀득한 식감 덕분에 기분 좋게 식사를 마무리했다.

찻집 바로 앞의 계단을 오르면 바로 마니덴이었다. 산비탈에 돌출되어 위치한 마니덴은 카게즈쿠리懸造り 공법으로 지어져 마치 하늘에 떠 있는 듯 위엄 있는 모습이었다. 시가현의 이시야마데라 본당이나 교토의 키요미즈데라清水寺도 카케즈쿠리 공법으로 지어졌는데 못을 사용하지 않고 부재를 격자로 조립해 서로 지탱하게 만든 특징이 있다. 마니덴에 올라 아래를 내려다보니 가파른 경사 때문인지 꽤 높이 올라와 있는 듯한 느낌이 들었다. 나무 바닥의 삐거덕거리는 소리에 귀 기울이며 가만히 마음을 가다듬었다.

10분 정도 산속을 걸어 미츠노도에 도착했다. ㄷ자 형태로 배치된 미츠노도에서는 사경 체험을 할 수 있었다. 사경이란 불교 경전을 필사하는 수행 방법이다. 20분짜리 짧은 사경 체험을 선택하고 향내 나

는 가루로 몸과 손을 정화한 후, 어지러운 감정과 속세에서 벗어난다는 생각으로 붓펜을 움직였다. 꽃잎 모양의 종이에는 글씨가 옅게 프린트되어 있었지만 그저 따라 적기만 하면 의미가 없기에 조금 더 크게 나만의 필체로 적었다. 종이의 앞면에는 관음경 구절이 적혀 있고 뒷면에는 소망과 이름을 적는 공간이 있었다. 사경을 마친 종이는 가져가도 되고 두고 가도 된다고 했다. 두고 가는 경우 저녁 기도 때 함께 올린다고 해서 놓아두고 왔다.

사경을 마친 후에는 헤이안 시대에 만든 아미타여래좌상을 봤다. 격자로 짠 나무 펜스 안쪽에 보존되어 있어 자세히 보이지 않아 마음으로 대신 본다고 생각했다. 보통 때였으면 어떻게든 보려고 격자 나무 사이로 눈을 들이밀었을 텐데 코앞에 있는데두 마음으로 보고 돌아서다니. 사경의 효과를 잠시나마 느꼈다.

이후에는 넓은 경내를 산책하듯 걸어 다녔다. 헤이안 시대의 가인 이즈미 시키부가 중궁 쇼시彰子와 함께 엔교지를 방문한 기록이 있다. 나도 이즈미 시키부와 같은 길을 밟았을까. 사경 체험 직후라 그런지 고요한 오솔길이 더욱 호젓하게 느껴졌다.

돌아가는 길에 로프웨이를 기다리며 바라본 전망에서는 히메지 시가지와 세토내해가 선명하게 보였다. 오랜 역사를 간직하면서도 자

연과 조화를 이루는 이곳에서 사경까지 경험하니 특별한 감회가 들었다.

두 번째 타코야키 파티

신이치의 타코야키 파티 제안으로 가족들이 모두 시간을 맞춰 저녁 식사하기로 했다. 약간 정체되어 조금 늦게 집에 도착하니 먼저 타코야키를 만들고 있었다. 이번에는 일반적인 재료 외에도 치즈, 쪽파, 김치, 강낭콩을 넣어 만들었는데 단맛이 강한 일본식 김치가 특히 타코야키와 잘 어울렸고 아이들도 좋아했다. 타코야키가 익기를 기다리며 정든 집을 둘러보다가 가족 그림 옆에 내 모습이 더해진 것을 발견했다. 달력에 꽂혀 있는 이 그림은 타카 형부가 가족 구성원을 직접 그린 것이었다. 처음에는 단순히 특징을 살려서 잘 그렸다고만 생각했는데 볼수록 매력적이라 책에 싣고 싶다는 생각이 들어서 내 얼굴도 그려달라고 부탁드렸더니 그려준 것이다.

  형부께 고맙다고 인사하며 사진을 찍고 자리로 돌아오자 사키 언니가 기린 먹이 주기 체험은 잘했냐고 물어보았다. 덕분에 체험도 잘하고 새로운 경험을 할 수 있어서 기뻤다고 감사의 마음을 전했다. 아이들은 오랜만에 평일 저녁을 아빠와 보내서 그런지 둘 다 아빠 옆에 붙어 떨어지지 않았다. 타카 형부가 식사를 편히 할 수 없어서 오늘 본 동물들을 보여주겠다고 관심을 끄니 형제가 나란히 다가왔다. 아이들은 비교적 최근에 다녀와서 사파리에 대해 자세하게 기억하고 있었다. 세이지는 맹수는 무서워하지 않으면서 파마한 듯한 뿔이 달린 동물을 무서워했고 신이치는 질주하는 코뿔소에 대해 자세히 물어보았다.

  식사 후에는 오카야마에서 사 온 키비단고와 타카 형부가 준비한 화과자를 먹었다. 키비단고는 쫄깃함보다는 부드러움이 느껴졌다. 타카 형부는 쿠리쿠즈모치栗くず餅를 준비했는데 부드러운 밤과 쫄깃한 떡의 식감이 어우러지면서 밤의 향이 기분 좋게 입속에 퍼졌다.

  떠나기 전, 엄마가 3주 동안 내가 사용했던 컵을 선물로 주셨다. 집에서 유일하게 'My'를 붙여 부르던 물건이라 특별한 의미가 있었다.

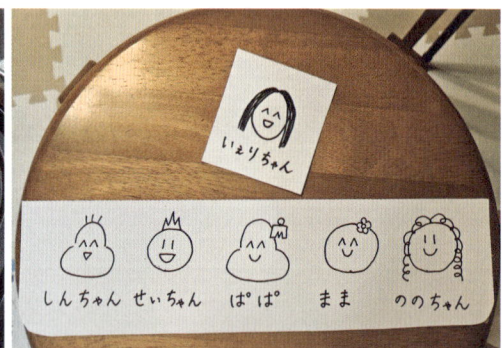

현관에서 가족들과 작별 인사를 나누며 한국에 놀러 오라는 말을 덧붙였다. 밤이면 늘 집으로 들어가던 길을 반대 방향으로 걸으니 낯설게 느껴졌지만 3주 동안 머물고 홈스테이하며 쌓은 소중한 추억 덕분에 섭섭하지 않았다. 복도에서 바라본 동네 풍경은 여전히 아름다웠다.

■ 마이 컵 문화

마이 컵(My cup) 문화로 일본의 위생 관념과 사고방식을 엿볼 수 있다. 남에게 폐를 끼치지 않고 타인과의 접촉을 최소화하려는 특성이 식사 문화에도 깊이 반영되어 다른 사람의 식기가 닿은 음식을 먹는 것을 꺼리는 경향이 컵 사용에도 반영된 것이다. 최근에는 줄어드는 추세지만 한국에서는 흔히 볼 수 있는 찌개나 국물 요리를 여러 사람이 함께 먹는 문화가 일본인들에게는 낯설게 느껴지는 것도 이러한 맥락 때문이다. 마이 컵 문화는 단순한 위생 관념을 넘어 개인의 영역을 존중하는 일본 특유의 문화적 가치를 반영한다.

실제로 홈스테이 첫날에 엄마가 찬장에서 여러 컵을 꺼내 하나 고르라고 하셔서 골랐더니 앞으로 그 컵을 쓰라고 하셨다. 이번처럼 오래 머물지 않고 일주일 이내로 머물 때도 늘 컵을 지정해 주실 정도로 마이 컵 문화는 일상생활에 자연스럽게 스며들어 있다.

28일 차 9월 27일 (금요일)

차 한 잔에 담긴 일본의 정신

뉴신칸
일본 문화 체험 ③ 다도

마나 씨와 모닝 즐기기

고베에서 나를 반겨 준 마나 씨와 지난주부터 다음 만남을 계획했지만 서로의 일정이 맞지 않아 아침에 만나 모닝을 즐기기로 했다. '모닝'이란 나고야를 중심으로 발달한 독특한 카페 문화로 아침에 음료를 주문하면 빵이나 샐러드, 삶은 달걀 등이 무료로 제공되는 서비스이다. 이사 준비로 바쁜 마나 씨를 위해 마나 씨 동네로 가 단골 카페 앞에서 만났는데 부정기 휴일이라 또 다른 단골 카페인 히로 커피Hiro Coffee로 발걸음을 옮겼다. 이곳은 일반적인 모닝 서비스처럼 무료로 제공하는 서비스는 없지만 오후 2시까지 음료와 빵을 세트로 주문하면 50엔을 할인해 주는 서비스가 있었다. 따뜻한 카페 라테와 푸짐한 샌드위치를 즐기며 이야기를 나누는 동안, 바쁜 일상에서도 서로를 위해 시간을 내어 만날 수 있다는 것이 얼마나 특별한지 또 한 번 깨달았다. 앞으로도 한국과 일본에서 또 다른 추억을 만들 수 있기를 기대해 본다.

슈신칸 酒心館

마나 씨와 헤어진 후 이 지역의 명소인 일본주 양조장을 방문하기로 했다. 스무 곳이 넘는 양조장 중 히로 커피에서 도보로 10분 거리에 있는 슈신칸을 찾았다. 이 일대는 지명인 '나다灘'에 '다섯 개의 마을'이라는 단어를 붙여 나다고고灘五郷라고 부른다. 나다고고는 미네

랄이 풍부한 물인 미야미즈, 양조에 최적화된 야마다니시키 쌀, 그리고 롯코산의 차가운 바람 덕분에 일본주 양조에 이상적인 환경을 갖추고 있다.

13대에 걸쳐 전통 양조 방식을 이어오고 있는 슈신칸의 입구에는 새로운 술이 완성됐음을 알리는 스기다마杉玉가 걸려 있었다. 이 삼나무잎으로 만든 공 모양의 장식은 처음에는 초록색이었다가 점차 갈색으로 변하며 술의 숙성 상태를 보여준다. 예약하고 방문하면 상세하게 견학할 수 있지만 나는 예약 없이 방문해서 간단하게 둘러보았다. 슈신칸은 일반 쌀알보다 큰 쌀을 사용해서 독자적인 방식으로 술을 빚는다고 한다. 특히 대표 브랜드인 후쿠주福寿는 2008년부터 노벨상 공식 만찬에 제공될 만큼 국제적인 명성을 자랑한다. 새파란 포장과 병의 색이 눈에 띄는 후쿠주는 판매점 한가운데 배치되어 있어 쉽게 찾을 수 있었다. 후쿠주 주변을 맴도니 친절한 직원이 다가와 시음을 권했지만 다음 일정과 술에 약한 체질 때문에 아쉽지만 거절했다. 대신 정돈된 정원을 산책하다가 수확을 기다리는 양조용 쌀을 발견했다. 직접 쌀을 재배하는 모습을 보니 특별한 쌀을 사용하고 있다는 믿음이 생겼다. 또 한쪽에는 술을 담그는 데 사용하는 거대한 오케大桶가 포토존으로 꾸며져 있어 양조장의 전통미를 더했다.

후쿠주를 맛보지 못한 건 아쉽지만 양조장의 역사와 전통을 고스란히 담은 시설과 정성스레 가꾼 정원, 그리고 쌀 재배부터 술 제조까지 이어지는 장인 정신을 엿볼 수 있었다.

다도 체험

오후에는 아시야 시립 시오아시야 교류센터에서 서예와 꽃꽂이에 이어 마지막으로 다도를 체험했다. 이번에도 버스 시간 때문에 일찍 도착해 1층 데스크에서 500엔을 내고 다다미가 깔린 교실로 향했다. 수업 시작 전까지 시간이 남아 책상 배치를 도왔는데 꿇어앉아 있으면 다리가 불편해서 책상을 사용한다고 했다.

준비를 마치고 작은 다다미방을 둘러보다가 토코노마床の間에 시선이 멈췄다. 토코노마는 한 단 높은 바닥과 움푹 파인 벽면의 장식 공간이다. 벽에는 '화경청적和敬淸寂'이라고 적힌 족자가 걸려 있었는데 이는 조화롭고 공경하는 마음으로 맑고 차분하게 차를 대하라는 다도의 핵심 정신을 담은 문구다. 바닥에는 화병에 참억새와 붉은 피안화, 그리고 보라색 루엘리아 심플렉스가 조화롭게 꽂혀 있었다. 초록색 참억새잎에는 중간중간에 노란 얼룩이 있어서 부드러움을 더했다. 수업은 선생님과 한국인 신 씨, 중국인, 코스타리카인, 일본인 보조가 고정 멤버고 나와 유 씨가 처음 참여했다. 처음에는 손님 역할을 맡았는데 사전 설명 없이 갑자기 시작해서 어리둥절했다. 이후 보조 역할을 맡았을 때는 테이슈와 손님을 동시에 신경 써야 해서 혼란스러웠다. 동작을 하려 할 때마다 여러 명이 동시에 이런저런 말을 하는 바람에 전혀 집중할 수 없었다. 다도는 세심한 예법이 요구되니 모두 필요한 조언이겠지만 신경 쓸 사항이 많은 만큼 체험 전에 미리 설명해 주면 좋을 것 같았다. 마지막으로 테이슈 역할을 맡아 말차를 만들었는데 차선으로 거품을 내기가 쉽지 않았다. 신 씨의 조언대로 손목

에 힘을 주고 저으니 두 번째는 더 풍성한 거품을 낼 수 있었다. 1시간 반의 체험이 끝나고 나니 진이 다 빠졌다. 서예와 꽃꽂이와 다르게 다도는 일본어를 잘하지 못하면 참여하기 어려울 것 같고 외국인을 위해 더욱 체계적인 수업 방식을 고안해야 할 것 같았다.

  수업 후 신 씨의 제안으로 근처에 있는 사이제리야サイゼリヤ에 가서 함께 식사했다. 마나 씨와 먹은 푸짐한 샌드위치 때문에 점심을 걸러서 배가 고픈 참이었다. 치즈그라탱과 바지락 파스타를 먹으며 이야기를 나누다가 20년 전 자녀를 키울 때 도시락 만들기가 힘들고 부담스러웠다는 현실적인 이야기를 들었다. 일본에서는 가정에서 만든 정성스러운 도시락은 사랑과 정성의 표현으로 여겨진다. 그래서 아이들은 유치원이나 학교에서 친구들끼리 도시락을 비교하며 자부심이나 소외감을 느끼기도 한다. 그렇다 보니 도시락은 부모의 사랑과 정성을 평가받는 기준이 되어 사회적 압박으로 작용해 만화 캐릭터나 동물 모양으로 도시락을 꾸미기 위한 책이나 강좌도 심심치 않게 찾아볼 수 있다. 식사 후 신 씨가 역까지 데려다주며 다음에는 한국에서 만나자고 하셨다. 친절한 신 씨 덕분에 더욱 즐겁게 문화 체험할 수 있었다. 다음에 뵐 때는 꼭 맛있는 음식을 대접하고 싶다.

29일 차 9월 28일 (토요일)

0.1밀리의 세계를 추구하는 장인의 손길

누노비키 폭포
타케나카 목수 도구관

그린 하우스 실버에서 쇼와풍 오므라이스 맛보기

　주말이라 사람이 붐빌 것 같아 오늘은 비교적 한적한 곳을 찾아 관광하기로 했다. 우선 점심을 먹기 위해 이전에 마나 씨와 가보려 했던 그릴 스에마츠로 향했다. 골목에 들어서자 멀리서 보기에도 긴 줄이 형성돼 있었다. 가까이 다가가 보니 개점한 지 10분이 채 되지도 않았는데 줄이 상당했다. 허리가 좋지 않아 오래 서 있기가 힘들어서 차선책으로 그린 하우스 실버グリーンハウスシルバー를 찾아갔다.

　그린 하우스 실버는 마치 숲으로 들어가는 듯한 좁은 길 안쪽에 있었다. 대기 장소에는 5명 정도가 있었지만 앉아서 기다릴 수 있고 매장도 넓어 보여 기다리기로 했다. 조금 지나자 어느새 대기 줄이 골목 입구까지 늘어나 있었다. 30분 정도 기다린 후 1층 안쪽 2인 테이블에 안내받았고 수프와 샐러드가 포함된 쇼와풍 오므라이스와 아이스 카페 라테를 주문했다. 매장은 나무로 장식된 실내와 넓은 창을 통해 들어오는 자연광이 어우러져 마치 자연 속에 있는 듯한 분위기였다.

　음식은 꽤 기다렸다. 샐러드와 수프, 카페 라테가 먼저 나오고 한참 뒤에 오므라이스가 나왔다. 메뉴판에서 본 것보다 달걀이 두꺼워 보였고 갈라보니 안쪽은 반숙에 가까웠다. 첫입을 먹자 버터의 깊은 풍미가 입안을 가득 채웠다. 고베에서 맛본 네 곳의 쇼와풍 오므라이스 중 가장 버터 맛이 강했다. 달걀 속 밥과 소스 모두 케첩으로 맛을 냈지만 버터 맛이 강해서인지 간이 세게 느껴지지는 않았다. 마나 씨와 갔던 그릴 잇페이의 오므라이스는 얇은 달걀과 데미그라스 소스의 조화가 인상적이었던 반면, 이곳은 케첩 위주의 단조로운 맛이었

다. 또 하나의 차이점은 이곳의 달걀은 존재감이 매우 강하다는 것이다. 반숙 달걀을 잘 먹지 못하는 데다 버터 맛까지 더해져 먹을수록 느끼하게 느껴졌다.

  매장에는 커플, 가족, 친구 등 다양한 구성의 손님들이 있었고 나처럼 혼자 온 손님도 있었다. 대부분의 테이블에서 식사를 마친 후 케이크나 음료를 곁들여 여유로운 시간을 보내고 있었다. 대기 인원에 비해 오래 기다렸던 이유를 이제야 알 것 같았다. 각자의 방식으로 토요일을 즐기는 사람들을 보며 나도 하루를 알차게 보내기 위해 가게를 나섰다.

누노비키 폭포 布引の滝

  흐린 날씨에도 더위가 기승을 부려 실내 관광지로 갈까 하다가 배가 너무 불러 먼저 누노비키 폭포로 향했다. 가게에서 누노비키 폭포 입구가 있는 신코베역까지는 도보로 30분 정도 걸렸다. 역에 도착해서 길을 헤매다 안내소에 들렀더니 지도와 함께 친절한 안내를 받을 수 있었다. 설명대로 역에서 나와 왼쪽으로 돌자 누노비키 폭포 가는 길이라고 적힌 커다란 표지판이 보였다.

　누노비키 폭포는 신코베역 뒤편 산자락을 흐르는 이쿠다강生田川 중류에 있는 4개의 폭포군이다. 폭포를 보기 위해서는 걸어서 올라가야 해서 편한 신발이 필수다. 아이들도 쉽게 오를 수 있다고 들었지만 평소 등산을 전혀 하지 않는 나는 각오가 필요했다. 입구에서 10분쯤 걸으니 가파른 돌계단이 나왔고 본능적으로 계단을 피해 왼쪽 평지로 가서 첫 번째 폭포인 멘타키雌滝를 감상했다. 작은 규모지만 청량감을 느끼며 잠시 바라보다가 뒤로 돌아가니 아까 피했던 돌계단 뒤편으로 보이는 나무 계단과 마주쳤다.

　다시 한번 계단을 만나서 절망적이었지만 이번에는 달리 길이 없어서 천천히 올라갔다. 나무 계단을 오르다 보니 어느새 돌계단으로 바뀌어 있었다. 계단이 끝나자 본격적으로 가파른 산길이 시작됐다. 한쪽이 절벽인 데다 사람도 적지 않아서 다른 사람들의 속도에 맞춰

조금 서둘러 올라갔다. 숨을 헐떡이며 5분 정도 올라가니 두 번째 폭포인 츠츠미가타키鼓ヶ滝라는 표지가 나왔다. 이곳은 눈이 아닌 귀로 듣는 폭포라고 한다. 몇몇 사람이 귀를 기울이고 있어서 나도 잠깐 멈춰 서서 소리에 집중했지만 내 숨소리가 너무 커서 폭포 소리는 들을 수 없었다.

축 처진 몸을 이끌고 10분 정도 더 오르자 거센 물소리와 함께 거대한 폭포가 눈앞에 나타났다. 누노비키 폭포 중 가장 큰 온타키雄滝였다. 등산로가 좁아서 폭포도 작을 거라 예상했는데 높이가 43m나 된다고 한다. 온타키 아래에서 떨어지는 메오토타키夫婦滝는 두 줄기의 물이 나란히 흐르는 모습이 부부 같아서 지어진 이름이다. 온타키 앞 벤치에 앉아 더위를 식히며 폭포를 감상했다. 숨을 고르며 눈을 감으니 새소리가 들리고 시원한 바람이 얼굴을 스쳤다. 온타키의 물줄기는 한 줄기로 시작해 중간 지점에서 넓게 퍼지며 시원한 소리를 냈다. 헤이안 시대의 가인 아리와라노 나리히라在原業平는 이 물줄기를 보고 흩어지는 하얀 실에 꿰어진 구슬이라고 표현했다. '누노布'는 '천'이라는 뜻으로 사다리꼴로 퍼지는 물줄기가 꼭 하얀 치마 같았다.

폭포의 크기에 비해 물소리가 인상적이어서 청각적인 만족감이 컸다. 울창한 숲속이라 그런지 북소리처럼 들리기도 하고 눈을 감으면 발에 폭포의 진동이 전해지는 것처럼 느껴졌다. 내려갈 때는 올라올 때와 달리 여유를 가지고 천천히 걸었다. 푸른 자연 속을 걸으니 발걸음마다 전해지는 땅의 울림까지 기분 좋았다.

타케나카 목수 도구관 竹中大工道具館

산에서 내려와 잠깐 쉬고 싶었지만 마땅히 갈 만한 곳이 없어서 바로 5분 거리의 타케나카 목수 도구관으로 향했다. 이곳은 일본의 전통 목공 기술과 다양한 목수 도구를 전시하는 곳으로 처음에는 생소한 이름 때문에 방문을 주저했지만 지인들의 긍정적인 후기를 듣고 방문을 결심하게 되었다.

반듯한 나무 대문과 정돈된 돌담이 인상적인 입구를 지나자 깔끔하게 정돈된 연둣빛 정원이 방문객을 맞이했다. 조금 전까지 본 산의 불규칙한 자연과 대비되어 잠깐 이질감이 느껴졌다. 목조 건물의 내부는 밖에서 보이는 것보다 넓고 지하 1, 2층까지 갖추고 있었다. 매표 후 먼저 닛코 도쇼구의 전통 건축 장인들의 채색과 금속공예를 소개하는 특별전을 관람했다. 약 15년 전 방문했던 흐릿한 기억 속의 도

쇼구를 떠올리며 천천히 둘러봤다. 찬란한 조각과 공예의 화려함은 눈부실 정도였다. 지하에서 두 명의 장인이 실제 작업하고 있는 모습을 볼 수 있다고 해서 내려가 보았다. 한 장인은 옻칠과 금박 작업을 하고 있었는데 특히 얇은 금박을 다루는 정교한 기술이 인상적이었다. 다른 장인은 금박이 입혀진 조각에 파란색을 채색하고 있었다. 섬세한 붓질은 물론이고 색의 농도를 조절하는 모습에서 장인의 숙련도가 엿보였다. 장인의 손길을 거친 여러 단계의 작업 덕분에 도쇼구가 빗물도 버티며 색상을 유지할 수 있다는 설명을 들으며 일본의 문화유산 보존 기술과 장인을 향한 인식에 감탄했다.

상설전에서는 목조건축의 역사와 작업 도구, 작업 방법 등을 폭넓게 살펴볼 수 있었다. 특히 세계에서 가장 오래된 목조건축물인 호류지法隆寺의 오층탑 모형이 눈에 띄었다. 600년경에 지어진 이 건물의

정교한 이음매 기술은 지금 봐도 대단하다. 다양한 목공 도구들이 전시된 공간에서는 영상을 통해 각 도구의 사용법을 자세히 설명해 주어 이해하기 쉬웠다. 또한 중국, 유럽과의 목공 기술 비교 전시를 통해 나무의 특성에 따른 도구와 기법의 차이도 알 수 있었다. 일본은 부드러운 나무를 사용하지만 해외에서는 단단한 나무를 사용하기 때문에 사용 도구와 공정 방법이 다르다고 한다. 마지막으로 장인이 직접 사용하는 도구와 전시 작품을 구경하고 밖으로 나왔다.

  사람의 손길이 닿아 손질된 정원이건 날것 그대로의 산길이건 나무가 전해주는 따스함과 안정감은 결국 같다는 생각이 들었다. 자연과 함께한 하루를 마무리하고 다가오는 마감을 위해 일찍 호텔로 돌아가 작업에 몰두했다.

■ 고베에서 맛본 다양한 오므라이스

	그릴 잇페이	레스토랑 마로니에	그릴 롯코	그린 하우스 실버
위치	산노미야역 근처	이쿠노은산 앞	아리마 지역	산노미야역 근처
메뉴명 가격	오므라이스(소 900엔) + 수프·샐러드(650엔)	오므하야시라이스 (1,380엔)	데미오므라이스 (1,800엔) + 음료	쇼와 오므라이스 (1,050엔) + 음료 세트(170엔)
맛	케첩과 데미그라스 소스의 조화	하야시라이스 소스	강한 데미그라스 소스	케첩과 강한 버터 풍미
주요 특징	· 쇼와풍의 정석 · 얇은 달걀옷	· 타지마 소고기를 맛볼 수 있음 · 맨밥에 달걀옷	· 메인 메뉴 외 음료 주문 필수 · 각종 주류 판매	· 모닝, 런치, 디너 별도 운영 · 런치 주문 시 수프, 샐러드 포함 · 케이크 등 디저트 판매

30일 차 9월 29일 (일요일)

이국적인 거리를 채우는 감미로운 스윙

노후쿠지
오지동물원
재즈 라이브 & 레스토랑 소네

노후쿠지 能福寺

둘째 날 시내에 나갔다가 고베 관광 안내 팸플릿에서 고베에 일본 3대 대불 중 하나가 있다는 문구를 발견하고 이에 대해 엄마께 물어봤더니 전혀 들어본 적 없다고 하셨다. 3대 대불에 대해 찾아보니 카마쿠라鎌倉의 코토쿠인高德院과 나라奈良의 토다이지東大寺는 대부분 인정하지만 마지막 하나는 지역에 따라 의견이 분분한 듯했다. 엄마도 호기심이 생겼는지 여기저기 효고 대불의 존재에 대해 수소문하다 70대 동료 한 분이 알더라는 소식을 전했다. 그마저도 그 근처에서 자라서 존재만 알 뿐 일본 3대 대불이라는 말은 들어본 적이 없다고 했다. 코토쿠인과 토다이지는 직접 방문한 적 있어서 기억을 되새겨 보니 일본을 대표할 만하다는 생각이 들었다. 과연 고베에 있는 대불을 보고도 같은 생각이 들지 궁금해서 직접 확인해 보기로 했다.

효고 대불이라는 별칭이 있는 노후쿠지는 805년에 창건된 천태종 불교 사찰이다. 효고역에 내려서 노후쿠지를 향해 걸어가는 길은 한적한 주택가라서 대불이 있을 것 같은 분위기는 아니었다. 골목을 누비다 지도를 보니 이미 지났다고 표시되어 있어서 돌아 나가려고 몸을 틀었더니 대불의 뒷모습이 눈에 들어왔다. 압도적인 크기에 '대불 맞잖아!'라고 생각하며 얼른 모퉁이를 돌아 입구로 향했다.

노후쿠지에 들어서자 불상이 바로 보였다. 돌계단 위에 안치된 불상은 높이가 11m이고 기단부를 포함하면 18m나 되는 높은 곳에 자리 잡고 있어 더욱 웅장해 보였다. 효고 대불의 존재를 아는 사람이 거의 없어서 기대하지 않았는데 막상 대불을 마주하니 그 크기에 압

도당해서 떨리는 마음으로 돌계단을 올라 불상 앞에 섰다. 처음에는 경외심이 들었지만 평안한 표정을 보니 이내 마음이 차분해졌다. 경내 다른 곳은 대부분 잠겨있어 들어갈 수 없었지만 한 바퀴 돌며 정결한 분위기를 느낄 수 있었다.

방문 전에는 대불이 생각보다 작아서 실망할까 봐 걱정했는데 결과적으로는 와 보길 잘했다는 생각이 들었다. 효고 대불은 대불다운 위용을 지니긴 했지만 코토쿠인이나 토다이지와 달리 아담한 경내 규모 때문에 대불의 위세가 충분히 발휘되지 못하고 있는 것 같다. 대불 탐험은 색다른 경험으로 남았고 기회가 된다면 3대 대불이라 주장하는 다른 곳에도 방문해 보고 싶어졌다.

오지동물원 王子動物園

일찍부터 노후쿠지에 방문했는데 15분 만에 나서게 되어 다음 목적지까지 시간이 붕 떴다. 근처에 갈 만한 곳을 생각하다가 다음 목적지와 멀지 않은 곳에 있는 오지동물원에 가기로 했다. 이곳은 고베 시내와 가까워 많은 사람이 찾는다. 몇 년 전에 방문했을 때는 일본에서 유일하게 코알라와 판다를 동시에 볼 수 있는 곳이었지만 지난 3월에 판다 탄탄이 노환으로 세상을 떠나 더 이상 판다는 볼 수 없다고 한다.

자동발매기로 표를 구매하고 입구에 들어서자 주말이라 그런지 사람이 가득했다. 입구의 플라밍고도 보고 다양한 새들의 소리를 들으며 걷고 있는데 사람들의 웅성거림이 들려왔다. 소리의 정체를 확인

하려 다가가니 레서 판다가 바위 위에서 간식을 먹고 있었다. 왼손으로 사과를 들고 사람들을 구경하며 맛있게 먹는 귀여운 모습을 사람들은 카메라에 담기 바빴다. 근처의 실내 사육장에서는 코알라가 에어컨을 쐬며 호강하고 있었다. 불더위에 사람들은 연신 손수건으로 땀을 훔치며 코알라를 봤다. 코알라는 식사 시간 빼고는 늘 잠만 자기 때문에 활동적인 모습은 볼 수 없었지만 나뭇가지에 요령 좋게 엉덩이를 집어넣고 자리 잡고 자는 모습이 꼭 인형 같았다. 마늘들고양이는 구석에서 큰 눈을 굴리며 무심한 표정으로 사람들을 바라보고 있었고, 북극곰은 더위에 지친 듯 같은 자리를 맴돌고 있었다. 기린은 두 마리가 있었는데 한 마리는 특이하게도 검은색에 가까운 무늬를 가지고 있었다. 키가 상당히 커서 걸음걸이가 더욱 우아해 보였다. 갈색 기린은 유리 너머로 코앞까지 다가와 관람객의 시선을 사로잡았

다. 기린과 아이를 함께 사진에 담기 위해 엄마가 아이를 억지로 유리 앞에 세우는 바람에 아이가 자지러지게 울어서 안쓰러웠다. 하마는 더운 날씨 탓인지 물속에서 얼굴만 내밀고 있었고 텅 빈 판다의 사육장에는 추모의 꽃과 간식들이 놓여 있었다. 어디선가 쿵쿵거리는 소리가 나 그쪽을 보니 코끼리가 통나무를 가지고 놀고 있었다. 꽤 큰 통나무를 코로 능숙하게 세웠다가 눕히기를 반복하는 장난스러운 모습이 덩치와 다르게 귀엽게 느껴졌다.

한 시간 반 정도의 관람을 마치고 맛본 판다 소프트아이스크림은 흰색과 검은색이 반반 섞인 우유와 초콜릿 맛이었다. 더운 여름날 동물원을 둘러보고 나서 맛보는 소프트아이스크림은 천상의 맛이었다.

재즈 라이브 & 레스토랑 소네ソネ

고베에 와서 즐겼던 재즈가 인상 깊었기에 이번에는 키타노이진칸 거리의 재즈바 소네를 찾았다. 이곳은 오랜 역사를 자랑하는 라이브 재즈 공연장으로 평일 저녁에는 세 타임의 공연이 열리고 입장료는 1,650엔부터다. 나는 술을 즐기지 않고 해진 후 외출을 자제하는 편이라 일요일 오후 2시부터 두 타임 열리는 낮 공연을 선택했다. 평일보다 저렴한 입장료 1,000엔을 내고 1시 40분쯤 입장하니 채도가 낮은 주황빛 조명이 비치는 넓은 공간이 펼쳐졌고 이미 좌석의 절반 이상이 찬 상태였다. 저녁에는 요리도 함께 즐길 수 있지만 낮에는 몇 가지 음료만 판매해서 진저에일을 주문했더니 귀여운 소녀 캐릭터가 그려진 컵 받침도 받았다. 주변을 둘러보니 나이 지긋한 남성이 대부분이고 젊은 관객은 드문드문 보였다.

뮤지션은 매번 다른데 이날은 타키가와 마사히로 콰르텟滝川雅弘カルテット이 공연했다. 이 밴드는 클라리넷의 타키가와, 피아노와 보컬의 후지이, 더블 베이스의 사사키, 드럼의 사토로 구성된다. 2시 정각에 공연이 시작될 때 대부분의 자리가 찼다. 타키카와 씨가 연주에 앞서 곡에 관해 설명해 주어 감상에 도움이 됐다. 클라리넷의 폭넓은 음역과 날카로운 음색이 인상적이었고 후지이 씨의 고운 보컬과 더블 베이스의 피치카토도 매력적이었다. 스윙부터 모던, 현대 재즈까지 다양한 곡을 감상하다 보니 45분이 순식간에 지나갔다.

나무 인테리어와 스테인드글라스가 어우러져 고전적인 분위기의 내부를 둘러보다 보니 금방 2부가 시작되었다. 이번에는 악기의 개별 소리보다 전체적인 분위기에 집중했다. 연주자들의 즐거운 표정과 호흡이 안정적인 연주를 선보였다. 내가 앉은 자리에서는 드럼이 보이지 않았는데 오히려 상상력을 자극해서 재즈의 오프 비트가 더욱

실감 나게 느껴졌다. 마지막 곡 후 앙코르 요청이 이어져 한 곡을 더 들을 수 있었다.

고베에서 재즈를 두 번 접하고 보니 고베와 재즈는 닮은 구석이 많다는 생각이 들었다. 고베는 서양과 동양의 문화가 자연스럽게 어우러져 다양한 건축 양식과 예술, 음식이 공존하고 재즈는 아프리카계 미국인의 감성과 유럽의 음악 요소가 독특하게 융합된 장르이다. 고베는 개항 이후 새로운 문화를 적극적으로 받아들이며 독자적인 정체성을 만들어왔고 재즈도 즉흥성과 자유로운 표현으로 매번 새로운 느낌의 음악을 제공한다. 고베와 재즈 모두 개방성을 통해 발전했다. 만약 재즈가 다른 지역에 상륙했다면 고베에서처럼 착실하게 뿌리를 내릴 수 없었을지도 모르겠다.

「빛나는 그대에게」 시청

일본에 와서 회차에 맞춰 「빛나는 그대에게」를 시청해 왔는데 오늘은 호텔에 머무는 김에 본방송을 보기로 했다. 일요일 저녁 8시부터 45분간 방영되기에 점심 겸 저녁을 먹고 호텔에서 일하며 방송을 기다리기로 했다.

재즈바에서 나오니 시간이 5시를 향해 가고 있었다. 밖에서 사 먹

는 음식에도 질리기 시작해서 저녁 메뉴를 고민하다가 호텔 앞 초밥집을 떠올렸다. 지나다닐 때마다 포장 손님이 줄을 서 있어서 궁금했던 곳이다. 오후 5시까지 런치 메뉴를 판매한다는 문구를 떠올리고 발걸음을 서둘렀다. 초밥 전문점 에비스에びす는 카운터석만 있는 아담한 가게였다. 성게알이 포함된 런치 세트를 5시가 되기 1분 전에 주문했다. 주문 후 붉은 된장으로 끓인 생선 된장국이 나왔다. 토치로 그을린 생선이 들어가 있어 깊은 풍미가 느껴졌다. 이어서 맛본 다양한 재료의 초밥은 하나하나 신선하고 깔끔했다. 입맛에 딱 맞아 한 판을 더 먹을까 고민했지만 런치 가격은 끝나서 겨우 자제할 수 있었다. 아쉬운 대로 전갱이 초밥만 추가로 주문해서 든든히 배를 채우고 호텔로 향했다.

내일까지 고베에서의 마지막 마감이 있어서 최종 점검하다 보니 「빛나는 그대에게」 시청 시간이 되었다. 이번 37화에서는 중궁 쇼시가 이치노 천황의 황자를 출산한 후 『겐지 이야기』를 화려한 책자로 제작해 천황에게 선물하려는 이야기가 전개되었다. 표지부터 종이까지 하나하나 정성스럽게 골라 책자로 엮는 장면을 보니 감동이 밀려왔다. 인상적인 스토리에 잠시 여운을 느끼다가 마감에 신경 쓰느라 늦게 잠이 들었다.

31일 차 9월 30일 (월요일)

백로가 지키는 유네스코의 자부심

히메지 시립동물원
히메지성
코코엔

그린 하우스 바르트에서 모닝 즐기기

마감이 있는 날은 평소보다 일찍 일어나 마지막 점검 후 납품을 마친다. 번역은 일상을 지탱해 주는 기둥이자 원동력이기에 마지막 마감을 끝내고 나니 시원섭섭한 마음이 들었다. 모레면 귀국이고 다음 마감까지는 여유가 있어서 고베에 머무는 동안 더 이상 일은 손에 잡지 않고 느긋하게 보내기로 했다.

일본에 올 때 통신사에서 30일짜리 로밍 서비스를 신청해 와서 어제로 로밍이 끝났기에 31일 차인 오늘부터는 미리 준비해 둔 eSIM을 사용하기로 했다. 하지만 설명서대로 설치와 등록을 마쳤음에도 인터넷이 연결되지 않았고 몇 번의 시도 끝에 포기하고 인터넷 없이 여행하기로 마음먹었다. 다행히 오늘 방문할 곳은 몇 년 전에 가본 적이 있고 길도 단순해서 헤맬 걱정이 없었다.

출발 전 그린 하우스 바르트グリーンハウスヴァルト에서 모닝을 즐기기로 했다. 산노미야에 머문 지 일주일째라 호텔에서 미리 위치를 확인하고 출발했더니 어렵지 않게 찾을 수 있었다. 이곳은 개점부터 11시까지 간단한 음식을 주문하면 음료를 무제한으로 마실 수 있다. 운

좋게도 마지막 테이블에 안내받았는데 곧이어 대기 손님이 생기는 걸 보니 타이밍이 좋았다. 매장 안은 마치 정원에 들어온 듯 초록빛으로 가득했는데 매장 분위기가 어딘가와 익

숙해서 살펴봤더니 토요일에 갔던 그린 하우스 실버와 같은 그룹이었다. 메뉴판을 살펴본 후 아몬드 버터 토스트를 주문하고 음료 코너로 향했다. 커피, 홍차, 우유, 주스 등 다양한 종류를 자유롭게 즐길 수 있었다. 다른 테이블을 보니 컵이 여러 개 놓여 있기에 나도 시간을 아끼고자 커피와 홍차, 주스를 한꺼번에 가져오는 사이에 음식이 나왔다. 아몬드를 듬뿍 올린 토스트와 베이컨 두 장, 샐러드까지 푸짐한 한 접시였다. 아몬드의 고소한 맛과 딸기향 나는 드레싱이 참 맛있었다. 든든하게 배를 채우고 인터넷 없는 여행을 시작했다.

히메지 시립동물원 姫路私立動物園

스마트폰 없이 움직이니 전철 이용이 곤란했다. 익숙해졌다고 생각했는데 반대 방향 열차를 타는 실수를 해서 다시 갈아타느라 30분을 허비한 끝에 겨우 히메지역에 도착했다. 히메지역만 나오면 히메지성이 바로 보여서 인터넷 연결 없이도 찾아가기 쉬웠다. 부지런히 20분을 걸어 히메지성 입구에 도착했다.

히메지성으로 향하는데 갑자기 오른편에 히메지 시립동물원이 눈에 들어왔다. 어제 오지동물원을 다녀온 데다 고베에서도 동물원을 세 번이나 방문했지만 250엔이라는 저렴한 입장료에 끌려 들어가 보기로 했다.

팸플릿의 지도를 보니 예상보다 규모가 크고 다양한 동물이 있었다. 동물원은 한적한 분위기였고 시설은 다소 낡았지만 깨끗하게 관리되어 있었다. 입구에서는 카피바라가 심드렁한 표정으로 욕조에 몸을 담고 있었다. 더운 날씨 탓인지 동물들이 움직임이 없어서 조용히 관람을 이어갔다. 원숭이조차 움직임이 없어 실망하고 있는데 하마 사육장에서 즐겁게 수영하는 하마를 만났다. 내내 못 본 동물이 었는데 하품하는 모습까지 보여주는 하마 덕분에 미소가 나왔다. 소동물관을 지나며 안쪽을 보니 기니피그를 만질 수 있는 시간이라기에 들어가 보았다. 한 기니피그의 털 패턴이 독특해서 사육사에게 물어보니 여러 가마를 가진 아비시니안 기니피그라고 하셨다. 낯선 손길을 경계하기에 돌아서려는데 사육사의 도움으로 기니피그를 만져볼 수 있었다. 마지막으로 만난 기린 두 마리는 아주 특별했다. 갈색 기린은 높은 곳에 달린 공을 가지고 놀았고 검은 무늬를 가진 기린은 울타리에 바짝 다가와 있어서 가까이에서 볼 수 있었다. 검은 얼룩무늬와 대조적인 밝은 갈색 갈기가 인상적이었다. 한 커플에게 사진을 부탁했는데 가까이 다가와 있는 기린이 무섭다며 멀리서 찍어주었다.

약 100종, 390여 마리의 동물이 있는 히메지시립동물원은 다른 동물원에 비해 시설은 낡았지만 신경 써서 관리한다는 게 느껴졌다. 작은 놀이공원도 갖추고 있어 아이가 있는 가족 단위 방문객에게 더욱 좋을 것 같다.

히메지성姬路城과 코코엔好古園

동물원을 나서자 다시금 관광객들의 활기가 느껴졌다. 히메지성은 일본의 국보이자 유네스코 세계유산으로 거대한 규모와 뛰어난 건축 기술, 그리고 천수각이 온전히 보존된 성이라는 점에서 연중 관광객의 발길이 끊이지 않는다. 히메지성 수리로 성 전체가 네모 상자를 덮어쓰고 있을 때도 붐빌 정도로 인기 있는 곳이다. 동물원에서 예상보다 많은 시간을 보내서 잠시 고민하다가 코코엔과 함께 이용할 수 있는 공통권을 구매해서 천수각으로 향했다.

천수각은 당시 모습을 보존한 만큼 좁고 더웠다. 방어를 위해 미로처럼 설계한 구불구불한 내부와 가파른 계단을 조심조심 걸어 열심히 꼭대기까지 올라갔다. 꼭대기인 6층의 전망대는 가장 공간이 좁지만 사람이 가득했다. 작은 창을 통해 탁 트인 전망을 보니 마음이 상쾌해졌다. 지붕의 샤치호코鯱鉾도 가까이서 볼 수 있었는데 물고기 몸에 호랑이 머리를 한 이 상상의 동물은 액막이 역할을 한다고 하여 일본의 성에서 자주 보인다. 하늘로 휘어진 꼬리와 양옆으로 뻗은 지느러미가 춤추는 듯해서 귀엽게 느껴졌다. 처마가 위로 휘어 올라간 모양새는 흰 새가 날개를 펼친 것처럼 보였다. 실제로 히메지성은 하얀 외관 때문에 백로성이라는 별명이 있다. 처마마다 백로가 겹겹이 쌓인 모습을 상상하니 히메지성의 위용과 우아함이 함께 느껴졌다.

천수각 외에 토노야구라卜の櫓를 특별 공개하고 있어 추가 요금을 내고 들어가 보았다. 일본어 '卜(토)'자를 본떠 지은 이 망루는 히메지성의 뛰어난 방어 시설 중 하나다. 내려오는 길에 과거 화약고로 사용

한 흔적이 남아 있는 아나구라穴蔵를 발견했다. 표지판이 없었다면 그냥 지나쳤을 평범한 구멍이지만 폭발 사고를 대비해 돌을 쌓아 반지하 형태로 만든 창고라는 설명을 보고 유심히 살펴봤다.

히메지성을 한 바퀴 돌고 나와 옆에 있는 코코엔으로 향했다. 이곳은 약 1만 평 규모의 일본식 정원으로 9개의 테마 정원으로 구성되어 있다. 정원 이름이나 설명에 얽매이지 않고 화살표를 따라 걸으며 저택과 연못, 작은 폭포, 야생화, 소나무, 돌다리, 대나무 등이 어우러진 다양한 정원을 감상했다. 더운 날씨 덕분에 연못의 청량감이 한층 돋보였다. 대나무가 있는 정원에서는 정자에 앉아 신록을 느끼는데 새까만 모기가 기승을 부렸다. 여름 정원의 매력을 흠뻑 느끼면서도 모기는 도저히 용인할 수 없어 자리에서 일어나니 마침 폐관 시간을 알리는 소리가 들렸다.

코코엔을 나서니 해가 지기 시작해서 주홍빛으로 물든 히메지성의 모습이 눈앞에 펼쳐졌다. 조명을 비춘 히메지성과 히메지역 앞의 번화가도 둘러보고 싶었지만 동물원 방문으로 체력이 소진되어 다음을 기약했다. 시계 기능만 남은 핸드폰 덕분에 여행에 더욱 집중할 수 있었던 하루였고 호텔에 돌아와서는 eSIM이 갑자기 작동하여 안심하고 잠들 수 있었다.

■ 고베 및 근교 동물원 탐방

	고베동물왕국	히메지 센트럴 파크(동물원)	오지동물원	히메지 시립동물원
위치	포트아일랜드	히메지시	오지코엔역 앞	히메지성 옆
시내 접근성	· 좋음 · 포트라이너 산노미야역에서 탑승 후 케이산카가쿠센터역 하차(15분, 290엔)	· 낮음 · JR 산노미야역에서 신쾌속 탑승 후 히메지역에서 하차(40분, 990엔), 74계통 버스로 환승(35분, 550엔)	· 좋음 · 한큐 고베산노미야역에서 탑승 후 오지코엔역 하차(4분, 170엔), 도보 3분	· 보통 · JR 산노미야역에서 신쾌속 탑승 후 히메지역에서 하차(40분, 990엔), 히메지역에서 도보로 20분
입장료	· 성인 2,200엔 · 먹이 주기 체험 별도	· 성인 3,800엔~ · 주차비 1,200엔 · 사파리버스 800엔 · 먹이 주기 체험 별도(200엔~)	· 고등학생 이상 600엔 · 중학생 이하 무료	· 성인 250엔
특징	· 날씨의 영향을 덜 받음 · 다양한 체험 제공 · 슈빌, 마눌들고양이 보유	· 사파리 투어 · 먹이 주기 체험 · 백호랑이, 백사자 보유	· 관람 중심 · 코알라, 북극곰, 마눌들고양이 보유	· 시설 노후 · 저렴한 입장료
혼잡도	혼잡한 편	여유로운 편	대체로 혼잡	매우 여유로움
기타 사항	포트라이너&입장료 세트권 판매	먹이 주기에 상당한 추가 비용 발생	시내에서 접근성이 좋음	평일 기준 사람이 10명도 없었음

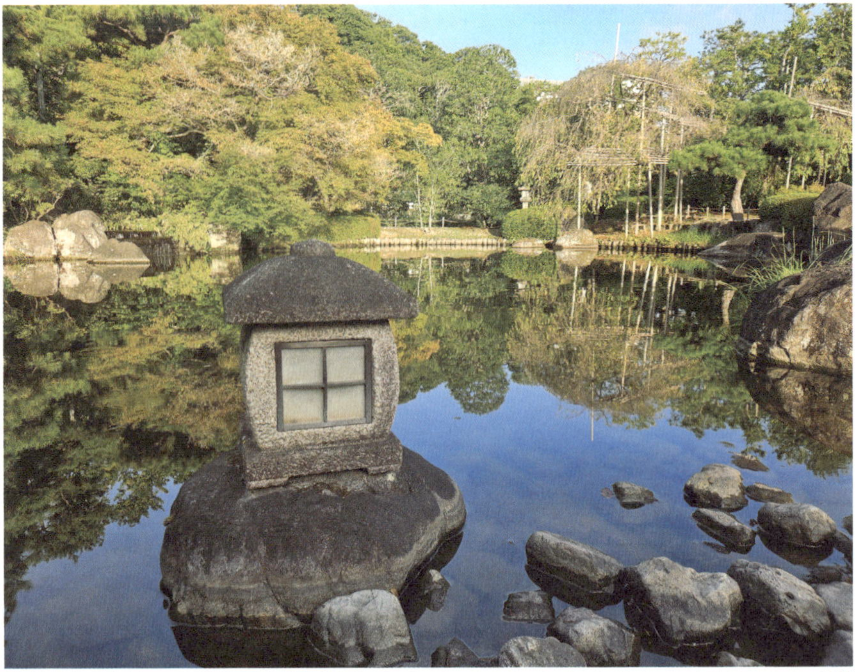

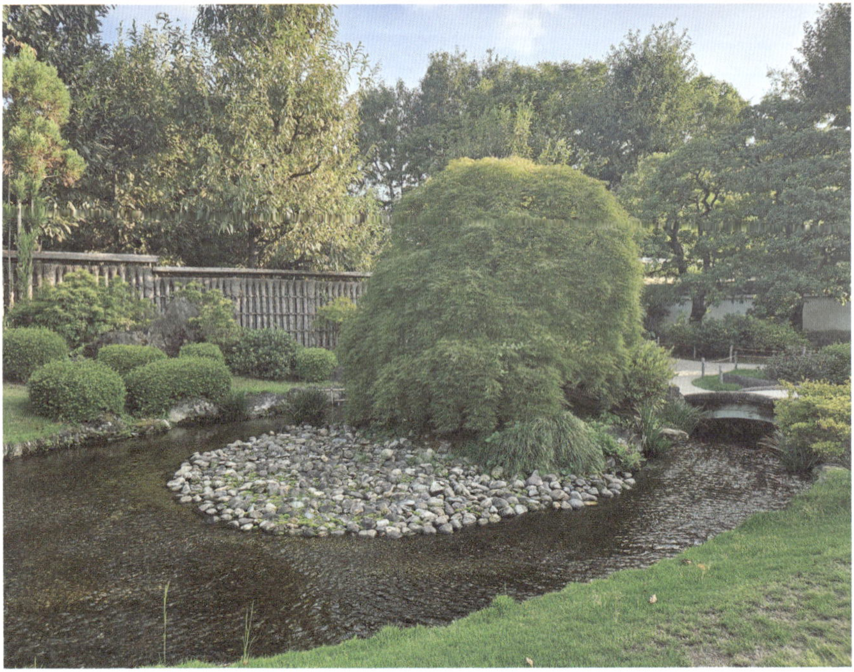

32일 차 10월 1일 (화요일)

고베대학교가 맺어준 홈스테이 인연

키쿠마사무네
하쿠츠루
고베대학교

스테이크 랜드ステーキランド에서 고베 소고기 맛보기

　어느새 고베에서 일상을 꽉 채운 9월이 가고 10월이 왔다. 귀국을 하루 앞둔 오늘은 그동안 미뤘던 곳을 방문하기로 하고 우선 스테이크를 먹으러 향했다. 나는 육류보다는 해산물을 선호해서 값이 나가는 육류를 먹기 전에는 고민하다 보니 이제야 결심이 선 것이다.

　고베 소고기는 살코기와 지방의 향이 절묘하게 어우러져 세계적으로도 유명한 브랜드다. 고베 소고기로 인정받기 위해서는 타지마 소 순수 혈통을 따르고 효고현 내에서 태어나 자라야 하면서 최상위 등급에 속해야 한다. 갈 만한 가게를 찾아보려다 이전에도 방문한 적 있는 스테이크 랜드로 향했다. 가성비 좋은 런치를 판매하기로 유명해서 11시 5분쯤 도착했지만 이미 많은 손님이 자리를 채우고 있었고 2층으로 안내받았다. 런치 세트는 고베 소고기 스테이크에 밥과 샐러드, 음료가 포함되어 있다. 마침 옆자리에 한국인 커플이 앉았는데 한 달 동안 한국인을 거의 보지 못했던 터라 반가운 마음이 들었다.

　넓은 철판 앞에 선 요리사는 커플과 내 음식을 함께 조리하기 시작했다. 먼저 튀긴 마늘 조각을 버터에 한 번 더 볶아 제공한 후 소고기를 굽기 시작했다. 무뚝뚝한 표정이었지만 철판을 날아다니는 현란한 칼질과 섬세한 기술이 굉장했다. 스테이크 굽는 중에 옆의 커플이 점원에게 가위를 달라고 했는데 거절당해서 당황하는 모습을 보았다. 커플의 알콩달콩한 시간을 방해할까 봐 가만히 있으려 했지만 일본어를 못하는지 번역기를 써서 점원에게 말을 건 게 마음에 걸렸다. '여기는 칸사이고 같은 한국인이니까 이유 정도는 물어봐도 되겠지?'

혼자 그렇게 생각하며 말을 걸었더니 여자분이 교정 중이라 고기를 잘게 자르기 위해서라고 했다. 점원은 이미 거절하고 가버렸으니 요리사에게 고기를 구우며 잘라달라고 요청해 보겠다고 했다. "여성분께서 교정 중이라 큰 고기를 씹기 어렵다고 하네요. 조금 더 잘라서 제공해 줄 수 있을까요?"라고 요청했고 요리사가 승낙해 주었다. 거절할까 봐 조마조마했는데 다행이었다.

스테이크는 입안에서 살살 녹는 환상적인 맛이었다. 가성비를 고려한 곳임에도 이런 맛을 내서 매번 놀란다. 식사 중에 잠깐 커플과 이야기를 나누며 책 출간 소식도 조심스레 전했다. 아직 책을 쓴다고 알리는 게 쑥스러웠지만, 기쁘게 반응해 준 커플 덕분에 더욱 즐겁게

식사를 마무리할 수 있었다.

술 거리 탐방

식사를 마친 후 지난번에 방문했던 술 거리를 다시 찾았다. 지난번 방문이 꽤 인상적이어서 관심이 생겼기에 이번에는 양조 과정을 자세히 알 수 있는 곳으로 향했다.

첫 번째로 방문한 키쿠마사무네菊正宗는 350년이 넘는 역사를 자랑하는 곳이다. 스기다마가 걸린 입구를 지나 양조 과정을 상세히 보여주는 전시실에 들어갔다. 쌀을 씻는 과정부터 술이 완성되기까지의 단계가 실제 도구와 작업자의 모습으로 재현되어 있어 그 규모가 상당했다. 공정마다 자세한 설명이 있어서 생소한 내용도 쉽게 이해할 수 있었다. 이곳의 특징은 자연 발효된 유산균을 활용하는 전통 키모토生酛 주조법으로 현대의 소쿠조모토速醸酛와는 달리 깊고 복합적인 맛을 만들어낸다고 한다. 전통 양조법을 상세히 소개하는 모습을 보니 키쿠마사무네의 집념이 느껴졌다.

이어서 하쿠츠루白鶴에 방문했다. 담벼락에 하쿠츠루주식회사라고 쓰여 있고 안에는 여러 건물이 있어 어디로 가야 할지 헤매고 있는데 관리인이 다가와 안내해 주었다. 280년의 역사를 가진 하쿠츠루는 전통과 현대 기술을 접목해 대규모 생산에 힘쓰고 있다고 한다. 삼나무로 만든 양조 도구를 구경한 후 영상 홀에 들어갔는데 갑자기 단체 관광객 때문에 먼저 기다리던 관람객들이 쫓겨나는 불쾌한 상황이 벌어졌다. 한국인 단체였기에 나는 함께 관람할 수 있었지만 안내

도 없이 진행되어 아쉬웠다. 2층 전시장에는 키쿠마사무네처럼 실물 크기로 재현된 전통 양조 과정이 전시되어 있어 양조 과정을 상세하게 알 수 있었다. 특히 하쿠츠루니시키白鶴錦라는 독자적인 양조용 쌀을 개발해 부드럽고 풍부한 맛을 만들어낸다는 점이 인상적이었다. 마지막으로 지게미로 만든 소프트아이스크림을 맛보았는데 은은한 알코올 향이 느껴졌다. 이번에도 시음은 못 했지만 소프트아이스크림을 맛볼 수 있어서 아쉽지 않았다.

고베대학교

홈스테이 인연을 맺어 준 고베대학교에 방문하기 위해 오늘을 기다렸다. 일본은 4월, 10월에 학기가 시작되기 때문에 오늘 10월 1일이 가을학기 개강일이다. 방학에도 학교는 방문할 수 있지만 북적이는 대학교의 분위기를 느끼고 싶어서 귀국을 앞둔 시점에 찾게 되었다.

롯코산 산맥에 위치한 고베대학교 캠퍼스는 국립 종합대학답게 큰 규모를 자랑한다. 등하교가 힘든 산중 캠퍼스지만 그만큼 아름다운 자연환경이 돋보인다. 대학 시절 이곳에서 한 달간의 파견 학습을 통해 짧지만 수준 높은 교육을 받았고 그때의 공부와 인연은 지금까지도 소중한 자산이 되어주고 있어 감사한 마음이 드는 곳이다.

　추억이 깃든 백년기념관에 도착하니 그때처럼 많은 학생이 계단에 앉아 시간을 보내고 있었다. 건물 내부는 스타벅스가 새로 들어선 것 외에는 변한 것이 없었다. 함께 공부했던 친구들과 이 소식을 공유하며 그때의 추억을 되새겼다. 지금껏 감탄하며 보던 시내와 바다의 전경보다 싱그러운 대학생의 모습에 더 눈길이 갔다. 수업이 끝나는 시간에 학생들과 함께 하굣길에 올랐는데 오랜만의 방문에도 몸이 기억하는 듯 자연스럽게 역으로 향했다. 쪽문과 가파른 하굣길, 그리고 이름 모를 작은 신사까지 모든 것이 그대로였다.

　해외에서 공부하는 경험은 여행이나 워킹홀리데이, 한 달 살기와는 또 다른 특별함이 있다. 짧건 길건 해외에서 공부할 기회가 생긴다면 꼭 잡길 바란다.

모토마치킷사モトマチ喫茶에서 맛보는 쇼와 푸딩

저녁 무렵 드물게 카레가 먹고 싶어서 검색하다 모토마치역으로 향했다. 모토마치역에서 내린 적은 거의 없어서 길을 잠깐 헤매다 지도를 보며 카레 집에 도착했는데 어딘지 모르게 익숙한 느낌이 들었다. 알고 보니 8일 차에 엄마와 왔던 곳이었다. 그때는 엄마만 졸졸 따라가서 가게 이름을 기억하지 못해서 이런 바보 같은 일이 일어났다. 황당하고 허무해서 한 번 더 먹을지 돌아설지 고민하며 가게 앞을 서성이다 일단 점 찍어뒀던 카페로 향했다.

아담한 공간과 노란빛 조명이 매력적인 모토마치킷사는 수제 푸딩으로 유명하다. 메뉴를 살펴보다 푸딩과 카페 라테를 주문했다. 부드러운 달걀 맛과 쌉쌀한 캐러멜이 조화로운 커스터드푸딩의 맛은 복고풍 매장과 식기와 어우러져 안정감이 느껴졌다. 조금 전 카레 가게 앞에서의 허탈한 마음은 어느새 잊고 모토마치킷사의 아기자기한 풍경을 마음에 담았다.

타코야키 호무라 たこやき焔

호텔에 돌아가는 길에는 고베에 방문할 때마다 들르는 타코야키 가게에 방문했다. 이 타코야키 호무라라는 가게에는 타코센タコセン과

쓰유다고つゆだこ라는 특별한 메뉴가 있기 때문이다. 타코센은 전병에 으깬 타코야키와 타코야키 소스를 넣고 반으로 접어 만든다. 바삭바삭한 전병과 부드럽고 따끈한 타코야키를 함께 즐길 수 있다. 그리고 쓰유다코는 가다랑어로 맛을 낸 맑은 국물에 타코야키를 넣고 파를 토핑해 먹는다. 타코센은 종종 다른 곳에서도 판매하지만 쓰유다코는 본 적이 없어서 고베에 방문하면 반드시 찾게 된다. 짭짤한 국물에 빠진 뜨거운 타코야키를 처음 맛봤을 때는 새로운 맛의 조화에 깜짝 놀랐다.

쓰유다코의 존재를 찾다가 아카시야키가 떠올랐다. 아카시야키와 타코야키는 문어가 들어간 둥근 모양이라는 공통점이 있지만 아카시야키는 달걀노른자가 밀가루보다 많이 들어가 타코야키보다 부드럽고 폭신하다. 또 소스를 뿌리지 않고 가다랑어로 우려낸 국물에 찍어 먹는다는 특징이 있는데 이 매장에서는 이런 특징을 조합해서 만들었을지도 모르겠다는 생각이 들었다. 국물의 감칠맛과 타코야키의 감칠맛이 쌍으로 입안에서 춤추는 이 쓰유다코를 더 많은 곳에서 맛볼 수 있으면 좋겠다.

33일 차 10월 2일 (수요일)

'사요나라(さよなら/안녕)'가 아닌
'마타네(またね/또 만나)'

키타노텐만 신사
항만 지역

처음 입국했을 때는 귀국일이 이렇게 빨리 다가올 줄 몰랐다. 오늘은 저녁 비행기로 엄마와 유리 씨와 함께 한국으로 귀국한다. 나는 올 때처럼 베이 셔틀을 이용하고 엄마와 유리 씨는 리무진을 이용하기에 탑승 전 칸사이공항에서 만나기로 했다. 마지막 날을 어떻게 보낼지 고민하다 평범한 관광객처럼 시내를 중심으로 하루를 관광하며 보내기로 했다.

어제는 현금이 똑 떨어져서 출금을 고민했는데 체크아웃할 때 호텔에서 1박당 500엔씩 환급받을 수 있어서 4,500엔이면 충분할 것 같아 출금을 미루기로 했다. 체크아웃하겠다고 직원에게 말하니 체크인 때 사용했던 기계로 안내해 주셨다. 기계로 체크아웃하면 현금을 제대로 환급받을 수 있을지 의심스러웠는데 똑똑하게 해냈다.

소테츠 프레사 인 고베 산노미야의 모든 직원은 정중하고 친절했다. 덕분에 9일 동안 편안하게 머물 수 있었다. 상냥한 서비스는 물론이고 늦은 밤까지 자장가처럼 들려오던 철도 소리도 오래도록 기억에 남을 것 같다.

키타노텐만 신사 北野天満神社

호텔에서 체크아웃을 마치고 짐을 맡긴 뒤 키타노이진칸으로 발걸음을 옮겼다. 이른 시간이라 거리는 한산했다. 고베에 머무는 동안 여러 차례 지나쳤던 언덕길을 천천히 올라 토리이가 세워진 키타노텐만신사 입구에 도착했다. 키타노이진칸 일대의 유럽식 건축물과 대조를 이루는 이 신사에 진작 방문하고 싶었지만 가파른 계단이 늘 망설이게 했다. 귀국하는 날까지 찌는 듯한 더위가 기승을 부렸지만 '나는 찐만두다'라고 주문을 외우며 계단을 천천히 올랐다.

1180년에 지은 키타노텐만 신사는 학문의 신 스가와라노 미치자네菅原道真를 모시고 있어 학업 성취와 시험 합격을 기원하는 참배객들의 발길이 이어지는 곳이다. 신사에 올라서자 예상대로 시내와 항구가 어우러진 탁 트인 전망이 펼쳐졌다. 넓지 않은 경내를 여유롭게 둘러본 후 이른 점심을 먹기 위해 자리를 떴다.

그릴 스에마츠 グリル末松

고베에서의 마지막 식사를 위해 그릴 스에마츠를 찾았다. 며칠 전 긴 줄을 보고 포기했던 곳이라 이번에는 서둘러 가기로 했다. 개점 25분 전에 도착했을 때 이미 두 명이 기다리고 있었는데 대기 좌석이 세 자리뿐이라 운 좋게 마지막 자리를 차지할 수 있었다.

메뉴를 보며 비프커틀릿과 오므라이스 중 고민하고 있는데 두 번째 대기 손님이 말을 걸어왔다. 처음에는 낯선 이와의 대화가 어색했지만 떠날 때가 되니 자연스럽게 받아들일 수 있게 되어 나도 편하게 대답했다. 우연히도 같은 고민을 하고 있었기에 처음 방문하는 초심자끼리 머리를 맞대고 메뉴를 고민하는데 첫 번째 대기 손님의 추천으로 비프커틀릿으로 선택했다.

개점과 함께 직원이 순서대로 자리를 안내했다. 1층의 여섯 좌석 중 5명이 비프커틀릿을 주문했다. 런치에는 밥과 수프가 포함되어 있다는 걸 주문하면서 알았다. 진한 미네스트로네 수프를 맛보는데 음식이 나왔다. 비프커틀릿에는 데미그라스 소스와 양배추샐러드가 곁들여져 있었다.

얇은 튀김옷을 입은 소고기는 단면이 분홍빛을 띠었고 바삭한 튀김옷과 부드러운 고기의 맛이 환상적이었다. 데미그라스 소스의 진한 풍미와 얇지만 존재감 있는 튀김옷의 고소함이 어우러졌다. 맛에 감탄하며 함께 메뉴를 고민했던 옆자리 손님과 만족스러운 눈빛을 교환했다.

가게를 나설 때는 더욱 길어진 대기 줄을 보며 이곳의 인기를 실감했다. 기다리는 사람들을 향해 '환상적인 비프커틀릿의 맛에 후회하지 않을 거예요!'라고 마음속으로 응원을 보냈다.

항만 지역 산책

이번에는 바다를 보러 하버랜드로 향했다. 소화도 시킬 겸 걸어가려다 시내를 순환하는 시티루프버스를 타기로 했다. 고베의 주요 관광지를 순환하는 이 버스는 1회 300엔으로 다소 비싸지만 초록색 복고풍 버스의 궁금증을 풀고 귀국해야 했다. 앞문에서 요금을 지불하고 탑승하니 버스 노선의 관광지를 설명하는 가이드가 뒷문 앞에 있었다. 말쑥한 원피스 차림의 가이드는 흔들리는 버스 안에서도 중심을 잘 잡고 서서 이동하는 동안 이곳저곳을 설명해 주었다.

관광지 설명이 유용해서 버스를 더 타고 싶은 마음이 컸지만 다음을 기약하고 하차했다. 모자이크 앞을 지나다 미니어처 조형물을 발견해서 메리켄 파크를 배경으로 사진을 남겼다. 대관람차를 지나 안쪽으로 더 들어가 보니 작은 공원이 나왔다. 하버랜드 공원이란 거창한 이름과 달리 벤치 몇 개와 미끄럼틀이 전부인 소박한 공원이었다. 모자이크에서 20여 분밖에 떨어지지 않은 곳에 한적한 주택가가 있어 신기했다. 어린이용 기린 모양 의자에 엉덩이를 비집고 앉아 있는데 근처에서 들려오는 종소리에 주위를 둘러보니 바로 뒤에 학교가 있었다. 오늘 한국으로 돌아가야 해서인지 한적함보다는 떠들썩한 곳이 그리워져 종소리를 뒤로 하고 다시 북적이는 곳으로 향했다.

모자이크 안에 들어가 구경하다 감자 스틱 과자로 유명한 카루비플러스Calbee Plus 매장을 발견했다. 가장 좋아하는 과자가 자가리코じゃがりこ인 데다 이곳의 캐릭터가 기린이라 그냥 지나칠 수 없었다. 매장에서는 자가리코를 즉석에서 튀겨주어 따끈하면서도 바삭하고 부드러운 맛을 즐길 수 있었다. 음료와 자가리코를 사서 메리켄 파크가 보이는 곳에 앉아 경치를 즐기다가 자가리코를 두 손에 쥐고 자리를 찾아 헤매는 꼬마 숙녀를 위해 자리를 양보했다.

사키 언니와 아이들의 배웅

조금 더 시간을 보내도 되지만 시간에 조급증이 심한 나는 일찌감치 메리켄 파크, 난킨마치, 모토마치를 산책하며 호텔 방향으로 돌아갔다. 역시 시간이 꽤 남아서 호텔 근처에 있는 도토루 카페에 자리를 잡았다. 베이 셔틀이 제대로 운항하는지 마지막으로 확인한 후, 머무는 동안 틈틈이 적은 글을 정리하며 휴식을 취하기로 했다. 사진과 메모를 보며 이곳저곳을 그리워하는데 사키 언니에게서 전화가 왔다. 아이들이 계속 나를 찾고 배도 타고 싶어 한다며 공항까지 배웅해도 되겠냐고 묻기에 기쁜 마음으로 수락했다.

할머니도 함께 출국하는데 나를 배웅하러 온다는 사실이 재미있어서 낑낑거리며 캐리어를 끌면서도 자꾸 웃음이 났다. 고베항에서 만나기로 했는데 우연히 같은 포트라이너에서 만나 함께 이동했다. 기차를 좋아하는 신이치는 맨 앞자리에서 열차의 움직임을 구경했고 세이지는 수줍어하면서도 자꾸 내게 안기려 했다. 사키 언니도 처음 타보는 베이 셔틀을 궁금해했다. 올 때와 다르게 배가 꽤 흔들려 사키 언니와 나는 꽤 고생했다.

길었던 30분이 흐르고 칸사이공항에 도착해 엄마와 유리 씨와 합류했다. 체크인을 마치고 마지막 인사를 나눴다. 사키 언니는 나에게 "건강하게 잘 지내고 언제든 또 와. 우린 금방 만날 것 같아!"라고 밝게 인사해 주었다. 나도 사키 언니와 아이들에게 "건강하게 지내고 한국에도 꼭 놀러 와!"라고 인사했다.

엄마와 유리 씨와 함께 탑승을 기다리며 한국에서 여행할 곳에 관해 이야기 나눴다. 내가 고베에 입국하며 느꼈던 설렘을 엄마와 유리 씨가 느끼는 모습을 보니 출국 전 내 모습이 떠올랐다. 사키 언니와 아이들의 배웅을 받으며 엄마와 유리 씨와 함께 입국하니 정든 고베를 떠난다는 쓸쓸함을 느낄 새가 없었다. 하지만 사키 언니의 말처럼 나는 사랑스러운 고베에 금방 또 갈 수 있을 테니 혼자여도 아쉽다는 생각은 하지 않았을 것이다. 엄마와 유리 씨 덕분에 고베에서 한 달 살기 마무리와 한국 복귀가 유연하게 이어졌다.

에필로그

홈스테이를 마치고 호텔로 떠나는 날 아침에 타카 형부께 "오세와니나리마시타(お世話になりました/신세 많이 졌어요)"라고 인사하니 옆에서 듣던 신이치가 "오세와가 뭐야?"라고 물었다. 신이치의 물음에 제대로 대답하지 못하고 "민폐를 끼치지 않기 위해 노력했고 신세 져서 미안하고 배려해 줘서 감사하다고 표현하는 말이야"라고 장황하게 설명을 늘어놓을 수밖에 없었다. 내 말을 들은 신이치가 무슨 뜻인지 모르겠다는 표정을 짓는 것도 이해가 되었다.

신이치의 순수한 물음은 오랫동안 내 머릿속을 맴돌았다. 이 단어는 굉장히 다양한 의미를 내포하고 광범위한 상황에서 쓰이기 때문에 한마디로 정의하기는 어려워서 누가 다시 물어봐도 그렇게 대답할 것 같다. 고베에서 보낸 한 달 동안 가족을 비롯한 많은 분께 도움을 받았고 그때마다 감사한 마음을 담아 이 말을 전했다.

김포공항에 도착해서 남편의 마중을 받으며 엄마와 유리 씨와 인사를 나눌 때 엄마와 유리 씨는 나와 남편에게 "쿄카라오세와니나리마스(今日からお世話になります/오늘부터 신세 좀 질게요)"라고 말씀하셨다. 마찬가지로 한국을 떠날 때도 "오세와니나리마시타(お世話になりました/신세 많이 졌어요)"라고 말씀하셨다.

일상을 순환하며 낯선 곳에서의 처음과 끝을 장식하는 이 표현을 '상호 배려와 인연의 순환을 담은 말'이라고 정의하기로 했다. 서로 도움을 주고받는 관계가 끊임없이 이어지고 그 속에서 감사와 배려의 마음이 흐르기 때문이다.

딱딱한 사고를 변화시키는 건 쉽지 않은 일이다. 그런 면에서 고베에서 한 달 살기는 내 인생에서 픽션 같은 시간이었다. 한 달 살기를 경험하는 동안 긍정적인 사고와 적극적인 태도, 관대한 마음이 습관으로 자리 잡아 다정하고 단단한 시선을 가지게 되었다. 이 책을 읽는 분들께도 그 경험이 조금이나마 전해졌기를 기대한다.

이제는 한국에서도 보기 드문 3대가 사는 집에서의 홈스테이 경험을 생생하게 전달하고 누군가에게는 꿈일 디지털 노마드로서의 삶을 보여주고 관광객에게는 알쏭달쏭한 고베의 매력을 소개할 수 있어서 영광스럽다. 어딘가 서툴지만 의욕만은 빵빵한 디지털 노마드의 일상을 엿보며 미소 지으셨길, 그리고 마음이 닿는 곳을 발견하셨기를 기대하며 부디 안락하게 감상하셨길 바란다.

책을 마무리하려니 한 달 살기를 마무리할 때는 느끼지 못했던 섭섭하고 헛헛한 마음이 밀려와 이 감정을 감사의 말씀으로 갈음하고자 한다. 한 달 살기를 허락해 주고 늘 내 편이 되어주는 남편, 특별한 경험을 선사해 준 일본 가족, 이 책이 나오기까지 든든한 지지와 응원을 보내준 한국 가족과 친구들, 그리고 이 책을 선택해 준 독자 여러분께 깊은 감사의 마음을 전하고 싶다. 마지막으로 책을 펴내는 데 아낌없는 도움을 주시고 믿음으로 지지해 주신 세나북스의 최수진 대표님께 진심 어린 감사의 말씀을 드리며 모두에게 이 말을 남긴다. "お世話になりました"

한 달의 고베

보석처럼 빛나는 항구 도시에서의 홈스테이

1판 1쇄 인쇄　2025년 04월 21일

1판 1쇄 발행　2025년 04월 28일

지 은 이　한예리
펴 낸 이　최수진

편　　　집　윤수경
디 자 인　cc.design

펴 낸 곳　세나북스
출 판 등 록　제300-2015-10호
제　　　작　넥스트 프린팅

주　　　소　서울시 종로구 통일로 18길 9
전 화 번 호　02-737-6290
팩　　　스　02-6442-5438
블 로 그　http://blog.naver.com/banny74
인 스 타　@sujin1282
이 메 일　banny74@naver.com

I S B N　979-11-93614-20-4 03980

이 책은 저작권법에 따라 보호받는 저작물이므로 무단 전재와 무단 복제를 금합니다.

잘못 만들어진 책은 구입하신 서점에서 교환해드립니다.

정가는 뒤표지에 있습니다.